# Dialektliteratur in Deutschland und Italien

Konstanz und Wandel von Bewertungsmustern

von

Florian Gräfe

Tectum Verlag
Marburg 2004

**Gräfe, Florian:**
Dialektliteratur in Deutschland und Italien.
Konstanz und Wandel von Bewertungsmustern.
/ von Florian Gräfe
- Marburg : Tectum Verlag, 2004
Zugl.: Freiburg, Univ. Diss. 2004
ISBN 978-3-8288-8694-0

© Tectum Verlag

Tectum Verlag
Marburg 2004

Meinen Eltern

# Vorwort

Zum Gelingen dieser Arbeit hat Herr Prof. Achim Aurnhammer (Freiburg) entscheidend beigetragen. Obwohl er die Betreuung zum großen Teil aus der Entfernung hat durchführen müssen, hat er durch Anregungen und Ermutigungen den Abschluß der Dissertation mit großem Engagement befördert. Herrn Prof. Frank-Rutger Hausmann (Freiburg) danke ich für die bereitwillige Übernahme des Zweitgutachtens.

Die vorliegende Arbeit hat eine längere Vorlaufzeit. Herr Prof. Hinrich Hudde (Erlangen) hat mein Interesse für die italienische Literatur geweckt und immer wieder zu deutsch-italienischen Vergleichsstudien angeregt. Methodisches Rüstzeug und den Mut, die Fächergrenzen systematisch zu übertreten, hat mir besonders Herr Prof. Willy Michel (Freiburg) vermittelt.

Gedankt sei auch meinen italienischen Freunden, vor allem Anita Gioffré und Franco Spada, die mir mehrmals die Möglichkeit gegeben haben, zu Bibliotheksrecherchen nach Rom zu kommen. Sie haben durch Gespräche das Heranwachsen meiner Ideen begleitet. Für die äußere Gestaltung meiner Dissertation haben meine Brüder Daniel und Tobias viele Stunden am Computer geopfert. Mein spezieller Dank gilt außerdem Elsa, die die Ausarbeitung Tag für Tag aus dem fernen Mexiko mitverfolgt hat.

Nürnberg, im Mai 2004                                                  Florian Gräfe

# Inhaltsverzeichnis

1. Einleitung ................................................................. 9
2. Deutschland ............................................................ 15
   2.1 Voraussetzungen ................................................ 15
      2.1.1 Sprachgeschichte ......................................... 15
      2.1.2 Dialektliteratur ........................................... 19
   2.2 Aufklärerische Positionen ...................................... 25
      2.2.1 Johann Christoph Gottsched ............................ 25
      2.2.2 Johann Jacob Bodmer .................................... 27
      2.2.3 Johann Christoph Adelung .............................. 29
      2.2.4 Christoph Martin Wieland ............................... 31
      2.2.5 Johann Gottfried Herder ................................. 34
   2.3 Johann Wolfgang Goethe ....................................... 43
      2.3.1 Literaturüberblick ........................................ 43
      2.3.2 Wertmuster zu Volks- und Naturpoesie ................ 45
      2.3.3 Wertung dialektaler Literatur ........................... 49
      2.3.4 Zusammenfassung ........................................ 61
   2.4 Johann Peter Hebel .............................................. 63
      2.4.1 Literaturüberblick ........................................ 63
      2.4.2 Wertung dialektaler Literatur ........................... 68
      2.4.3 Zusammenfassung ........................................ 77
   2.5 Ausblick ........................................................... 81
      2.5.1 Klaus Groth ............................................... 81
      2.5.2 Martin Heidegger ........................................ 88
3. Italien .................................................................. 97
   3.1 Voraussetzungen ................................................ 97
      3.1.1 Sprachgeschichte ......................................... 97
      3.1.2 Dialektliteratur .......................................... 102
   3.2 Aufklärerische Positionen ..................................... 107
      3.2.1 Giuseppe Parini ......................................... 107
      3.2.2 Melchiorre Cesarotti ................................... 116
   3.3 Carlo Porta ...................................................... 123
      3.3.1 Literaturüberblick ...................................... 123
      3.3.2 Portas Wertung dialektaler Literatur ................. 126
         3.3.2.1 El lava piat del Meneghin ch'è mort ............ 126
         3.3.2.2 Proömium 1814/15 ................................ 131
         Exkurs: Pietro Giordani / Pietro Borsieri .............. 134
         3.3.2.3 Dodes sonitt all'Abaa Don Giavan .............. 141
      3.3.3 Zusammenfassung ...................................... 145
   3.4 Giuseppe Gioachino Belli ..................................... 147

| | | |
|---|---|---|
| 3.4.1 | Literaturüberblick | 147 |
| 3.4.2 | Poetologische Ansätze | 152 |
| 3.4.3 | Zusammenfassung | 165 |
| 3.5 Ausblick: Benedetto Croce | | 167 |
| Exkurs: Giuseppe Ferrari | | 167 |
| 4. Vergleichende Zusammenfassung | | 179 |
| 5. Inhaltsverzeichnis | | 185 |
| 5.1 Deutscher Sprachbereich | | 185 |
| 5.1.1 | Primärliteratur | 185 |
| 5.1.2 | Studien | 189 |
| 5.2 Italien | | 208 |
| 5.2.1 | Primärliteratur | 208 |
| 5.2.2 | Studien | 210 |

## 1. Einleitung

Immer wieder wird in der literaturwissenschaftlichen Forschung konstatiert, die dialektale Literatur nehme im deutschsprachigen Raum wie auch in Italien eine charakteristische Ausnahmestellung ein. Wilhelm Scherer verweist bereits 1871 auf die partikularistische Kulturtradition Deutschlands, welche sich zunächst sprachlich, dann aber auch in einem deutlich regionalen Zuschnitt der deutschen Literaturgeschichte niedergeschlagen habe. Insbesondere das Aufblühen einer reichen Mundartdichtung sieht Scherer in der spezifisch deutschen Diversifikation des lokal-kulturellen Milieus gegründet:

> Nirgends gestattet sie [scil.: die Schriftsprache, F.G.] den Mundarten so viel freie Bewegung, so ungehemmte Entfaltung, ein so selbständiges Leben wie bei uns. Nirgends steht sie selbst in so ununterbrochener frischer Wechselwirkung wie bei uns. Mundartliche Poesie bildet in Deutschland einen besonders gern gepflegten Zweig der Litteratur. Jede Landschaft fast hat ihren Lokalpoeten, der aus dem Sprachgefühl des niederen Volkes heraus künstlerische Wirkungen erzielt, welche in der Schriftsprache unerreichbar wären. (...) Und fortwährend wird die vornehme hochdeutsche Sprache aus dem Born der Volksmundart getränkt und verjüngt, jeder Dichter und Schriftsteller kann daraus zutragen.[1]

Scherers Äußerung ist insofern signifikant, als sie auf Wertmustern beruht, die um 1800 formuliert wurden. Er bezieht sich auf die These aufklärerischer Provenienz, Lokalmundarten bereicherten und erneuerten die Hochsprache, sowie auf die 'romantische' Verbindung des Dialekts mit dem seit Herder etablierten Konzept der 'Volkssprache'. Derlei Rekurrenzen, dies wird unsere Untersuchung zeigen, tradiert man oft als wertungsfreie Tatsachen, ohne sie in ihrem geistesgeschichtlichen Ursprung zu durchschauen.

Die in der deutschen Literaturgeschichte nicht seltene Einschätzung, das Phänomen der Mundartdichtung gehöre "zu den Merkwürdigkeiten wie zu den spezifischen Eigenentwicklungen der deutschen Sprach- und Literaturgeschichte",[2] speist sich aus dem Vergleich mit den Nationalliteraturen Englands und Frankreichs, auf die sich das komparatistische Interesse mehrheitlich konzentriert. 'Verspätete Nationen' (Plessner) wie Deutschland oder Italien können hingegen keine vergleichbare zentralistische Tradition in Politik und Kultur vorweisen. Ohne diese Teilkonvergenz in den historisch-politischen sowie kulturellen Voraussetzungen Italiens und Deutschlands zu berücksichtigen, hält man die eigene partikularistisch geprägte Literaturhistorie oft für exzeptionell, wenn nicht gar für singulär. Die hierfür repräsentativen Bemerkungen Stefan Sondereggers könnten somit komparatistisch ergänzt und relativiert werden:

---

[1] Scherer (1874), S. 59f.
[2] Sonderegger (1989), S. 133.

Der Historismus im Sinne des geschichtsbezogenen Denkens als vorzugsweise deutsche mentalitätsgeschichtliche Erscheinung vor und nach 1800 und der Regionalismus im deutschen Sprachgebiet ohne durchgreifende politische Zentralgewalt seit Jahrhunderten: dies ist auch die Erklärung dafür, daß Dialektliteratur sich fast nur im deutschen Sprachgebiet entfalten und durchsetzen konnte, ja zu allgemeiner Anerkennung gelangte.[1]

Gianfranco Contini meint sogar, umgekehrt auf den italienischen Sprachbereich fixiert, vergleichbare geschichtliche Voraussetzungen wie in Italien seien in Deutschland ganz und gar 'unfruchtbar' geblieben:

> (...) sarebbe insufficiente identificare la condizione italiana a un'altra poesia dialettale con la molteplicità di centri e come di capitali non solo politiche ma culturali, condizione che da questo rispetto si rivelò sterile in Germania.[2]

Eine Sonderstellung der italienischen Dialektdichtung seit ihrer Hochblüte im Zeitalter des Barock kann indes nicht abgestritten werden.[3] Theodor W. Elwert weist dies kenntnisreich in seiner Studie *Letterature nazionali e letterature dialettali nell'Europa occidentale* (1970)[4] anhand eines Vergleichs zwischen Frankreich, Spanien, England sowie Deutschland und Italien nach. Elwert bemerkt, daß sich in Deutschland auch Literatur regionalistischer Tendenz bereits früh an einer gemeinsamen hochdeutschen Sprache orientiert hat, weswegen sich eine Dialektdichtung italienischer Prägung und Dimension auf vergleichbar breitem und qualitativ hohem Niveau nicht habe entwickeln können.[5]

Daß im deutschen Sprachgebiet trotzdem seit etwa 1800 eine reichhaltige und hochwertige Mundartdichtung floriert, sei anderen geistesgeschichtlichen Grundlagen geschuldet. Insbesondere die Konzeption und Etablierung romantischer Volksvorstellungen seien hier zu berücksichtigen:

> Nell'insieme la letteratura dialettale riflessa in Germania presenta certi tratti caratteristici che si possono definire come segue: – essa nasce dal movimento romantico, dalla scoperta dell'anima del 'popolo', dall'entusiasmo folklorista; (...).[6]

\* \*

---

[1] Ebd., S. 148.
[2] Contini (1970a), S. 612.
[3] Vgl. Vignuzzi / Malgarini (1997); Fulco (1997).
[4] Elwert (1975).
[5] "La cultura tedesca dimostra che regionalismo non comporta affatto necessariamente il sorgere di letterature dialettali. Il fatto fondamentale è questo: che in Germania il prestigio della lingua letteraria nazionale fu tale da escludere ben presto l'impiego letterario dei dialetti." (ebd., S. 58)
[6] Ebd., S. 59.

Die vorliegende Arbeit will zeigen, wie vor dem Hintergrund der jeweiligen kulturellen Voraussetzungen in Italien sowie in Deutschland nationalspezifische Wertmuster und Funktionszuschreibungen von Mundart und Mundartdichtung haben entstehen können.[1] Auf den ersten Blick weisen diese in der Schlüsselepoche um 1800, worauf der Schwerpunkt dieser Untersuchung liegt, auffallende Ähnlichkeiten auf, die zum Teil auf gemeinsamen Grundlagen aufklärerischer und romantischer Provenienz beruhen. Zugleich darf freilich der Nachweis partieller Konvergenzen den Blick für grundlegende Disparitäten in den Werthaltungen beider Länder nicht verstellen. Um die jeweiligen Positionen in ihrem national unterschiedlich geprägten sprach- und literarhistorischen Umfeld sowie den entsprechenden Diskurstraditionen auszuwerten, gliedern wir unsere Untersuchung in zwei Teile, die in sich chronologisch geordnet sind.

Die beiden parallel aufgebauten Hauptteile gelten dem deutschen Sprachraum und Italien. Zwei Grundlagenkapitel fassen auf der Grundlage der einschlägigen Forschungsliteratur die jeweiligen sprach- bzw. literaturgeschichtlichen Voraussetzungen zusammen. Die Detailanalysen in den folgenden Kapiteln werden dadurch von thematischen Wiederholungen entlastet. In einem zweiten Schritt behandeln wir Aufwertungsprozesse von Mundart und Mundartdichtung, die Ende des 18. Jahrhunderts, verbunden meist mit sprachreformerischen Zielsetzungen, in beiden Ländern formuliert werden. Auf deutscher Seite kommen neben Sprachwissenschaftlern wie Johann Christoph Gottsched, Johann Jacob Bodmer und

---

[1] Eine terminologische Unterscheidung zwischen den Begriffen 'Dialekt' und 'Mundart' bietet sich für unsere Zwecke nicht an und ist ohnehin auch im linguistischen Bereich umstritten. Berlinger (1983) geht entsprechenden Differenzierungsversuchen im einschlägigen Schrifttum nach (S. 16-27) und kommt für seine Arbeit über die Bewertung zeitgenössischer Mundartlyrik zu dem Schluß: "Eine Unterscheidung von 'Mundart' und 'Dialekt' konnte sich ebensowenig durchsetzen wie eine von 'Mundartliteratur' und 'Dialektliteratur'. (...) so sollen sie auch hier synonym gebraucht werden. Eine Unterscheidung tut nicht not." (S. 19)
Bausinger (1990) pflichtet dem bei: "Aber zur Definition des Dialektes gehört, daß er nicht standardisiert ist, daß er keine vereinheitlichte Norm kennt, und dies bedeutet, daß die Dialekte eben doch immer nur in konkreter Form, also als Mundart, hörbar und faßbar sind. Insofern spricht vieles dafür, sich dem populären Sprachgebrauch anzupassen, der keinen Unterschied zwischen Mundart und Dialekt macht (...)." (S. 177)
Eine befriedigende Klärung, welche Sprachform vorliegen müsse, um eine Dichtung 'dialektal' nennen zu können, bleibt ein definitorischer Problembereich für sich, betrifft aber unseren Blickpunkt auf 'Wertungsmuster' von Dialektliteratur nicht zentral (vgl. auch Berlinger (1983), S. 16ff).
In Italien bedeutet 'dialetto' aufgrund seiner diastratischen und diaphasischen Verbreitung, die ihm teilweise Züge einer 'lingua' zukommen läßt, freilich nicht dasselbe wie 'Dialekt' bzw. 'Mundart' im Deutschen (vgl. auch Caprettini (1978), S. 693). Nicht zuletzt aus diesem Grunde konnte sich im italienischen Sprachraum schon früh eine reiche 'dialektale' Literatur entwickeln.

Johann Christoph Adelung auch Literaten wie Christoph Martin Wieland und Johann Gottfried Herder zu Wort. In der italienischen Diskussion stechen zu dieser Zeit Giuseppe Parini und Melchiorre Cesarotti hervor. Besonders während der Spätaufklärung treten komparatistische Vergleichsmöglichkeiten zwischen den beiden Ländern zu Tage, die jedoch auf unterschiedlichen Diskurstraditionen beruhen.

Je zwei Hauptkapitel beschäftigen sich mit Bewertungen und Funktionszuschreibungen von Dialektliteratur, wie sie sich aus Äußerungen bedeutender Autoren beider Länder um die Jahrhundertwende ergeben. Bei Carlo Porta, Giuseppe Gioachino Belli und Johann Peter Hebel handelt es sich um herausragende Mundartdichter. Johann Wolfgang Goethe, als dialektaler Autor eher unbedeutend, bezieht sich bei seiner doch intensiven Beschäftigung mit Mundartdichtung immer wieder zentral auf den Zeitgenossen Hebel.

Gedankenfiguren, die sich um 1800 ausprägen, blieben als Wertmuster von dialektaler Dichtung bis heute dominant. Dies versuchen wir als „Ausblick" in den anschließenden Rezeptionskapiteln zu Benedetto Croce für die italienische, für die deutsche Literaturgeschichtsschreibung anhand von Klaus Groth und Martin Heidegger zu belegen. Es kommt auf den Nachweis an, wie die jeweiligen nationalspezifischen Wertungstraditionen weitergewirkt haben und von Späteren anverwandelt werden konnten. Schließlich fassen wir in einem Schlußkapitel Konvergenzen sowie grundsätzliche Unterschiede zusammen. Hier steht die Funktion des Dialekts als Zuträger für die Hochsprache, die volkspädagogische Motivation für Mundartdichtung, der besondere Bezug zu Volkstum und vergangene Kulturepochen sowie der experimentelle Antrieb für dialektale Literatur im Vordergrund.

Methodisch beziehen wir uns auf direkte und indirekte Äußerungen der Autoren selbst, wobei Abhandlungen, Vorreden zu literarischen Werken, Briefe, Aufsätze und Notizen oft poetologischen Zuschnitts sowie in einigen Fällen Dichtungen zur Verfügung stehen. Das Textmaterial wird nach thematischen Gesichtspunkten der Analyse unterworfen und, soweit für die geistes- und werkgeschichtliche Einordnung aufschlußreich, kontextualisiert. Besonders bei Porta und Croce bietet es sich an, den Diskussionszusammenhang durch themenbezogene Einlassungen anderer Literaten herzustellen.

Der Schwerpunkt liegt auf Texten, aus denen sich explizite poetologische Aussagen erschließen lassen. Die Frage, ob diese im einzelnen dichterisch eingelöst werden, stellt sich methodisch, wenn die 'poetische Praxis' deutlich von der Theorie abzuweichen scheint, was ja einen Einfluß auf die Tradierung von Wertmustern haben könnte. Wir haben dies insbesondere bei den bedeutenden Mundartdichtern Hebel, Porta und Belli berücksichtigt. Ausführlichere praktische 'Proben aufs Exempel' können wir im Rahmen dieser Arbeit jedoch nicht leisten.

Die Auswahl der Primärtexte erfolgte nach exemplarischen Gesichtspunkten. Anhand herausragender Persönlichkeiten des kulturellen Lebens erschließen wir, eine repräsentative Gesamtsicht der Wertmuster zu Dialektliteratur um 1800. Die literarhistorische Bedeutung und Bekanntheit der hier herangezogenen Autoren erlaubt eine aussagekräftige Rekonstruktion von Traditionslinien der Dialektbewertung, die sich auch in mannigfaltigen Bezugnahmen der Schriftsteller untereinander manifestiert und bestätigt. Wir haben daher darauf verzichtet, die Ergebnisse durch eine Breitenuntersuchung möglichst zahlreicher Zeitzeugnisse zu untermauern.

Ziel dieser Arbeit ist es zugleich zu belegen, daß sowohl in Italien als auch in Deutschland um 1800 zentrale Gedanken formuliert werden, die bis heute die Bewertung von Mundartdichtung prägen. Die hier vorgenommene zeitliche Beschränkung rechtfertigt sich somit nicht allein durch praktische Gründe der Darstellbarkeit. Die 'Sattelzeit' 1800 präzisiert, so unsere These, überkommene Denkfiguren zu Dialekt und dialektaler Dichtung und bereitet dadurch Werthaltungen den Boden, die noch 200 Jahre später wirken. Wie neben unseren Rezeptionskapiteln zahlreiche Einlässe selbst der neueren Forschungsliteratur zeigen,[1] werden sie nicht selten unreflektiert übernommen.
Die Schlußkapitel (Groth / Heidegger; Croce), die einen Ausblick bis ins 20. Jahrhundert geben, verstehen sich mithin nicht in dem Sinne als 'Rezeptionsforschung', daß sie nach konkreten Einflüssen, möglichst durch Textstellen fixierbar, suchten. Dafür hätten im Einzelfall eine Vielzahl zusätzlicher Quellen herangezogen werden müssen, die erst mittelbar mit unserem Thema der Bewertung von Dialektliteratur in Beziehung stünden. Vielmehr geht es methodisch darum, einen Beitrag zu der Aufdeckung der 'wirkungsgeschichtlichen Verflechtung' von Gedankenfiguren zu Dialektliteratur zu leisten, die teilweise unverändert (Groth) oder in ästhetische (Croce) sowie philosophische (Heidegger) Kontexte transformiert weitergereicht wurden.
Hans-Georg Gadamer, der den Begriff der 'Wirkungsgeschichte' in der literaturwissenschaftlichen Hermeneutik etabliert hat, fordert 1960 in seinem Hauptwerk *Wahrheit und Methode*, sich bei der Interpretation zeitlich oder räumlich entfernter Epochen und Literaturen das jeweils eigene, zeit- und kulturbedingte Vorverständnis bewußt zu machen. Es sei, so Gadamer, unabdingbar, "daß man sich selber richtiger verstehen lerne und anerkenne, daß in allem Verstehen, ob man sich dessen ausdrücklich bewußt ist oder nicht, die Wirkung dieser Wirkungsgeschichte am Werke ist."[2] Unsere Arbeit versucht in diesem Sinne nachzuweisen, wie noch heute oft vermeintlich eigenständige Werturteile und Maßstäbe gegenüber Dialektliteratur ohne die Rückbesinnung auf 'die Wirkung deren

---

[1] Vgl. vorliegende Arbeit, Kap. 2.1.2.
[2] Gadamer (1990), S. 306.

Wirkungsgeschichte' und auf ihren Ursprung um 1800 einseitig, wenn nicht gar mißverständlich werden können.

## 2. Deutschland

### 2.1 Voraussetzungen

#### 2.1.1 Sprachgeschichte

Den sprachgeschichtlichen Kontext, vor dem eine Untersuchung zum Verhältnis zwischen der Hochsprache und den Lokalmundarten um 1800 zu sehen ist, stellen neben den beiden einschlägigen Sprachgeschichten von Peter von Polenz,[1] Hans Eggers[2] sowie neuerdings Christopher Wells[3] die immer noch hilfreichen älteren Arbeiten von Otto Behaghel[4] und Konrad Burdach[5] dar. Eine Spezialstudie zu der dialektalen Problematik legt Walter Henzen mit seiner Monographie *Schriftsprache und Mundarten* vor.[6]
Die beiden grundlegenden Artikel *Der Weg zur deutschen Hochsprache* von Theodor Frings und Ludwig Erich Schmitt[7] sowie der Aufsatz *Die Entstehung der neuhochdeutschen Einheitssprachen* von Hugo Moser[8] zeichnen in geraffter Form den Vereinheitlichungsprozeß hin zu einer allgemein akzeptierten Standardsprache bis ins 18. Jahrhundert nach; die Schlußphase dieser sprachgeschichtlichen Entwicklung analysiert ausführlich Eric A. Blackall in seiner Studie *Die Entwicklung des Deutschen zur Literatursprache 1700–1775*.[9] Eine Dokumentation der einschlägigen forschungsgeschichtlichen Positionen von 1854 bis 1981 hat Klaus-Peter Wegera zusammengestellt.[10]
Ulrich Knoop weist darauf hin, daß auch neuere sprachhistorische Arbeiten zur Normierung der neuhochdeutschen Standardsprache bisweilen noch eine "teleologische Sicht auf die Entwicklung einer Sprache, an deren Ende die Sprache zu stehen kommt, wie wir sie heute haben", erkennen lassen.[11] Umgekehrt bringt

---

[1] Polenz (1994).
[2] Eggers (1977).
[3] Wells (1990).
[4] Behaghel (1896).
[5] Burdach (1925).
[6] Henzen (1954), vgl. für unseren Zeitraum insb. S. 116-160.
[7] Frings / Schmitt (1944).
[8] Moser (1951).
[9] Blackall (1966, erstmals 1959), insb. S. 340-398.
[10] Wegera (1986).
[11] Knoop (1988), S. 337. Besonders plakativ hat Wilhelm Scherer Ende des 19. Jahrhunderts nationalteleologische Sichtweisen auch für die germanistische Sprachwissenschaft formuliert und verbreitet. Vgl. Scherer (1874): "Sollte es zu einer einheitlichen Sprache in Deutschland kommen, so mußte zwischen der süddeutschen und mitteldeutschen Gemeinsprache eine Ausgleichung gefunden, und es mußte das Resultat auch den Niedersachsen noch mitgeteilt werden." (S. 53) – "Die Entwicklung geht Schritt für Schritt, aber mit unbeirrbarer Sicherheit ihren Gang. Sehr bald fühlt man ihre Macht." (S. 57)

dies, wie Walter Besch hervorhebt, eine auch sprachhistorisch nicht zu rechtfertigende Vernachlässigung der unterlegenen Lokalidiome mit sich.[1] Daß nämlich die Anpassung der dialektalen Ausprägungen des Deutschen an eine sprachliche Vorbildform bis zum Ende des 18. Jahrhunderts nur unter Reibungen vonstatten ging, schlägt sich in Auseinandersetzungen über die Rechtmäßigkeit des Primats einer einzigen 'Mundart' allenthalben nieder, wie Emil Staiger 1919 für Periodika der zweiten Hälfte des Jahrhunderts[2] sowie Katrin Schletter 1985 anhand der Aussagen normativer Poetiken ab dem 17. Jahrhundert bis um 1800[3] nachgewiesen und dokumentiert haben.

Im Laufe des 18. Jahrhunderts konvergieren die mundartlichen Varianten zunehmend zu einer überregionalen Gemeinsprache, "die sich neben zahlreichen anderen Erscheinungsformen individueller, geographischer oder schichtenspezifischer Art auch als Literatursprache entfalten kann."[4] Damit einher ging bereits früh eine Tendenz, die regionalen Sprachvarianten auch sozial abzuwerten.[5] Dennoch kann man erst für die Zeit um 1800 von einer festen Etablierung der hochsprachlichen Form des Deutschen sprechen,[6] war doch auf der Grundlage der politisch-kulturellen Partikularisierung Deutschlands eine gesteuerte sprachliche Zentralisierung praktisch nicht durchsetzbar. Dadurch hat sich, ähnlich wie in Italien, im Vergleich zu anderen Ländern Europas eine sprachliche Homogenisierung verzögert und fand auch später in erster Linie eine kulturelle Begründung.[7] Umso wirksamer blieb der sprachlich-kulturelle Beitrag der Lokaldialekte in Deutschland.

---

[1] Besch (1979): "Es ergab sich, daß angestammte Sprache eine soziale Minderung erfahren konnte bis hin zur Verächtlichmachung. (...) Die Problemseite ist noch wenig beschrieben. Sie gehört aber zweifellos auch zur historischen Wahrheit." (S. 324) Vgl. auch Polenz (1994), S. 222ff., S. 227.

[2] Staiger (1919). Zur Dialektverwendung in der periodischen Literatur des 18. Jahrhunderts vgl. ferner Semenjuk (1963).

[3] Schletter (1985).

[4] Vgl. Piirainen (1973), S. 436. Vgl. auch Wiesinger (2000), S. 1953f.

[5] Vgl. Gessinger (1980): "Als im Verlauf des Normierungsprozesses die regionalen Umgangssprachen nur noch als *Mundart* wahrgenommen und die traditionellen regionalen Schriftkulturen als marginale, provinzielle Schreibungen angesehen werden, verfiel auch der mündliche, umgangssprachliche und regional gefärbte Sprachgebrauch der sozialen Abwertung." (S. 100) Vgl. auch Hein (1983), S. 1627; Mattheier (1993), S. 648ff.

[6] Gerade in der Zeit um 1800 sieht auch die einschlägige Literatur immer wieder einen sprachgeschichtlichen Wendepunkt. Vgl. Burdach (1925), S. 32f.; Moser (1956), S. 37; Nerius (1967), S. 76ff.; Haas (1994), S. 352; Mattheier (2000), S. 1953.

[7] Vgl. von Polenz (1964): "Die Entwicklung der deutschen Sprache zur Kultursprache ist etwas anders verlaufen als die des Französischen und Englischen. Dort gab es seit dem Mittelalter ununterbrochen die politischen, wirtschaftlichen und kulturellen Mittelpunkte Paris und London, die in der sprachlichen Vereinheitlichung eine hervorragende Rolle gespielt haben. Deutschland hatte kein solches Zentrum für eine organische Entwicklung der gesprochenen Hochsprache." (S. 69)

Aufgrund der Relevanz mundartlicher Formvarianten im Rahmen der noch nicht zur Gänze normierten Einheitssprache lehnen Grammatiker des ausgehenden 18. Jahrhunderts, die ihr Wirken als Beitrag zu einer überregionalen Spracheinigung sehen, dialektale Einflüsse besonders scharf ab. Um eine Hochsprache argumentativ durchzusetzen, die über den regionalen Partikularitäten steht, vertreten namhafte Sprachgelehrte in teilweise puristischem Habitus antidialektale Positionen, "so daß sie die Dialekte als verderbte Sprachformen ablehnten und der neu aufkommenden Umgangssprache wegen ihrer dialektalen Anteile wenig Verständnis entgegenbrachten."[1] Mundart sollte indes noch bis weit ins 19. Jahrhundert nicht nur in den niederen Bildungsschichten primäres mündliches Kommunikationsmittel bleiben.[2]

Erst gegen Ende des 18. Jahrhunderts tritt ein breitenwirksamer gegenläufiger Aufwertungsprozeß der Lokaldialekte hinzu, bei dem die bereichernde Funktion für die Hochsprache im Vordergrund steht.[3] Zugleich befürchtet man den schleichenden Niedergang der Lokalmundarten, die zu retten oder doch zumindest zu konservieren man sich vornimmt.[4] Die schwindende Bedeutung des dialektalen Mediums scheint eine intensive Beschäftigung mit der Mundart als Gegenreaktion geradezu herausgefordert zu haben. Symptomatisch für das wachsende Interesse an den Eigentümlichkeiten der Dialekte insbesondere von sprachwissenschaftlicher Seite ist die Zunahme von Mundartidiotika um 1800, welche den aktuellen Dialektbestand in lexikaler Form zu dokumentieren suchen. Hier steht meist die Motivation im Vordergrund, den Bestand der Standardsprache zu bereichern, indem man dialektalen Varianten auch überregionale Verbreitung sichert.[5] Diese "epochenspezifische Gattung des 18. Jahrhunderts" setzt bereits im 17. Jahrhundert ein, findet aber ihre "fieberhafte Hochblüte in den Jahren zwischen 1780 und

---

Vgl. auch Gessinger (1977), S. 3ff.; Gessinger (1980), S. 116-138; aus bayerischer Perspektive: Reiffenstein (1995), insb. S. 315f.
[1] Vgl. Wiesinger (2000), S. 1933; vgl. auch Koop (1988): "(...) die scharfe Zurückweisung alles Dialektalen [ist] durchaus Programm." (S. 342)
Vgl. auch Henzen (1950), S. 116-135; Mattheier (2000), S. 1957; Nerius (1967), S. 38-46 (Gottsched), S. 63-71 (Adelung) und passim; Blackall (1966), S. 83ff.; Besch (1979).
[2] Vgl. auch Müller (1991), insb. S. 70; Piirainen (1973), S. 435; Wells (1990), S. 390; Wiesinger (2000), S. 1934; Mattheier (2000), S. 1955.
Steger (1978) konstatiert noch für die Gegenwart: "Schließlich ist der Dialekt immer noch für einen ganz großen Teil der deutschen Bevölkerung die einzige Sprache, die er kompetent beherrschen lernt." (S. 48)
[3] Knoop (1988): "Zum Ende des 18. Jahrhunderts werden die Dialekte nicht als Störenfriede auf dem Wege zu einer Hochsprache angesehen, sondern als Beiträger." (S. 340) Vgl. Staiger (1919), S. 115ff.; vgl. auch Wells (1990), S. 321f.; S. 327ff.
[4] Vgl. Knoop (1982); Sonderegger (1968); Wiesinger (2000), S. 1944f.
[5] Vgl. Baur (1976), S. 33; Püschel (1987), S. 46f. Zu den Idiotika um 1800 vgl. auch Friebertshäuser (1986); Wells (1990), S. 328; Tauchmann (1992).

1800".[1] Die wissenschaftliche Beschäftigung mit Dialekten fügt sich in eine gesamtkulturelle, von Rousseauschen Ideen eingeläutete Dominantenwende ein, die realitätsferne Künstlichkeit zugunsten natürlicher Aussagedirektheit zu überwinden sucht. Der Dialekt wird schützenswert, um der 'authentischen' Ausdrucksfähigkeit des Deutschen nicht verlustig zu gehen.[2]

---

[1] Vgl. Haas (1994), S. 333.
Das 1827–37 erschienene Mundartlexikon *Bayerisches Wörterbuch* von Johann Andreas Schmeller, sowie seine Grammatik *Die Mundarten Bayerns, grammatisch dargestellt* (1821) gelten als symptomatisch und einflußreich für die Aufwertung der Dialekte. Vgl. Kunisch (1949); Bichel (1973), S. 208ff.; Reiffenstein (1981); Eichinger / Naumann (1988).

[2] Vgl. auch Steger (1978): "Dabei treten die nicht vereinheitlichten Varianten der Sprache – zusammenfassend meist Dialekte genannt – mit positiver Würdigung auf die Naturseite. Das Interesse, Dialekte zu bewahren und zu pflegen, wird öffentlich." (S. 30)

## 2.1.2 Dialektliteratur

Eine Literaturgeschichte, die sich speziell der Dichtung in den einzelnen Lokalmundarten widmete, liegt bislang nicht vor. Einen überregionalen Ansatz hat zwar bereits 1920/21 Friedrich Schön unternommen, doch ähnelt seine Monographie doch noch einem knapp gefaßten und enumerativen Handbuch.[1] Bereits zuvor trat August Holder mit einer *Geschichte der schwäbischen Dialektdichtung* (1896) hervor, die jedoch regional beschränkt blieb.[2] Überblicke über die literarhistorischen Entwicklungen der Einzeldialekte bieten indes eine Reihe von Handbuchartikeln,[3] wobei die ambitionierteste Zusammenstellung immer noch die Überblicksdarstellungen von Bernhard Martin[4] und Gerhard Cordes[5] darstellen. Klaus Mattheier macht für den zögerlichen Zugriff auf Probleme der Mundartdichtung durch die germanistische Forschung zum einen die interdisziplinäre Stellung des Gegenstandes zwischen Literaturwissenschaft und sprachwissenschaftlicher Dialektologie verantwortlich, zum anderen verweist er auf die nationalteleologische Tradition der deutschen Literaturgeschichtsschreibung, die mit Berufung auf eine "gemeinsame Kulturnation" dazu neige, Regionalentwicklungen weitgehend auszublenden.[6]

Diesem Befund steht andererseits eine mittlerweile nahezu unüberschaubare Menge an Einzelstudien zu den jeweiligen Regionalliteraturen sowie zu theoretischen Aspekten der Dialektalität in der Literatur gegenüber. Wir stellen im folgenden die einschlägigen Studien vor, die dieser Arbeit zugrundeliegen.
1977 weist Walter Schenker auf die wesentliche Kunsthaftigkeit von Dialekt in der Dichtung hin. An Mundartliteratur herangetragene Kategorien wie 'Spontanität' oder 'ursprüngliche Echtheit' müßten insofern relativiert werden:

> Wo also Dialekt in Literatur auftaucht, ist er grundsätzlich als lediglich simulierter Dialekt zu begreifen, und die Frage nach dem Verhältnis zwischen Dialekt und Literatur ist somit die Frage, wieweit und in welchen Weisen Literatur Dialekt adaptieren kann.[7]

Bislang gängige Definitionen, die eine weitgehende Deckung von Mundartliteratur mit Volksdichtung voraussetzen, werden damit fragwürdig. Besonders die ältere

---

[1] Schön (1920/21).
[2] Holder (1896).
[3] Vgl. Teuchert (1925/26); Wagner (1965); Dünninger (1974); Schmid-Cadalbert (1997).
[4] Martin (1954).
[5] Cordes (1954).
[6] Vgl. Mattheier (1993), S. 633.
[7] Schenker (1977), S. 36; vgl. auch Hoffmann (1981), S. 113; Hein (1983), S. 1629; Wells (1990), S. 327f.; Schröder (1999), S. 286.

Literatur geht nicht selten von derartigen Annahmen aus, die wiederum meist explizit mit Wertattribuierungen verbunden sind.[1] Im Sinne Schenkers betont Hermann Bausinger den stilistischen "Verfremdungscharakter", welcher der Mundart innerhalb literarischer Werke stets innewohne.[2] Walter Haas vertieft diese Erkenntnis, indem er untersucht, wie das stilistische Spannungsverhältnis literarästhetisch konret fruchtbar gemacht werden kann. Dabei stünde, so Haas, zum einen die Option einer absichtlichen "Abweichung" von sprachlichen Erwartungshaltungen an die Normen der literarischen Schriftsprache zur Verfügung; zum anderen könne man als Mundartdichter einen "Parallelismus" der literarischen Form zu gängigen Wertungsschemata zugrundelegen, bei dem Mundartstereotype gezielt nutzbar gemacht würden.[3]

Neben der ästhetischen Problematik wird in der Literatur der 70er Jahre auch die gesellschaftliche Relevanz von Dialektdichtung im Rahmen des politisch-kulturellen Regionalismus thematisiert. Nicht selten funktionalisiert man Mundartliteratur für politische Zwecke, indem man eine weitgehende Wertedeckung zwischen einer Region und ihrem jeweiligen Lokaldialekt voraussetzt.[4] Die Gefahr einer ideologischen Überfrachtung und Instrumentalisierung liegt grundsätzlich nahe.[5] Hermann Bausinger warnt denn auch 1977 davor, den Dialekt in eine "Heilslehre" einzubauen,[6] die auf einer "Mythisierung des Alltags und der Verabsolutierung des Lokalen" beruhe.[1]

---

[1] Vgl. Wagner (1965), S. 443.
[2] Vgl. Bausinger (1990), S. 183f; vgl. bereits Reis (1915), S. 10f.; auch Bausinger (1977), S. 13f.; Bellmann (1986), S. 330.
[3] Haas (1983), insb. S. 1638-1642.
[4] Vgl. Bosch (1978): "Hinter dem Regionalismus und Dezentralismus steckt also mehr als bloß eine Ahnung davon, was in unserer Gesellschaft nicht stimmt – sie sind, wenn nicht in ihrer konkreten Spielart, so doch in ihrer gesellschaftlichen Notwendigkeit eine Bewegung der Ganzheitlichkeit, eine Bewegung gegen bürokratische und fachliche Verengung, gegen zentralistische Organisation und gegen Funktionärstum. Regionalismus und Dezentralismus sind tendenziell an-archisch und anti-ideologisch; (...). Auf diesen menschlichen Aspekt der Sache gehen Region und Dialekt zurück. Sie setzen die Menschen in ihr Recht, setzen beim je Eigenen und Betroffenmachenden, beim unmittelbar Anrührenden an, das jeden einzelnen zum Sachverständigen macht." (S. 95f)
Vgl. auch Schupp (1973/75); Bausinger (1977); Boesch (1980), insb. S. 23ff.; Hein (1985); Haid (1985); Hein (1993).
[5] Vgl. Steger (1978): "Mundart ist auch eine Sprache des Protests, benutzt von Gebildeten, geworden. Indem man gegen etablierte Normen der Einheitssprache verstößt, will man die etablierte Gesellschaft treffen. Indem man Mundart spricht, will man andererseits Mundartsprecher mit seinen Anliegen besser erreichen und auf die latenten Anliegen von Mundartsprechern eingehen, sie überformen, sie ausformulieren helfen oder für eigene Zwecke ausnutzen. Hilfe und Manipulation liegen wie überall sehr eng beisammen." (S. 48f)
[6] Bausinger (1977): "Die gleiche "Lokalunvernunft" kommt zum Vorschein, wo in der Literatur der schmale Bereich der "Muttersprache" absolut gesetzt wird, wo der eigene Dialekt als die "schönste Sprache" nicht etwa im Sinne zulässiger naiver Überzeichnung charakterisiert wird,

Literaturgeschichtlich setzt man, parallel zur Etablierung der hochdeutschen Standardsprache, die Zeit um 1800 als Epochenwende in der Geschichte der deutschen Mundartdichtung an. Verwendete man literarisch die diversen Lokaldialekte bislang meist dazu, humoristische Effekte zu gewinnen, so widmen sich bedeutende Dichter, vorbereitet durch die dialektfreundliche Bewegung des Sturm und Drang,[2] seit Johann Heinrich Voß und Johann Peter Hebel nunmehr auch ästhetisch anspruchsvollen Inhalten und Formen.[3] Klaus Mattheier macht drei thematische "Diskurse" aus, die sich in der ersten Hälfte des 19. Jahrhunderts ausprägen, einen "idyllisch-idealisierenden", einen "volksaufklärerisch–sozialrevolutionären" und schließlich einen "ästhetischen Diskurs".[4] Den ersten Schwerpunkt führt er auf die Aufwertung des "Volkstümlichen und Naturhaften in der Nachfolge von Hamann / Herder" zurück, den ästhetischen Ansatz auf Hebel. Fritz Reuter sollte das Spektrum später durch "sozialkritische Momente" ergänzen.[5] Die ganze Breite des Funktionsfeldes dialektaler Literatur seit der Zeit um 1800, wie es Mattheier skizziert, wurde allerdings in der Forschung nicht immer anerkannt. Definitorische Restriktionen werden der Mundartliteratur explizit auferlegt, ja bisweilen zu einem konstitutiven Merkmal erklärt.[6] Einschränkungen des

---

sondern im Sinne eines Glaubenssatzes, der die Mundartfremden wie die Abtrünnigen einer Heilslehre erscheinen läßt." (S. 20)

[1] Ebd., S. 21. Vgl. auch Bausinger (1981), S. 25; Köstlin (1990), insb. S. 158ff.
Martin Walser (1979) beschwört in den 70er Jahren "die hier in mehr als tausend Jahren gebildete Kraft" seiner alemannischen Mundart (S. 44), deren unaufhaltsamen Niedergang er in biblischer Überhöhung beklagt: "Ich hoffe, daß ich irgend etwas bekommen habe für die Vertreibung aus dem Paradies, in dem alle Wörter stimmten. Ich bin nicht sicher, ob ich etwas bekommen habe. Außer Zweifel. Ich weiß immer noch nicht, ob es sich lohnte. Ich habe die Emanzipation nicht gewählt." (Walser (1977), S. 29) Vgl. hierzu kritisch Köstlin (1990), S. 156.

[2] Vgl. Moser (1956): "Erst im Zusammenhang mit Empfindsamkeit, Rousseauismus und besonders Sturm und Drang brach sich eine neue Bewertung der Volkssprache Bahn, die sich namentlich in einer neuen, nun ernst aufgefaßten Mundartdichtung (...) äußerte." (S. 40)

[3] Zur Epochenwende um 1800 in der Geschichte der Dialektliteratur vgl. Socin (1970), S. 444f.; Behaghel (1896), S. 10ff.; Wilmanns (1905), insb. S. 215ff.; Schön (1920/21), S. 10; Behaghel (1928), S. 196; Hein (1983), insb. S. 1627ff.; Polenz (1994), S. 232.

[4] Vgl. Mattheier (1993), S. 639.

[5] Ebd.

[6] So sieht bereits Schön (1920/21) das "eigentliche Wesen" der Mundartdichtung darin, "Heimatdichtung" zu sein (S. 11). Bach (1950, erstmals 1934) folgert aus dem "Geist" und der "Weltsicht" der Mundart, die wesensmäßig naiv, dem Konkreten verhaftet und irrational gesteuert sei, daß sie "in dem zu wirklicher Höhe strebenden Schrifttum keine Stelle" haben könne (S. 310).
In dieser Tradition dekretiert Schwarz (1950): "Man wird, von Ausnahmefällen unter den Dichtern abgesehen, die Mundart auf einfache Wechselreden und schlichte Alltagserzählungen beschränken müssen. (...) Es bleibt nur übrig, beiden Sprachformen, Schriftsprache und

Applikationsbereiches offenbaren sich manchmal nicht *expressis verbis*, scheinen aber durch scheinbar objektive Charakterisierungen des Dialekts als Entität hindurch.[1] Dabei unterscheidet man meist nicht zwischen normativen Postulaten und Wesensaussagen.[2]
Oft lassen sich, so stellt Hans-Rüdiger Fluck fest, Denkfiguren, die hinter meist stereotyp wiederholten Beschränkungspostulaten stehen, auf Wertungskategorien wie 'Echtheit' und 'Naivität' zurückführen, wie sie um 1800 die literarisch-sprachliche Diskussion beherrschten. Die Ausprägung zeitgemäßer, wirkungsgeschichtlich durchschauter Wertmuster sei daher bereits überfällig.[3] Wie

---

Mundart, ihren gebührenden Platz zu sichern und ihren Wirkungsbereich so zu umgrenzen, daß sie sich nicht schaden." (S. 16)
Auch Batt gehört zu dem namhaften Forschern, die die Mundartliteratur auf enge definitorische Grenzen eingeschränkt wissen wollen. Vgl. Batt (1961): "Tatsächlich aber hat die Mundartdichtung nur dort ihre Berechtigung, kann sie nur dort den Anspruch auf Echtheit stellen, wo der Schriftsteller auch den Erzählstandpunkt, das heißt vor allem der bäuerlichen Bevölkerungsteile, einnimmt." (S. 111) Batt steht in der Tradition nationalteleologischer Geschichtsschreibung, die er strukturalistisch modifiziert, wenn er fordert, "daß die Mundartliteratur sich sinnvoll in die Nationalliteratur einfügen und sich den großen Entwicklungslinien der schriftsprachlichen Literatur unterordnen muß." (ebd., S. 116)

[1] Vgl. Teuchert (1925/26), S. 189.
Vgl. Brinkmann (1955/56): "Daß sich die Mundart gern auf ihren Horizont beschränkt, hat wichtige Folgen; (...). Die Mundart kann sich (...) beschränken, weil ihr die Darstellung des einen bestimmten Falles genügt. Sie kommt mit verbalen Mitteln aus, weil sie keinen Anlaß hat zu verallgemeinern." (S. 70)
Matzen (1971): "Wenn das Werk des Mundartdichters weder seine originelle Echtheit noch seine bedeutsame Tiefe einbüßen will, so muß er unbedingt mit den begrenzten Möglichkeiten seines Werkzeugs auskommen. (...) übernimmt er Fremdes, dann klingen in seinen Versen Dissonanzen auf, und die Frische urwüchsiger Natürlichkeit sowie der Zauber ursprünglicher Bildhaftigkeit gehen dadurch zum Teil verloren." (S. 7)
Dünninger (1974): "Die Mundart verträgt nichts weniger als Künstlichkeit. Sie lebt aus ihrer natürlichen Selbstverständlichkeit, aus ihrem spontanen Gebrauch. Nur wenn sie natürlich ist, ist sie gültige Aussage und überzeugende Form." (S. 337)
Hoffmann (1981): "Die Mundart ist also jene primäre Vorstufe der Volksprache, die vom einfachen Volk ohne Bildungseinflüsse getragen und spontan gestaltet ist." (S. 106) – Dem Wissenschaftler, der sich mit Dialektliteratur befasse, so Hoffmanns Folgerung, bedeute ein "sympathetisches Einfühlungsvermögen in die Bewusstseinsstruktur des einfachen Volkes, in dessen Gefühls- und Erlebniswelt wertvolle kritische Hilfsmittel, (...)." (S. 108)
Vgl. hierzu kritisch Haas (1983), insb. S. 1639; Mattheier (1993), S. 634.

[2] Ris (1978) beschreibt den methodischen Fehler der dialektologischen Forschung: "Statt aber zu sagen, die Mundart *darf* nicht zur öffentlichen Diskussion eines abstrakten Sachverhalts gebraucht werden, heißt es nun: die Mundart *ist* dazu auf Grund ihrer linguistischen Merkmale nicht geeignet. (...) Statt dessen hätte sie zu fragen, wie solche Zuordnungen historisch zustande gekommen sind, (...) (kursiv im Orig., F.G.)." (S. 96) Hierzu will die vorliegende Arbeit einen Beitrag leisten.

[3] Vgl. Fluck (1973): "(...) erinnert sei nur an Goethes Rezension der Hebelschen Lyrik. Positiv in diesen Beurteilungen wirkte sich der Reiz des Neuen und das Ursprüngliche, das Urwüchsige

hartnäckig sich ein Konnex der Mundartdichtung mit dem Begriff der 'Heimat' seit über 200 Jahren bis in die aktuelle wissenschaftliche Diskussion hinein gehalten hat, zeigt ein Forschungsüberblick von Jürgen Hein.[1] Klaus Mattheier macht die "ästhetische Konservativität (...), die Mundartdichtung oftmals charakterisiert", für die Beharrungsfähigkeit der Wertattribuierungen und poetologischen Kategorien verantwortlich.[2]
Ziel der vorliegenden Arbeit wird daher auch sein, Funktionszuschreibungen, die unbesehen und oft gegen den literarhistorischen Befund Restriktionen vornehmen, an ihren Wurzeln aufzusuchen, ihre geistesgeschichtliche Bedingtheit nachzuweisen und so zu relativieren. Wertvolle Vorarbeiten hierzu hat Monika Jäger in ihrer Monographie Theorien der Mundartdichtung (1964) geleistet, in der sie einen knappen Überblick über die wichtigsten Positionen zu Mundart und Mundartdichtung in Deutschland bis in die Gegenwart gibt.[3] Wir konzentrieren uns neben den 'Rezeptionskapiteln' im wesentlichen auf die Zeit um 1800, um die einzelnen Problempunkte anhand der Textquellen noch detailgenauer darstellen zu können. Der Bewertungsproblematik von Dialektlyrik der Gegenwart widmet sich Josef Berlinger,[4] wobei die Wertungskriterien, die er selbst im Anschluß an seine

---

dieser Texte aus. Als Maßstab literarischer Qualität aber genügen diese beiden Kriterien nicht, um aus der Vielzahl von Dialekttexten unserer Zeit die Spreu vom Weizen zu trennen." (S. 299)

[1] Hein (1980). Den Stellenwert des Heimat- und Regionalbezugs in der deutschen Literatur behandelt auch Ecker (1989).
[2] Mattheier (1993), S. 643. Auch Haas (1983) konstatiert, "daß noch 200 Jahre nach dem erklärten Untergang der Gattungspoetik die Mundartliteratur *prinzipiell* und unabhängig vom individuellen Werk, allein aufgrund ihrer Sprachwahl und der angeblich dadurch bedingten Bereiche, auf eine niedrigere Stilebene verbannt werden konnte." (S. 1646)
[3] Jäger (1964).
[4] Berlinger (1983).

textnahen Einzeluntersuchungen anbietet, allerdings ihrerseits im einzelnen auf ihre historische Bedingtheit zu überprüfen und zu relativieren wären.[1] Auf Aspekte der Funktionsattribuierung von Dialekt in der Dichtung gehen Jürgen Hein,[2] Norbert Feinäugle[3] sowie Klaus Mattheier[4] ein, die Entwicklung von Bewertungsmustern behandelt Walter Haas,[5] dessen Klassifizierungsansätze zur literarischen Dialektverwendung Martin Schröder strukturalistisch weitergeführt hat.[6] Wertvolle Quellenhinweise auf den geschichtlichen Kontext des Verhältnisses zwischen Mundart und Schriftsprache und den einschlägigen auch literarischen Werthaltungen bietet indessen immer noch Adolf Socins erstmals 1888 erschienene Studie Schriftsprache und Dialekte im Deutschen nach Zeugnissen alter und neuer Zeit.[7]

---

[1] Vgl. ebd., S. 209-258.
[2] Hein (1985); vgl. auch Hein (1983), S. 1631f.
[3] Feinäugle (1985).
[4] Mattheier (1993).
[5] Haas (1983).
[6] Schröder (1999).
[7] Socin (1970), für unseren Zeitraum insb. S. 360-536.

## 2.2 Aufklärerische Positionen

Die geistesgeschichtliche Kontextualisierung von Bewertungsmustern im Betrachtungszeitraum um 1800 erfordert einen Rückgriff auf Gedankenfiguren der vorangegangenen Jahrzehnte. Exemplarisch soll zunächst an vier herausragenden Sprachgelehrten des 18. Jahrhunderts der sprachgeschichtliche Hintergrund, wie er oben anhand der Forschung skizziert wurde, konkretisiert werden. Der Schwerpunkt liegt auf der Diskussion um das Verhältnis zwischen hochdeutscher Standardsprache und den Lokalmundarten. Im Verlauf der teilweise polemischen Auseinandersetzungen in der zweiten Hälfte des 18. Jahrhunderts zeichnen sich bereits Voraussetzungen ab, die eine spätere Aufwertung der Mundart sowie der Mundartdichtung vorbereiten und argumentativ unterlegen.[1] In einem zweiten Schritt zeigen wir an Johann Gottfried Herder, wie sich Aufwertungstendenzen nicht-hochsprachlicher Formen auch in literarischen Wertmustern niederschlagen.

### 2.2.1 Johann Christoph Gottsched

In seiner *Deutschen Sprachkunst* (1748) nimmt sich Johann Christoph Gottsched (1700–1766) vor, bei der Vielzahl von Lokaldialekten im deutschen Sprachraum "die wahre hochdeutsche Mundart, den rechten Stamm und die Schönheit dieser europäischen Hauptsprache, fest zu setzen."[2] Er sei sich freilich bewußt, wie heikel es sei, bei einer lokal wie dialektal stark untergliederten und politisch partikularisierten Nation die "heutige beste Mundart"[3] verbindlich festzulegen, ohne sich zugleich "zu einem pedantischen Tyrannen aufzuwerfen."[4] Gottsched schlägt methodisch vor, diejenige Variante des Deutschen als vorbildlich und maßgeblich zu bestimmen, die "an dem Hofe, oder in der Hauptstadt eines Landes gesprochen wird."[5] Da man allerdings bei dem Versuch, das politisch-kulturelle Entscheidungszentrum Deutschlands zu lokalisieren, auf Schwierigkeiten stoße, "so ist die Sprache des größten Hofes, der in der Mitte des Landes liegt, für die beste Mundart zu halten. (...) In Italien wird gleichfalls die toskanische und römische für die beste gehalten."[6] Den Vergleich mit der sprachlich-politischen Situation Italiens

---

[1] Die Anbahnung von Umwertungsvorgängen sprachlich-literarischer Kriterien Ende des 18. Jahrhunderts beschreibt Burkhard (1931); vgl. auch Kühn (1978), S. 127; Lerchner (1984), S. 109; Sonderegger (1985), S. 20; Mattheier (1993), S. 638.
[2] Gottsched (1978), Vorrede zur 1. Auflage, S. 10.
[3] Ebd., S. 12.
[4] Ebd., S. 13. Als solchen sieht ihn gleichwohl ein Teil der älteren Forschung, vgl. etwa Behaghel (1928), S. 194; Burkhard (1931), S. 140.
[5] Gottsched (1978), S. 38. Vgl. hierzu Gessinger (1980), S. 131f.
[6] Gottsched (1978), S. 38.

führt Gottsched bei der Weiterführung seiner Argumentation als Folie parallel weiter. Um die Hauptmundart grammatisch zu kodifizieren, solle man, so rät er, zum einen "den Gebrauch der besten Schriftsteller zu Hülfe nehmen";[1] in Zweifelsfällen möge man mit Analogieschlüssen arbeiten. Keinesfalls sei es jedoch vonnöten, daß die maßgeblichen Dichter "eben alle aus derselben Landschaft gebürtig seyn."[2] Vielmehr schlage ein sprachliches Zusammenwirken mehrerer Regionen zum allgemeinen Nutzen aus, wie es sich ja auch in Italien zeige.[3] Gleichwohl müsse, das hebt Gottsched als Voraussetzung für eine fruchtbare Integration hervor, die sprachlich-literarische Ausrichtung auf eine zentrale Mundart jederzeit gewährleistet sein.

> Diesem zufolge nun, haben sich auch die sämmtlichen deutschen Landschaften, ungeachtet ihrer verschiedenen Mundarten, beynahe schon stillschweigend verglichen, ihre Wörter nicht nach ihrer besondern Aussprache, sondern nach der Aussprache derjenigen Provinz zu schreiben, die sich den Ruhm der besten Mundart erworben hat.[4]

Die vorzüglichste Sprachvariante sei, wie Gottsched ausführt, die "obersächsische Mundart", als deren Zentrum er, in erster Linie aus kulturhistorischen Gründen, Meißen ausmacht.[5] Immerhin tritt Gottsched trotz seiner Normierungsbemühungen für eine beitragende Funktion der Lokaldialekte ein. Diese Aufgabe teile sie sich mit älteren Sprachstufen des Deutschen, welche ihrerseits teilweise in den aktuellen Mundarten konserviert seien:

> Doch ist es einem Sprachlehrer sehr nötig, neben der besten Mundart seiner Muttersprache, theils die abweichenden schlechtern Mundarten der übrigen Provinzen; theils auch die ältern Schriften der Sprachlehrer, und überhaupt die ältesten Bücher

---

[1] Ebd., S. 39.
[2] Ebd.
[3] Vgl. ebd.: "Nicht alle gute (!) wälsche Scribenten sind gebohrne Toskaner; sondern nach Gelegenheit, Vicentiner, Neapolitaner, Venetianer, Ferrareser, Modeneser und Veroneser gewesen." (S. 40, Anm. e)
[4] Ebd., S. 105. Auch hier beruft sich Gottsched wieder auf das italienische Vorbild: "Eben so ist es in neuern Zeiten in Wälschland gegangen. Des Dantes, Petrarcha und Boccaz toscanische Mundart ist, ohne daß Florenz jemals die Herrschaft über ganz Italien behauptet hat, zu einer Regel der übrigen Provinzen geworden; als welche ihre Wörter, nicht nach ihrer eigenen Aussprache, sondern nach der toscanischen Mundart zu reden und zu schreiben suchen." (ebd., S. 104)
[5] Ebd., S. 106.
Zu Gottscheds Begründung des sprachlich-kulturellen Primats Meißens vgl. Blackall (1966): "[Gottsched] schwebt dauernd in Gefahr, in den circulus vitiosus zu geraten, daß die Meißner Mundart die beste ist, weil sie dem Hochdeutschen am nächsten steht, dem wiederum die Meißner Mundart zugrunde liegt, weil diese die beste ist! Das Argument der Geographie ist das höchste, das er anzubieten hat, und es ist keineswegs sehr überzeugend." (S. 91) Vgl. hierzu auch Nerius (1967), S. 39f.

seines Vaterlandes zu kennen. (...) Und selbst die verschiedenen Mundarten erläutern bisweilen einander, durch ihre Vergleichung: Wie z.E. das Niederdeutsche sehr oft dem Hochdeutschen zu statten kömmt.[1]

## 2.2.2 Johann Jacob Bodmer

Auch Johann Jacob Bodmer (1698–1783) plädiert acht Jahre zuvor in einer Vorrede zum zweiten Teil der *Critischen Dichtkunst* (1740) von Johann Jacob Breitinger dafür, die einzelnen Mundarten zum Vorteile der auf dem Sächsischen beruhenden Hochsprache nutzbar zu machen, deren Primat er zugleich prinzipiell anerkennt:

> So viel mir bekannt ist, hat Meißen das beste Recht von anderen Provinzen Deutschlands zu fodern, daß sie ihre eigene Aussprache und Mundart für die seinige verlassen; (...). Ich glaube auch nicht, daß irgend eine Provinz des deutschen Reichs mit Gedancken umgehe, mit ihm um dieses Recht zu streiten, (...).[2]

Bei aller Bereitschaft zur sprachlichen Homogenisierung sei jedoch, so Bodmer, ein autokratisches und allzu rigides Sprachregiment abzulehnen. Frei von "blindem Gehorsam"[3] hätten die Lokaldialekte weiterhin das Anrecht auf eine ständige Überprüfung und Berichtigung sprachzentralistischen Ansinnens.[4]
Grundsätzlich sei jeder deutsche Lokaldialekt, unbeschadet der späteren sprachgeschichtlichen Entwicklung, von gleicher Qualität und in der Lage, potentiell die Vorzüge, die dem Meißnischen zugesprochen werden, auch selbst zu erfüllen. Bodmer wendet sich gegen linguistische Exklusivität:

> Es gibt noch mehr Gegenden und Landesarten in Deutschland, welche eben so glücklich als Sachsen gelegen sind, und was dießfalls in einigen Provinzen mangeln möchte, kan (!) durch den Fleiß der Einwohner, durch ihre Erziehung und Lebensart verbessert werden. Man kan in den Urkunden der alten Allemannischen Nation eine solche Richtigkeit wahrnehmen, welche genugsam zeiget, daß es ihr an dem Naturel dazu nicht gemangelt hat.[5]

---

[1] Ebd., S. 44. Weitere einschlägige Äußerungen Gottscheds zur dialektalen Problematik im allgemeinen dokumentiert Schletter (1985), S. 99-102; 124ff. Gottsched selbst hat eine Idiotismenliste erarbeitet, vgl. Haas (1994), S. 345. Die Darstellung von Nerius (1967), in der Gottscheds Ansichten als und einseitig dialektfeindlich beschrieben werden (vgl. ebd., S. 41), müssen somit relativiert werden.
[2] Bodmer (1966), S. 4 B. Vgl. dazu Besch (1979), S. 327.
[3] Bodmer (1966), S. 5 A.
[4] Vgl. Schletter (1985), S. 95f.
[5] Bodmer (1966), S. 5 B.

Mit einem Egalitätspostulat aufklärerischer Stoßrichtung relativiert Bodmer den Anspruch auf sprachliche Vorherrschaft und tritt zugleich der Verabsolutierung einer einzigen Sprachform im nachhinein entgegen. Der Primat komme dem Sächsischen keineswegs aufgrund von Eigenschaften zu, die ihr grundsätzlich und ausschließlich inhärent seien.
Ferner zeichneten sich die Einzelmundarten dadurch aus, daß sie mittelalterliche Sprachbestände konserviert hätten, welche auch für die Hochsprache wertvolle Rückschlüsse auf "das eigentliche Wesen der deutschen Sprache" erlaube.[1]

> Die Erfahrung zeiget in der That, daß in andern Provinzen viele gute Wörter und geschickte Redensarten von altem deutschen Herkommen behalten worden, welche sich in Meissen verlohren haben.[2]

Bodmer selbst trug durch Publikationen mittelhochdeutschen Minnesangs zur Renaissance der mittelalterlichen Sprache und Literatur in Deutschland bei, die man immer wieder mit den bestehenden Lokalmundarten in Verbindung brachte.[3]
Da sich die deutsche 'Hochsprache' durch Kultivierung und systematische Reinigung immer weiter von ihrem "Ursprunge und Stamme" entfernt habe und ihr Vokabular dadurch nicht selten "seiner ersten und uralten Bedeutung"[4] verlustig gegangen sei, läge es in ihrem Interesse, sich integrierbares dialektales Sprachmaterial zunutze zu machen. Bodmer warnt in aufklärerischem Duktus vor einer diktatorisch-arroganten und allzu selbstzufriedenen Bevorzugung der dominanten Sprachform gegenüber den bisweilen treffenderen, weil 'älteren' Mundartausdrücken:

> Es wäre eine kleine Tyrannie, wenn jemand sich die Gewalt anmaassen wollte, unschuldige und wohlverdiente Wörter, die in ansehnlichen Städten und Provinzen noch in voller Blüthe leben, aus blossem Eigensinne zum Untergange zu verurtheilen. Dieses Verfahren ist damit nicht genugsam entschuldigt, daß man uns ein neugebohrnes Wort an des umgebrachten Statt liefert, denn warum sollen wir das Gedächtnis mit einem ungewöhnlichen Worte beschweren, da das gewöhnliche durch

---

[1] ebd., S. 6 A. Vgl. Blackall (1966), S. 224ff.
[2] Bodmer (1966), S. 6 A. Vgl. Burkhard (1931), S. 142.
[3] Burdach (1926) bezeichnet Bodmer als "Vater der Minnesang-Forschung" (S. 5) und begründet die Attraktion der mittelhochdeutschen Dichtung im ausgehenden 18. Jahrhundert mit der noch nicht fest normierten Sprachform: "Die früheren Lobredner des Minnesangs hatten doch in seiner Sprache mit heimlichem Entsetzen viele Ecken gefunden: veraltete Ausdrücke und Formen, fremdartige Wort- und Satzstellungen, die sie selbst nur aus der niedrigen Sprach- und Literatursphäre, aus älterem noch kunstlos rohem Schrifttum kannten und als bäuerlich-mundartlich oder gemein, als Sprechweise des "Pöbels" und der "Pritschmeister" verpönten. (...) Bodmer hingegen verkündete 'die Vorteile', d.h. die Vorzüge der schwäbischen Sprache der Minnesänger." (S. 13) Bodmer, so Burdach weiter, könne somit als "Vorläufer Herders und des jungen Goethe" gelten (S. 16). Vgl. auch Wehrli (1936), S. 65ff.
[4] Bodmer (1966), S. 6 B.

sein Alter von seiner Kraft nichts verlohren hat; und eben die Dienste thut, so das neue nicht geschickter verrichtet?[1]

Altes, bereits im Gebrauch bewährtes und im Volke verwurzeltes dialektales Vokabular übersteige, so kann man Bodmers argumentativen Ansatz weiterführen, rein funktionelle Funktionszuschreibungen der Sprache durch seine auch poetisch auswertbare Expressivkraft.[2]

### 2.2.3 Johann Christoph Adelung

Johann Christoph Adelung (1732–1806) führt die sprachlichen Normierungs- und Kodifizierungsbemühungen Gottscheds fort, steht aber der Mundart entschieden ablehnender gegenüber. Insbesondere in der Abhandlung *Über die Geschichte der deutschen Sprache, über deutsche Mundarten und deutsche Sprachlehre* (1781)[3] sowie in seinem *Magazin für die deutsche Sprache* (1782–84)[4] wendet sich der Sprachforscher vehement gegen die Forderung, die hochdeutsche Sprache durch Beträge aus den Lokaldialekten zu bereichern. Gegen Ende des 18. Jahrhunderts hat sich dieses Bemühen freilich bereits weitgehend durchgesetzt.

> (...) wenn man dann auf der andern Seite Sprache und Ausdruck zu arm findet, und, unter dem Vorwande, die Sprache zu bereichern, aus fremden Sprachen und Mundarten borgt, alltägliches Geschwätz, dunkle Vorstellungen, mit unter auch wohl Unsinn, zur Schau auszulegen, wenn der Geschmack so weit verfällt, daß die Musen nicht mehr erröthen, die Sprache des Pöbels zu reden, wenn das alles, sage ich, allgemeiner Geschmack wird, dann ist der Verfall der Sprache da.[5]

Derlei apokalyptische Prophezeihungen eines unmittelbar drohenden Sprachverfalls mögen 1781 anachronistisch wirken. Die Bewegung des Sturm und Drang[6] hatte ja

---

[1] Ebd.
[2] Vgl. Burdach (1926): "Außerdem bekämpften die Schweizer das alte, von Gottsched geteilte Vorurteil gegen dialektische (!) und veraltete Ausdrücke. Sie drangen gerade darauf, sogenannte 'Machtwörter' in der Poesie anzuwenden, d.h. sinnliche Worte der älteren oder volkstümlichen Sprache, die in dem Schriftdeutschen in Vergessenheit gekommen waren. Damit wurde der Volkssprache Eintritt in die Sprache der Literatur zurückgewonnen, und ein Teil der Fundamente aller bisherigen Doktrinen erschüttert." (S. 41f) Vgl. auch Blackall (1966), S. 84; Wells (1990), S. 345.
[3] Adelung (1975).
[4] Adelung (1969).
[5] Adelung (1975), S. 71.
[6] Mehrmals beschuldigt Adelung die Schriftsteller der eben vergangenen Epoche des Sturm und Drang, ohne sie explizit beim Namen zu nennen, die Spracheinheit angegriffen zu haben: "Wir haben in den letztern zwanzig Jahren ein auffallendes Beyspiel davon, was aus der Sprache

bereits ihren Höhepunkt überschritten und puristische Attituden, verbunden mit statischer Abschottung gegenüber jeglichem Außeneinfluß, fanden auch bei konservativen Sprachgelehrten immer weniger Rückhalt.[1] Die wirksamsten Impulse für eine allgemein akzeptierte Sprachnormierung gehen Ende des 18. Jahrhunderts ohnehin nicht mehr primär von sprachwissenschaftlicher Seite aus, die Entwicklung wird vielmehr in zunehmendem Maße von den Literaten und Autoren 'schöner Literatur' geprägt.[2] Mit der kategorischen Ablehnung, dialektale Elemente in die Allgemeinsprache aufzunehmen, unterbietet Adelung nachträglich aufklärerische Positionen selbst eines Sprachnormierers wie Gottsched:

> Auch wenn eine Schriftsprache noch in der Ausbildung begriffen ist, kann sie keine Provinzialwörter aufnehmen, weil dieses den Begriff einer eigenen Mundart aufheben würde; noch weniger aber veraltete Wörter, welche den Geschmack schon in den mittlern Graden der Ausbildung beleidigten, und daher ausgestoßen wurden, ihn in den höhern noch mehr beleidigen.[3]

Adelung sieht sein sprachpolitisches Ideal weitgehend im romanischen Sprachraum verwirklicht, wo er in Italien (!), Frankreich und Spanien die straffe antidialektale Durchsetzung einer hochsprachlichen Form lobt:[4]

> Vielmehr sind die meisten dieser Schriftsprachen so stolz auf ihren eigenen Reichthum, und so eifersüchtig auf ihre Rechte, daß sie lieber alle ihre Ansprüche aufgeben, als ein einiges wirklich provinzielles Wort aufnehmen würden, wenn es nicht vollkommen in das Ganze paßt, wäre es auch noch so alt, und noch so regelmäßig gebildet.[5]

Adelungs Sprachpurismus fordert kontinuierliche Bemühung um Reinhaltung der Hochsprache von mundartlichen Einflüssen; hinter rebellischer Infragestellung der

---

wird, wenn Schriftsteller sie ausbilden wollen." (Adelung (1969), Magazin I, 4, S. 99) Ihre sprachlichen Vergehen, die Adelung im einzelnen anführt, seien durchgängig dialektaler Permissibilität geschuldet: "Denn alle oben angeführten und hundert ähnliche Thorheiten lassen sich aus der Natur der Sprache oder doch einer Mundart derselben rechtfertigen, und werden von ihren Urhebern selbst daraus hergeleitet; (...)." (ebd., S. 100) Vgl. Nerius (1967), S. 64; Eggers (1977), S. 105.

[1] Vgl. Gessinger (1980), S. 143; ferner Jellinek (1913), 381.
[2] Vgl. Schletter (1985), insb. S. 188f.; auch Eggers (1977), S. 87.
[3] Adelung (1969), Magazin I, 4, S. 109.
   Zu Adelungs extrem konservativer Haltung im Rahmen der Sprachwissenschaft des 18. Jahrhunderts vgl. Jellinek (1913), S. 365.
[4] Die Orientierung an zentralistisch angelegte Nationalsprachen war damals üblich, vgl. Bichel (1973): "Das Bemühen jener Zeit um die deutsche Sprache kann zum größten Teil als das Bestreben verstanden werden, dem Lateinischen und Französischen ebenbürtig zu werden." (S. 23)
[5] Adelung (1969), Magazin I, 1, S. 13.

allgemein verbindlichen Sprachnormen, die ausschließlich aus dem Sächsischen abzuleiten seien,[1] argwöhnt Adelung nur billige Bequemlichkeit:

> Man hat in den neuern Zeiten, wo man sich so gern über alles, was den Schein einer Einschränkung hat, hinweg setzen möchte, gefragt, ob es auch wirklich nützlich ist, daß es eine allgemeine herrschende Mundart gebe, und ob es nicht besser sey, daß jeder in der Mundart schreibe und rede, die ihm angebohren ist. Bequemer wäre es allerdings, aber auch besser? ich zweifle.[2]

Adelungs kompromißlose und bisweilen unangemessen heftige Ausfälle gegen sprachliche Oppositionshaltungen dürfen gleichwohl nicht darüber hinwegtäuschen, daß er aus einer mittlerweile historisch überholten Verteidigungsposition heraus argumentiert. Der Primat des 'Chursächsischen' als der "zierlichsten und wohlklingensten [Sprache] in Deutschland", die seit dem Wirken Martin Luthers zur "herrschenden Sprache des gelehrtesten und gesittesten Theiles der Nation"[3] aufgestiegen sei, wurde Ende des 18. Jahrhunderts schließlich kaum mehr in Frage gestellt.[4]


### 2.2.4 Christoph Martin Wieland

Adelung hatte 1782 mit dem Aufsatz *Was ist Hochdeutsch* in der ersten Ausgabe seines *Magazins für die Deutsche Sprache*[5] eine Diskussion ausgelöst, an der sich namhafte Literaten und Publizisten wie Bürger, Voß, Rüdiger und Campe beteiligten.[6] Christoph Martin Wieland (1733–1813) veröffentlicht im selben Jahr in seinem *Teutschen Merkur*" unter dem Pseudonym "Musophilus" einen gegen die Prämissen und Postulate Adelungs gerichteten Artikel *Über die Frage: Was ist Hochdeutsch? und einige damit verwandte Gegenstände*.[7]

---

[1] Vgl. Nerius (1967): "Obersachsen sei nicht nur der Ausgangspunkt der allgemeingültigen Literatursprache, sondern bleibe auch das alleinige Kriterium für ihre Richtigkeit und Reinheit. Auf diese Weise wurde den anderen Provinzen das Recht abgesprochen, irgend etwas zur Ausbildung der Literatursprache beizutragen oder den hochdeutschen Sprachgebrauch mitbestimmen zu können, (...)." (S. 65)
[2] Adelung (1975), S. 86.
[3] Ebd., S. 64.
[4] Stimmen wie die Radloffs (1811), der die Vorzüge einer bestimmten Lokalvariante des Deutschen hervorzuheben beflissen ist, können kaum mehr die zunehmende Dominanz der am Sächsischen orientierten Standardsprache in Frage stellen.
[5] Vgl. Adelung (1969), S. 1-31.
[6] Vgl. Henne (1968), S. 110; Besch (1979), S. 327.
[7] Wieland (1879). Zu den Einzelheiten dieser Auseinandersetzung vgl. Besch (1979), S. 327f; vgl. auch Staiger (1919), S. 83ff.; Henne (1968); Gessinger (1980), S. 139ff.; Lerchner (1984).

Er wendet sich gegen den Anspruch eines umfassenden und ausschließlichen Vorrangs Sachsens als sprachliches wie kulturelles Zentrum, wenn zugleich die "besten Schriftsteller"[1] aller anderen Regionen Deutschlands von dem Normierungsprozeß ausgeschlossen würden:

> Es scheint schon unschicklich genug (um nichts Stärkeres zu sagen), die Sprache einer der ersten Nationen des Erdbodens in die Schranken der Aufklärung, des Witzes und des Geschmacks einer einzigen kleinen Provinz (...) einschließen zu wollen.[2]

Mit der Ablehnung einer planen 'Witzkultur', sowie der Tyrannei des 'bon goût' einer gesellschaftlichen Minorität schließt Wieland ebenso wie mit der Zurückweisung einer strikten Sprachregulierung in literarischen Werken an zentrale Positionen des literarischen 'Sturm und Drang' an. Die deutsche Sprache sei gegenwärtig noch keineswegs an einem normativ fixierbaren Entwicklungsendpunkt angelangt und müsse daher weiterhin gegenüber Bereicherungsversuchen durch Bestände der Mundarten sowie älterer Sprachepochen offen gehalten werden:[3]

> (...) der ganze Schatz der Sprache von mehrern Jahrhunderten her steht ihr [scil.: der Schriftsprache, F.G.] offen; die Mundarten aller Provinzen gehören ihr zu, und sie kann daraus nehmen und gleichsam in ihren eigenen Boden verpflanzen, was sie benöthigt ist, und was darin fortkommt.[4]

Wieland betont hier in einer vegetativ-organologischen Formulierung, die an Herder anlehnt, die fruchtbare Zuträgerfunktion der Dialekte, die bereits Gottsched in Betracht gezogen und Bodmer eingefordert hat.

Gegenüber der Verwendung von Dialekt in der Literatur nimmt Wieland gleichwohl eine zurückhaltende Position ein. Er warnt davor, "niedere Sprecharten, die man selbst an dem Geburtsort des Autors nur im Munde des gemeinsten Pöbels findet, in ihre Schriftsprache einzumengen."[5] Die 'Authentizität' einer Volksmundart stellt für ihn kein positives ästhetisches Kriterium dar. Eine kontrollierte und sparsame Verwendung dialektaler Elemente sei zwar zu dichterischen Zwecken gestattet, ein "ekelhafter Mischmasch von Dialekten"[6] jedoch widerstrebt Wieland, der literarästhetisch noch wesentlich dem aufklärerisch geprägten 18. Jahrhundert verpflichtet ist.

---

[1] Wieland (1879), S. 11.
[2] Ebd., S. 15.
[3] Vgl. Jellinek (1913), S. 375; Nerius (1967), S. 57.
[4] Wieland (1879), S. 27. Vgl. auch ebd.: "(...) ich behaupte (...), daß (...) die ältern Dialekte noch immer als gemeines Gut und Eigenthum der ächten deutschen Sprache und als eine Art von Fundgruben anzusehen seien, aus welchen man den Bedürfnissen der allgemeinen Schriftsprache in Fällen, wo es vonnöthen ist, zu Hilfe kommen könne." (S. 17)
[5] Ebd., S. 19.
[6] Ebd.

Gleichwohl überwindet er die Grenzen einer aufklärerischen Orientierung im engeren Sinne, wenn er – in offenem Kontrast zu Adelung[1] – bezweifelt, daß "die Verständlichkeit die einzige Absicht der Sprache" sei.[2] Dem Cartesianischen Postulat des *"clare et distincte"* als Voraussetzung sinnvoller Aussagen stellt Wieland das modern anmutende Recht des Dichters zur Seite, Sprache auch für primär poetisch-expressive Zwecke einzusetzen:

> Dem Dichter sind die Worte – Farben, Rhythmen und melodische Töne zugleich. (...) Ein veraltet Wort, ein Provinzialwort, wofür das sogenannte Hochdeutsche kein völlig gleichbedeutendes hat, ist zuweilen an dem Orte, wo er's braucht, gerade die einzige Farbe, die zu einer bestimmten Absicht paßt, und wovon die Wirkung abhängt.[3]

Indem Wieland für die stilistische Verwendung dialektaler Elemente in der Dichtung eintritt, da sich mit ihrer Hilfe ästhetische Ausdrucksbedürfnisse jenseits rein logischer Prädikationen befriedigen ließen, erweitert er das Bereicherungsmotiv auf literarästhetische Bereiche.[4] Johann Gottfried Herder hat diese Tendenz entscheidend weitergeführt und damit spätere Werthaltungen gegenüber Mundartdichtung vorbereitet. Darüber weisen Wielands Überlegungen auf spätere poetologische Ansätze wie etwa die Klaus Groths (vgl. unten) und der 'Wiener Moderne' voraus, welche der Verwendung von Mundart in der Poesie eine expressive Funktion zusprechen.[5]

---

[1] Vgl. Adelung (1969): "Die wahre und einige Absicht der Sprache ist die möglichst leichte Verständlichkeit in dem gesellschaftlichen Leben (...)." (Ad., Mag. I, 2, S. 23) Vgl. hierzu auch Wells (1990), S. 354.
[2] Wieland (1879), S. 30.
[3] Ebd.
[4] Püschel (1987) beschreibt diesen Wandel, zu dem auch Wieland beigetragen hat: "Gerade im Bereich der Literatur bleiben die gesetzten Sprachnormen nicht unangefochten, sondern veränderte Anschauungen von der Literatur und ihren Funktionen führen zu veränderten Anschauungen von der Sprache. (...) Zum einen greift man gern auf historisches Wortgut zurück (...) und zum anderen zieht man ohne Umweg über die historische Brücke direkt Mundartliches heran." (S. 62)
[5] Zu den poetologischen Programmen der zeitgenössischen Mundartdichtung vgl. Fluck (1983), S. 1652ff.

## 2.2.5 Johann Gottfried Herder

Direkte Äußerungen Johann Gottfried Herders (1744–1803) zu Mundartlichem sind rar und meist beiläufig. Gleichwohl gilt er als wirkmächtigster Anreger für die Aufwertung von Dialekt und Dialektliteratur um 1800. Herder bereitet den argumentativen Boden für Wertungskriterien, die Goethe ausformulieren sollte und die später nachhaltig romantische Positionen beeinflußt haben.

Wir rekapitulieren im folgenden exemplarisch diejenigen thematischen Problemkreise in Herders Denken, die bei der Bewertung von Mundartdichtung wirksam werden konnten. Dabei bieten sich zunächst die frühen Werke Herders an, die der junge Goethe teilweise bereits direkt rezipiert haben dürfte: Zentrale sprachliche wie poetologische Positionen Herders finden bereits in den frühen *Fragmenten über die neuere deutsche Literatur* ihren Niederschlag, von denen wir die 1. und die 3. Sammlung von 1767[1] sowie die überarbeitete Fassung von 1768 heranziehen.[2] Des weiteren beziehen wir uns auf die Vorreden zu den zurückgezogenen vier Büchern *Alte Volkslieder* von 1774[3] und auf die Ausgabe der 1887/79 erschienenen *Volkslieder*[4]. Besonders breitenwirksam bei der Rezeption von Herders Ideen wurde die erstmals 1772 publizierte wegweisende Programmschrift *Auszug aus einem Briefwechsel über Oßian und die Lieder alter Völker*.[5] Darüber hinaus ergänzen wir zentrale Aussagen Herders in den genannten Werken durch Stellen aus den Entwürfen zu einer Abhandlung *Von der Ode*,[6] der Programmschrift *Idee zum ersten patriotischen Institut für den Allgemeingeist Deutschlands* (1788)[7], weiterhin aus der 5. Sammlung der *Briefe zur Beförderung der Humanität* von 1795,[8] aus dem 1795 in den Schillerschen *Horen* erschienenen Artikel *Homer und Ossian*[9] und der Einleitungsrede zu einem Examen von 1796,[10] sowie schließlich aus seiner Zeitschrift *Adrastea*.[11]

Nach einem Blick auf die Bedeutung der "Muttersprache" in Herders Sprachdenken skizzieren wir im folgenden seine Diagnose des aktuellen Sprachzustandes der

---

[1] Herder (1985), bzw. Herder (1985a). Die Schriften Herders werden mit einer Ausnahme (Herder 1887) nach der zwischen 1985 und 2000 erschienen Werkausgabe in zehn Bänden (Hg. v. M. Bollacher u.a., Frankfurt a.M.) zitiert.
[2] Herder (1985b).
[3] Herder (1990), S. 11-68.
[4] Herder (1990), S. 69-428.
[5] Herder (1993).
[6] Herder (1985c).
[7] Herder (1887).
[8] Herder (1991).
[9] Herder (1988).
[10] Herder (1997).
[11] Herder (2000).

deutschen Nation. Herder schlägt zu dessen Weiterbildung und Verbesserung zwei sich ergänzende Methoden vor. Zum einen zielt er auf spracheinigende Aktivitäten zum Wohle der Gesamtnation ab, zum anderen plädiert er für einen Rückgriff auf archaische Sprachbestände und Sprachhaltungen, wodurch er sich eine Verjüngung des Deutschen erhofft. Diese Stoßrichtung konkretisiert er anhand alten Volksliedguts sowie der '*Ossian-Gesänge*'.

Die Muttersprache gewährleistet nach Herder einen vorreflexiven,[1] direkten und sinnlichen Zugriff auf die Welt, welche sich dem einzelnen überhaupt erst im Medium der Sprache erschließe.[2] Frei von den Denkfesseln zivilisatorischer Überformung habe "der Weltweise also in seiner Untersuchung unendlich mehr Data, wenn er sich dieser freien Sprache überläßt."[3] Echte Dichtung entstehe überhaupt nur dann, wenn ein unverstellter Zugang zu dem jeweiligen Sprachmaterial als Geburtsgabe vorhanden sei. Nur unter dieser Voraussetzung könnten souverän Fähigkeiten und Grenzen auch des poetischen Ausdrucksvermögens einer Sprache ausgelotet werden.

> Ich tue noch einen Schritt: wenn in der Poesie der Gedanke und Ausdruck so fest an einander kleben: so muß ich ohne Zweifel in der Sprache dichten, wo ich das meiste Ansehen, und Gewalt über die Worte, die größeste Känntnis derselben, oder wenigstens eine Gewißheit habe, daß meine Dreustigkeit noch nicht Gesetzlosigkeit werde: und ohne Zweifel ist dies die Muttersprache.[4]

Herder gibt keine Hinweise auf die konkrete Form, in der sich sein Begriff der Muttersprache realisieren könnte. Daß dies am Ende des 18. Jahrhunderts in den meisten Fällen die Mundart ist, belegt die Sprachgeschichte.[5]

In den *Fragmenten* konstruiert Herder ein organologisch-biologisches Modell *Von den Lebensaltern der Sprache*,[6] bei dem entsprechend der menschlichen Entwicklung die Epochen einer Einzelsprache in Kindheit, Jugend, Erwachsenenzeit und Alter unterteilt werden. Die deutsche Gegenwartssprache habe bereits das "männliche Zeitalter erreicht",[7] so schließt Herder aus ihrer bereits deutlich

---

[1] Vgl. Herder (1985b): "Wir sind Menschen, ehe wir Weltweisen werden: wir haben also schon Denkart und Sprache, ehe wir uns der Philosophie nähern, (...)." (S. 638)
[2] Vgl. Fürst (1988), S. 41. Vgl. auch Hassler (1984), S. 71f.; Fürst (1988), S. 39ff.; Bollacher (1989), S. 43.
[3] Herder (1985b), S. 638.
[4] Herder (1985a), S. 407. Vgl. hierzu Fürst (1988), S. 42.
[5] Vgl. vorliegende Arbeit, Kap. 2.1.1.
[6] Herder (1985), S. 181ff. Vgl. Gaier (1992), S. 349; Sauder (1996), S. 70f.
[7] Vgl. Herder (1985): "Eine Sprache in ihrem männlichen Zeitalter ist eigentlich nicht mehr Poesie; sondern die schöne Prose. (...) Je mehr sie Kunst wird, je mehr entfernet sie sich von der Natur. (...) Je mehr man am Perioden künstelt, je mehr die Inversionen abgeschafft, je mehr bürgerliche und abstrakte Wörter eingeführet werden, je mehr Regeln eine Sprache

fortgeschrittenen Entfernung von der Natur, von der eine Sprache in ihrer ursprünglichen Frühzeit noch wesentlich bestimmt sei, sowie aus der Verkünstelung und Normenreglementierung der Gegenwart, die eine poetische Sprachbehandlung behindere:

> Die Prose ist uns die einzig natürliche Sprache, und das seit undenklichen Zeiten gewesen – nun sollen wir diese Sprache ausbilden? Wie kann das sein? Entweder zur mehr *dichterischen* Sprache, damit der Stil vielseitig, schön und lebhafter werde; oder zur mehr *philosophischen* Sprache, damit er einseitig, richtig und deutlich werde; oder wenn es möglich ist, zu allen beiden.[1]

Herder plädiert für eine gezielte Weiterentwicklung der deutschen Sprache in die beiden gegenläufigen Richtungen der Spracherneuerung und -homogenisierung.[2] Voraussetzung für die Ausbildung einer exakten "philosophischen Sprache" sei zunächst die Etablierung einer ausdrucksfähigen, allgemein akzeptierten Hochsprache, die als "Vereinigungspunkt ihrer Provinzen"[3] die verschiedenen Lokalvarianten binden und aufheben solle. So vertritt Herder gut 20 Jahre später (1780) eine Sprachhomogenisierung 'von oben', um so die kulturelle Einigung ganz Deutschlands zu befördern:

> Die wachsende Cultur unsres Vaterlandes kann also keinen anderen Weg nehmen, als diese geläuterte Büchersprache unter feinern Menschen aller Teutschen Provinzen gemein zu machen, (...).[4]

Bei seinen Appellen, die Hochsprache zum Wohle der national-kulturellen Einheit zu standardisieren, wendet er sich in einer Examensrede (1796) mit pädagogischem Impetus sogar explizit *gegen* die Verwendung von Mundart:

> Unser Thüringen hat viel Gutes, aber keinen angenehmen Laut der Sprache, welches man dann am meisten inne wird, wenn man, wie oft der Fall ist, zwar Töne, in einandergezogene Töne höret, aber den Sinn der Rede nicht verstehet. – Jünglinge, die diesen unangenehmen Dialekt bloßer Tierlaute an sich haben, sie mögen aus Städten oder vom Lande her sein, müssen sich alle Mühe geben, im Gymnasium eine Menschliche, Charakter- und Seelenvolle Sprache zu bekommen und von ihrer bäurischen oder schreienden Gassenmundart sich zu entwöhnen. Sie müssen das Bellen und Belfern, das Gackeln und Krächzen, das Verschlucken und Ineinander

---

enthält: desto vollkommener wird sie zwar, aber desto mehr verliert die wahre Poesie." (S. 183) Vgl. hierzu Blackall (1966), S. 341, S. 345.
[1] Herder (1985), S. 187 (kursiv im Orig., F.G).
[2] Vgl. Blackall (1966), S. 341f.; Lüttgens (1991), S. 111f.; Gaier (1992), S. 347.
[3] Vgl. Herder (1887), S. 604.
[4] Ebd, S. 605.

Schleppen der Worte und Sylben abdanken und statt der Thüringischen die Menschensprache reden.¹

So überzogen plakativ diese Stellungnahme Herders anmutet, die ja immerhin einer pädagogisch impulsiven Schulrede entnommen ist, sie fügt sich doch in die sprachpolitische Zielsetzung insbesondere des *späteren* Herder ein, der eine vereinheitlichte Sprachform, die auch von dialektalen Entstellungen gereinigt wäre, als eine Grundvoraussetzung nationalen Zusammengehörigkeitsgefühls ansieht:

> Ohne eine gemeinschaftliche Landes- und Muttersprache, in der alle Stände als Sprossen Eines Baumes erzogen werden, giebt es *kein wahres Verständnis der Gemüther, keine gemeinsame patriotische Bewegung, keine innige Mit- und Zusammenempfindung, kein vaterländisches Publikum mehr.*²

In seinem *frühen* Werk legt Herder hingegen einen deutlichen Schwerpunkt auf die Erweiterung der dichterischen Ausdrucksfähigkeiten des Deutschen. Voraussetzung für eine fruchtbare Fortentwicklung sei die Besinnung auf sprachliche 'Urzustände', bei denen noch "eine Art von sinnlicher Gestaltung",³ ein "lebender Ausdruck"⁴ vorherrsche, der sich zugleich durch "einfältige Gestalt"⁵ auszeichne.

> Natur war damals noch alles: Kunst, Wissenschaft – Schriftsteller, Weltweisen, Sprachkünstler gab es noch nicht: alles war Volk, das sich seine Sprache bildete (...).⁶

Von derlei Ursprungsepochen zeugen dialektale Formen, die archaische Sprachstufen bewahrt hätten. Aufgrund ihrer privilegierten Nähe zu altehrwürdigen Zeiten könnten diese durch die gezielte Fruchtbarmachung der deutschen Lokalvarianten wiedereingeholt werden. So sei es insbesondere der Schweizer Mundart gelungen, "den Kern der deutschen Sprache mehr unter sich erhalten" zu haben.⁷

Auch mittelhochdeutsche Minnelieder könnten mit Gewinn bei der Suche nach ursprünglichem Sprachgut herangezogen werden. In seiner Vorrede zum ersten Buch der *Alten Volkslieder* hebt Herder die poetische Potenz des Minnesangs hervor, die man nunmehr wieder als "lebende Volkslieder"⁸ aktivieren solle:

---

¹ Herder (1997), S. 723f. Zu dieser Stelle vgl. auch Gessinger (1980), S. 60; Polenz (1994), S. 225f.
² Herder (1991), S. 306 (kursiv im Orig., F.G). Vgl. auch Große (1978), S. 76f.
³ Herder (1985b), S. 611.
⁴ Ebd.
⁵ Ebd., S. 609.
⁶ Ebd.
⁷ Herder (1985b), S. 581. Zu den sprachgeschichtlichen Konsequenzen der Anregungen Herders vgl. Sonderegger (1968), S. 2.
⁸ Herder (1990), S. 17 (kursiv im Orig., F.G). Vgl. aber Burdach (1926), S. 24f.

> Das Glück, das sich denn wohl in dem, was alt war und wieder neu werden soll, endlich am meisten *regen* muß, hat uns einen zweiten hellern Strich der Deutschen Dichtkunst gegönnt – die *Dichter des Schwäbischen Zeitpunkts*.[1]

Beide Instanzen für authentische Sprachurtümlichkeit, die Dialekte wie die mittelalterliche Dichtung, hebt Herder immer wieder als wertvolle Ressourcen hervor, durch die der Verarmung, ja der Erstarrung und den Fehlentwicklungen der modernen hochdeutschen "Büchersprache" entgegenzuwirken sei:

> Welche Nation in Europa hat ihre Sprache wesentlich so verunstalten lassen, als die Deutsche? Gehen Sie in die Zeiten der Minnesänger zurück, hören Sie noch jetzt den lebendigen Klang der verschiedenen zumal west- und südlichen Dialekte Deutschlands, und blicken in unsere Büchersprache. Jene sanften oder raschen An- und Ausklänge der Worte, jene Modulation der Übergänge, die den Sprechenden am stärksten charakterisieren; da wir Deutsche so wenig öffentlich und laut sprechen, sind sie in der Büchersprache verwischt, oder werden einförmig gedehnt und in ewige Ausgänge von *N-n-n*, in schleppende *ge*, in zischende *S* oder *Sch* verwandelt.[2]

Um als *"Volkslieder für unsere Zeit"*[3] gelten zu können, muß Dichtung nach Herder die ästhetischen Kriterien der "Einfalt, Rührung, Notdrange ans Herz, Akzente und lange Nachklänge für die innigbewegte Seele"[4] verbinden mit einem *"älteren harten, Wurfvollen Gespräch - Geschicht - und Romanzenton."*[5] Der gekünstelten und deutschem Wesen scheinbar 'fremden' Literaturtradition insbesondere französischer Provenienz[6] stellt Herder auch in anderen frühen Schriften Kategorien der 'Ganzheit', des 'sinnlichen Verstehens' und der 'Ursprünglichkeit'[7] gegenüber. In Rousseauistischer Tradition schreibt er den von der Zivilisation noch

---

[1] Herder (1990), S. 16 (kursiv im Orig., F.G).
[2] Herder (2000), S. 880 (kursiv im Orig., F.G). Zu ähnlichen Sprachauffassungen des Sturm und Drang vgl. Nerius (1967), S. 60.
[3] Herder (1990), S. 16 (kursiv im Orig., F.G).
[4] Ebd., S. 18.
[5] Ebd., S. 23 (kursiv im Orig., F.G).
[6] Vgl. ebd.
[7] Zur Bedeutung des 'Ursprungs' für Herders poetologische Konzeptionen vgl. auch Lüttgens (1991): "Ursprung heißt für ihn nicht nur Anfang im chronologischen Sinne, sondern auch im Sinne von Ursprünglichkeit, Echtheit, Einfachheit. Dies zugrundegelegt, hat für ihn auch der ganze Bereich der Volkspoesie den Charakter von Ursprung, (...)." (S. 117)
Als Mustergattung für derlei Kategorien galt Herder neben dem Volkslied die Ode, vgl. Herder (1985c): "Ode ist die vollkommen sinnlichste Sprache einer unvermischten Empfindung (...)." (S. 65) – "Die ersten Oden die ich mir in der poetisch goldenen Zeit vorstelle, waren völlig subjektiv, sie zeichneten ihre Empfindung in einer einzigen Beziehung in der sie sie rührte: der Faden des Affekts schimmert einfältig ununterbrochen und wahrhaftig beständig durch. (...); der wahre Affekt ist blind; er sieht bloß das Ganze. – Diese unschuldige Einfalt zeigt sich noch stückweise; denn die ersten Gedichte sind verloren; (...)." (S. 68f)

unverdorbenen Naturvölkern die Fähigkeit zu, durch ihren Gesang einen 'authentischen' Ausdruck 'eigensten Wesens' zu geben:[1]

> Alle unpolicierte Nationen sind singend: und, wie denn auch nun ihr Gesang sei, er ist, und ist meistens ein Sammelplatz all ihrer Wissenschaft, Religion, Bewegung der Seele, Merkwürdigkeiten der Vorwelt, Freuden, Leiden ihres Lebens. (...) Natur hat den Menschen frei, lustig, singend gemacht: Kunst und Zunft macht ihn eingeschlossen, mißtrauisch, stumm.[2]

1772 hatte Herder die am Beispiel der Volkslieder erläuterten ästhetischen Kategorien bereits anhand der *'Ossian-Gesänge'* von John Macpherson (1736–96)[3] illustriert, welche er damals für authentische 'Volkspoesie' hielt und zugleich zum Paradigma für 'Erlebnisdichtung' eines echten Dichtergenies erhob, dem die Schriftstellergeneration des Sturm und Drang dann nachzueifern suchte.[4] Herder versammelt in seinem assoziativ formulierten Plädoyer Ansätze zu einer naturnahen Poetik, die auf 'Inspiration' und 'echtem Empfinden' beruht.[5] Er profiliert seine ästhetischen Ideale eines "alten, wilden Gesanges"[6] vor der Folie einer umfassenden Zeitkritik.[7] Insbesondere richtet er sich gegen ein Dichten streng nach "Regeln (...), deren wenigste, ein Genie, als Naturregeln anerkennet."[8] Herder stürzt überkommene Maximen radikal um und entwirft ein neuartiges Dichtungsparadigma, welches die Unregelmäßigkeit und Spontaneität gegen klassizistische Stiltugenden hochhält:[9]

> Zuerst, sollten also wohl für den sinnlichen Verstand, und für die Einbildung, also für die Seele des Volks, die doch nur fast sinnlicher Verstand und Einbildung ist, dergleichen lebhafte Sprünge, Würfe, Wendungen, wie Sies nennen wollen, so eine fremde Böhmische Sache seyn, als uns die Gelehrten und Kunstrichter beibringen wollen?[10]

---

[1] Vgl. Heizmann (1981): "Der Einfluß der Rousseauschen Fortschrittsidee auf Herder ist unbestritten, die Gedanken der frühen Herder-Schriften von der 'goldenen Höhe des Ursprungs' sind ohne Rousseau nicht möglich." (S. 106) Vgl. auch Federlin (1982), S. 51f.; Kemenetsky (1992), S. 58.
Zum Volksliedbegriff Herders vgl. ausführlich bereits Kircher (1903), S. 17ff.; Blochmann (1923); Kommerell (1936), S. 5; Lugowski (1985, erstmals 1938); Suppan (1978); Kurz (1980), S. 256f.
[2] Herder (1990), Vorrede zum 4. Buch, S. 60.
[3] Vgl. Gillies (1949), S. 72ff.; Clark (1955), S. 143ff.
[4] Zur europäischen Verbreitung 'Ossians' vgl. Grewe (1982).
[5] Vgl. Blackall (1966), S. 357ff.
[6] Herder (1993), S. 458.
[7] Vgl. ebd.: "Wir sehen und fühlen kaum mehr, sondern denken und grübeln nur." (S. 474)
[8] Ebd., S. 473.
[9] Vgl. auch Feldt (1990), S. 135ff.
[10] Herder (1993), S. 477.

In der "Seele der alten, wilden Völker" seien Sinnliches und anschauliches anstelle rein intellektuellen Verstehens, phantasiegesteuerte Einbildung anstelle regelhaften Wiederholens altbekannter Schemata beheimatet und schlügen sich dort in Form von Volksliedern nieder.[1] Würde man sich heute die Mühe machen, die dort verschütteten ästhetischen Schätze freizulegen, käme man der angestrebten poetischen Spracherneuerung einen bedeutenden Schritt näher:

> In mehr als einer Provinz sind mir Volkslieder, Provinziallieder, Bauernlieder bekannt, die an Lebhaftigkeit und Rhythmus, und Naivetät und Stärke der Sprache vielen derselben [scil.: der Schottischen Romanze, F.G.] gewiß nichts nachgeben würden; nur wer ist der sie sammle?[2]

Das Zusammentragen 'echter' Volkslieder stellt sich Herder als gesamteuropäisches Unterfangen vor.[3] Durch die Beiträge der verschiedenen nationalen Prägungen alten Liedgutes könnte eine ästhetische Umorientierung auch in literarischer Hinsicht[4] in ganz Europa Fuß fassen. Seine eigenen Sammlungsbemühungen beschränken sich keineswegs auf deutsche Lieder, eine potentielle Erweiterung ist dem Projekt von Beginn an inhärent. Dabei kommt es Herder auf eine grundsätzliche Erneuerung des Sprachduktus an, ohne jedoch konkrete Vorschläge zu unterbreiten. Die gewünschten Eigenschaften ergäben sich schließlich evident aus dem Liedgut selbst.[5] Herder versteht seine *Alten Volkslieder* sowie später die *Volkslieder* in erster Linie als Anregung für Nacheiferer, als einen stets verbesserungs- und erweiterungsbedürftigen Ansatz, die gefundenen Lieder durch geeignete Publikationen für sich selbst sprechen zu lassen:

> (...) könnte der elende, arme Versuch dieses Buches ein mehreres wecken! daß man uns *ganze, treue Naturgeschichten* der Völker, in eigenen *Denkmalen* mit einiger

---

[1] Ebd., S. 491. Das Volkslied ist, wie Kircher (1903) begriffsgeschichtlich nachweist, bei Herder zunächst nicht als Gattungsbegriff aufzufassen: "(...) wie manchmal bei Herderschen Begriffen (...) ist das historische und ästhetische in ein psychologisches Element völlig aufgelöst. Volkslied ist keine bestimmte poetische Gattung, Volkspoesie keine einmalige historische Erscheinung, sondern eine Tonart, ein Erlebnis." (S. 19) Vgl. auch Nivelle (1971), S. 143ff.

[2] Herder (1993), S. 480; vgl. auch Herder (1990, Alte Volkslieder), S. 17, 20, 51; Herder (1990, Volkslieder), S. 235, 427.

[3] Herder (1993): "Laß die Franzosen ihre alte Chansons sammeln! Laß Engländer ihre alte Songs und Balladen und Romanzen in prächtigen Bänden herausgeben!" (S. 481)

[4] Vgl. Kelletat (1984), S. 70.

[5] Vgl. Lugowski (1985): "Herder hat nun jene Art ursprünglicher Sprache, die ihm vorschwebte, nicht eigentlich analysiert. (...) Es ist die harte, knappe, großlinige, bildträchtige, welthaltige, weltgebärende Sprache, die nur der sprechen und verstehen kann, der stark genug ist, Wirklichkeit in ihrer unverdünnten Mächtigkeit zu erfahren." (S. 228f)
Wie aus Herders sprachästhetischen Kategorien trotz ihrer mangelnden Konkretheit die Gattungsnorm und -bewertung entstehen konnte, die für das Volkslied bis heute weitgehend anerkannt wird, führt Heydebrand (1996, S. 178ff.) vor.

Vollständigkeit gebe! *Volkslieder, Mythologien, Märchen, Vorurteile, die auf ihren Charakter stark gewürket haben*, sammlete: nicht selbst redete, sondern *reden ließe*.[1]

Dialektale Ausprägungen dieses Volksgutes spielen in Herders Konzept kaum eine Rolle. Hinweise auf eine denkbare Hochschätzung eines Volksliedes aufgrund seiner 'ursprünglichen', 'authentischen' Sprachform sind spärlich. In seinen Anmerkungen zu den Volksliedern der Ausgabe von 1778 weist Herder immerhin darauf hin, daß ihm in Einzelfällen mundartliche Urfassungen vorgelegen hätten. Gleichwohl drückt er sein Bedauern darüber aus, die Originalform der allgemeinen Verständlichkeit wegen dann doch durch eine hochdeutsche Übertragung ersetzt zu haben. So verbinde sich beim "Lied vom eifersüchtigen Knaben"[2] der Dialekt harmonisch mit der gleichfalls überlieferten Melodie,[3] auch das "Annchen von Tharau" habe "sehr viel verloren, da ichs aus seinem treuherzigen, starken, naiven Volksdialekt ins liebliche Hochdeutsch habe verpflanzen müssen (...)."[4] Bei einem "Klosterlied" gesteht er gleichfalls zu, es sei wohl im "Schweizerdialekt (...) vollständiger und vielleicht auch besser; da es aber in diesem [scil.: dem thüringischen Idiom, F.G.] verständlicher ist, so mochts also stehen."[5]
Der Abdruck in einer spezifischen Lokalmundart kam für Herder aus Rezeptionsgründen nicht in Frage.[6] In der Vorrede zum zweiten Buch der *Volkslieder* benennt er die dialektale Form sogar als Ausscheidekriterium für ein ästhetisch eigentlich in hohem Maße geeignetes Lied, "was ich vielleicht vor allen hätte zurerst anführen sollen, ein Lied über die Schlacht bei Cremmerdamm, in Buchholz Brandenburgischer Geschichte. Ich würde es, wenn es nicht Plattdeutsch wäre, eingerückt haben."[7]

\* \*

Herders Bedeutung für die Aufwertungstendenzen von Mundart und Mundartdichtung beruht auf ästhetischen Ansätzen, die eine Übertragbarkeit auf den dialektalen Bereich erlauben, ja nahelegen.[8] Sein Interesse für die konkrete Dialektform und ihre literarische Verwendung ist dagegen peripher und nicht selten ambivalent.[9] Ein dezidiertes Eintreten für Dialektales ist bei Herder jedenfalls nicht nachzuweisen. Forderungen nach einer muttersprachlich authentischen

---

[1] Herder (1990), Vorrede zu Buch IV der *"Alten Volkslieder"*, S. 62 (kursiv im Orig., F.G).
[2] Herder (1990), Buch I, Nr. 6, S. 218.
[3] Vgl. Herder (1990): "Die Melodie hat das Helle und Feierliche eines Abendgesanges, wie unterm Licht der Sterne, und der Elsasser Dialekt schließt sich den Schwingungen derselben trefflich an, wie überhaupt in allen Volksliedern mit dem lebendigen Gesang viel verloren geht." (ebd.)
[4] Herder (1990), Buch I, Nr. 20, S. 219.
[5] Herder (1990), Buch II, Nr. 24, S. 419.
[6] Vgl. Windfuhr (1980), S. 33.
[7] Herder (1990), Vorrede zu Buch II, S. 236f.
[8] Vgl. Blackall (1966), S. 363.
[9] Vgl. auch Batt (1961), S. 101.

Dichtungssprache, welche dem Kriterium der 'ursprünglichen Ganzheit' entspreche und so ihre Lebendigkeit frei von konventionellen, ihrem Wesen zutiefst fremden Regelwerken unmittelbar und anschaulich zum Ausdruck zu bringen vermöge, konkretisiert Herder in erster Linie anhand seines Volksliedkonzeptes. Auch die '*Ossian-Gesänge*' sowie seine Vorstellung von der ursprünglichen Form der Ode sind in diesen Kontext zu stellen.[1]

Eine Übertragung der hier von Herder vorgedachten ästhetischen Ideale auf mundartliche Dichtung sollte indes Johann Wolfgang Goethe leisten. Ihren dichterischen Niederschlag finden sie in Johann Peter Hebels *Alemannischen Gedichten* (1803). Poetologische Konzepte Herderscher Provenienz wurden durch deren Vermittlung zum festen Bestand bei der Ausbildung von Wertungsschemata zu Dialektliteratur.

---

[1] Vgl. Gillies (1949), S. 77ff.

## 2.3 Johann Wolfgang Goethe

### 2.3.1 Literaturüberblick

Der Kontakt zu dem fünf Jahre älteren Herder in Straßburg bedeutet für Goethe einen wichtigen Schritt bei der Ausbildung von Wertungskriterien gegenüber Volkspoesie und Mundartdichtung.[1] Bereits Herman Grimm arbeitet 1877 in seinen Berliner Vorlesungen exemplarisch heraus, "was Herder Goethe damals gewähren konnte und was kein Andrer in Deutschland Goethe damals hätte gewähren können."[2] 1923 vertieft Ernst Traumann Grimms Ausführungen in einer Monographie über die Straßburger Studienzeit Goethes und weist im einzelnen nach, anhand welcher Werke Herders der junge Frankfurter Student direkt oder indirekt hat beeinflußt werden können.[3] Spätere Studien haben diese Untersuchungen in einigen Punkten ergänzt und vertieft.[4] 1986 weist Hans Diedrich Irmscher auf die unterschiedliche Auffassung ästhetischer wie poetologischer Art zwischen den beiden hin, die sich bereits früh abgezeichnet habe.[5] Zugunsten eines positiven Nachweises von Rezeptionslinien seien, so Irmscher, in der bisherigen Forschung die Übereinstimmungen während der Zeit in Straßburg über Gebühr in den Vordergrund gestellt worden. Irmscher verdeutlicht dies am Beispiel des Volkspoesiebegriffes, der bei Goethe bald eigene Züge annehmen sollte. Der Jüngere habe sich zunehmend von Herders Volksliedkonzept entfernt, bei dem ja auch das Werk von Einzeldichtern stets auf einer kollektiven Unterlage beruhe.[6] Goethe betont dagegen schon früh die individuelle Leistung auch in diesem Dichtungsbereich. Hans-Georg Kemper bestätigt 1997 die These Irmschers, indem er die poetische Anverwandlung von Herders frühem Poesiebegriff in Goethes Sturm-und-Drang-Gedicht *Ganymed* nachweist.[7] Auch Thomas Althaus stellt 1999 Bezüge der Kategorien Herders zu Goethes 'Volkslieddichtung' heraus, indem er Einflüsse auf die Gestaltung des *Heidenrösleins* aufzeigt.[8] Wolfgang Düsing untersucht die Nachwirkung von Kategorien Herderschen Sprachdenkens auf Goethes frühe Lyrik, den *Götz von Berlichingen* sowie auf *Die Leiden des jungen Werthers*.[9] Kulturhistorisch erweitert wird das Blickfeld 1996 in der Dissertation *Straßburg als Literaturstadt* von Susanne Schedl, in der die Autorin die

---

[1] Einen Überblick über das Verhältnis Goethes zu Herder gibt Arnold (1998).
[2] Grimm (1877), S. 56.
[3] Traumann (1923).
[4] Vgl. etwa Buchwald (1962); Adler (1968), S. 101ff.; sprachgeschichtliche Aspekte der Begnung zwischen den beiden beleuchten Eggers (1977), S. 110ff.; Burdach (1926), S. 47ff.
[5] Irmscher (1986).
[6] Vgl. ebd., S. 29.
[7] Kemper (1997).
[8] Althaus (1999).
[9] Düsing (2000).

Mannigfaltigkeit der literarischen Impulse, die nicht erst in den 70er Jahren des 18. Jahrhunderts in der elsässischen Reichsstadt wirkten, illustriert.[1]

Der Entwicklung des Volkspoesiebegriffs, welcher auch in den Arbeiten zum Verhältnis zwischen Herder und Goethe thematisch präsent ist, widmet sich 1889 erstmals umfänglich Max von Waldberg in seiner Monographie *Goethe und das Volkslied*, in der er den Prozeß der Übernahme und Umwandlung Herderscher Anregungen bis zur deren Integration in eigene poetologische Konzepte nachvollzieht.[2] Auch Martin Mittenzwei arbeitet 1957/58 die Wandlung von annähernd mundartgetreuer Aufzeichnung elsässischer Volkslieder zu ästhetischer Überhöhung des 'Volksliedhaften' heraus.[3] 1971 weist Gonthier-Louis Fink nach, daß bereits die Fassungen der elsäßischen Lieder, wie Goethe sie Herder 1771 präsentierte, sprachlich stilisiert sind. Mundartliche Originalüberlieferungen zu dokumentieren, lag somit schon damals nicht in Goethes Absicht.[4] In einer musikwissenschaftlichen Abhandlung faßt 1972 Michael von Albrecht die bisherige einschlägige Forschung zusammen und weist darüber hinaus auch auf den Einfluß des Goetheschen Volkspoesiebegriffs auf dessen Wertung von Mundartdichtung hin.[5] Inwiefern sich der junge Goethe von einem idealen Konzept von Volksdichtung bereits bei seinen "Expeditionen ('Streifereien') in das Leben der elsässischen Ureinwohner, dieser edlen Wilden" hat leiten lassen, stellt 1996 Wolfgang Braungart heraus.[6] "'Wilde', rauhe Volkspoesie" habe dem Dichter als Gegenbild zu der Verflachung und Trivialisierung zeitgenössischer Volkskultur gedient.[7]

Zahlreiche Arbeiten widmen sich dem Verhältnis Goethes zur Sprache im allgemeinen; einige gehen auf seine Einstellung gegenüber Mundartlichem ein. 1903 betont Friedrich Kluge "die hohe Bedeutung, die Goethe dem gesprochenen Wort, der mündlichen Rede beimißt"[8] und verweist auf die Bedeutung dialektaler Elemente im Werk des Dichters.[9] Auch Julius Petersen sieht die Dichtung Goethes bis zu dessen Wirken in Weimar 1775/76 stark mundartlich beeinflußt.[10] Unter dem Eindruck von Herders Ideal einer 'unverfälschten' Volkssprache hätten, so ergänzt 1932 Friedrich Maurer, dialektale Elemente Eingang in die frühen Werke Goethes

---

[1] Schedl (1996), insb. S. 352-388.
[2] Waldberg (1889).
[3] Mittenzwei (1957/58), insb. S. 130-139.
[4] Fink (1971), S. 206f.
[5] Albrecht (1985, erstmals 1972), insb. S. 5-11. Zu der elsässischen Volksliedsammlung unter musikwissenschaftlichen Gesichtspunkten vgl. auch Müller-Blattau (1972).
[6] Braungart (1996), S. 18.
[7] Vgl. ebd., S. 19.
[8] Kluge (1903), S. 39.
[9] Vgl. ebd., insb. S. 39-43.
[10] Petersen (1931), insb. S. 1-13.

gefunden.[1] 1936 analysierte man gar die *Sprache der Mutter Goethes*, um dialektale Einflüsse auf den Dichter aufzuspüren.[2] Nina A. Sigal untersucht 1960 mit philologischer Präzision mundartliche und umgangssprachliche Einflüsse in Goethes Frühwerk.[3] Eine hilfreiche Textzusammenstellung zentraler Äußerungen Goethes zu sprachlichen Fragen bietet neuerdings Volker Ladenthin.[4] Eine Untersuchung, die Goethes Haltung zu Mundartpoesie zum einen anhand seiner eigenen Äußerungen, die in erster Linie in Form von Rezensionen niedergelegt sind, zum anderen im Zusammenhang mit seinem Konzept von Volks- und Naturdichtung auswertete, liegt nicht vor. Über die Rezension zu Johann Peter Hebels *Alemannischen Gedichten* hinaus weist die Forschung bislang kaum Spezialstudien zu den Wertungskategorien auf, die Goethe bei den von ihm besprochenen Volks- Natur- und Mundartdichtern anwendet.[5]
Wir untersuchen zunächst Goethes grundlegende Äußerungen zu Volks- und Naturpoesie, um in einem zweiten Schritt die dort entwickelten Konzepte im Kontext der Mundartliteratur nachzuweisen.


2.3.2 Wertmuster zu Volks- und Naturpoesie

Goethe berichtet im Rückblick in *Dichtung und Wahrheit* (die entsprechenden Bücher 9-12 gehen auf das Jahr 1809 zurück) von seiner Bekanntschaft mit Herder in Straßburg, den er zum ersten Male im Oktober 1770 traf.[6] Neben dessen damals bereits publizierten Werken – Goethe erwähnt die *Fragmente über die neuere deutsche Literatur*[7] – dürfte Herder die Grundsätze seines ästhetischen Ansatzes dem jüngeren im mündlichen Gespräch übermittelt haben. Herders auch schriftlich wiederholte Aufforderungen, 'authentisches' Volksliedgut zu sammeln, um dadurch des 'eigentlichen' und 'ursprünglichen' Wesens von Poesie habhaft zu werden, fielen bei Goethe, wie dieser selbst nachträglich gesteht, auf fruchtbaren Boden:

---

[1] Maurer (1964a, erstmals 1932).
[2] Merkel (1936).
[3] Sigal (1960).
[4] Goethe (1999). Zu Goethes Äußerungen zum Dialekt vgl. S. 31, 55-64, 149-151.
[5] Wertheim (1990 und 1990a) geht zwar wiederholt auf die in der vorliegenden Arbeit herangezogenen Rezensionen Goethes ein. Sie stützt sich dabei auf soziologisch-marxistische Kriterien, die sie jedoch in ihrer Reichweite überschätzt: "Alle Aspekte, Naturdichtung wie Volkspoesie, Dilettantismus wie Autodidaktentum, haben ihre Wurzeln in der Selbstbildung und Selbstbetätigung als Ausdruck des Protestes gegen die Niederhaltung und Zurückweisung der Talente aus dem Volk." (1990a, S. 79)
[6] Vgl. Goethe (1985), insb. Bücher 9-12.
[7] Vgl. ebd., Buch 10, S. 437.

> Ich ward mit der Poesie von einer ganz andern Seite, in einem andern Sinne bekannt als bisher, und zwar in einem solchen, der mir sehr zusagte. Die hebräische Dichtkunst, welche er nach seinem Vorgänger Lowth geistreich behandelte, die Volkspoesie, deren Überlieferungen im Elsaß aufzusuchen er uns antrieb, die ältesten Urkunden der Poesie, gaben das Zeugnis, daß die Dichtkunst überhaupt eine Welt- und Völkergabe sei, nicht ein Privaterbteil einiger feinen, gebildeten Männer. Ich verschlang das alles, und je heftiger ich im Empfangen, desto freigebiger war er im Geben, und wir brachten die interessantesten Stunden zusammen zu.[1]

Zunächst richtet sich Goethes Volksliedkonzeption nach den Kriterien Herders. Nach kurzer Zeit präsentiert Goethe seinem Mentor eine Reihe von Volksliedern, die er selbst zusammengetragen hat und die den Erfordernissen einer Naturpoesie nach 'Echtheit' und 'Ursprünglichkeit', wie er meint, ideal entsprechen. Im September 1771, bereits wieder in Frankfurt, informiert er Herder brieflich über seinen Fund:

> Dass ich Ihnen geben kann was Sie wünschen, und mehr als Sie vielleicht hoffen, macht mir eine Freude, deren Sie mich so wenig, als eines wahren Enthusiasmus fähig glauben können, nach dem Bilde das Sie Sich einmal von mir haben machen müssen. Genug ich habe noch aus Elsas zwölf Lieder mitgebracht, die ich auf meinen Streiffereyen aus denen Kehlen der ältsten Müttergens aufgehascht habe.[2]

Seine volkskundliche Rettungsaktion, welche bewahrenswerte Dichtung als "Welt- und Völkergabe" für die Nachwelt dokumentiert, steht, dessen ist sich Goethe wohl bewußt, unter der geistigen Patenschaft Herders, dem er seine Sammlung denn auch ausdrücklich zugedenkt:

> Sie waren Ihnen bestimmt; Ihnen allein bestimmt; so dass ich meinen besten Gesellen keine Abschrifft auf' s dringendste Bitten erlaubt habe.[3]

Wenn Goethe Herder gegenüber damals noch das Volkslied als 'volksoriginäres Kollektivwerk', ja als "von Gott erschaffene"[4] Dichtung klassifiziert, so bereitete sich doch schon während der Straßburger Zeit, wie Goethe 1809 aus dem Rückblick berichtet, eine modifizierte Auffassung vor, die er bis in die 20er Jahre des 19. Jahrhunderts insbesondere in Form von Einzelaufsätzen präzisieren sollte. Auch die dichterische Einzelleistung eines schöpferischen Individuums könne, so Goethes Gegenposition zu dem frühen Herder, den Kriterien des Naturhaften gerecht werden. Herder habe sich in Straßburg ablehnend gegenüber dem 'Zivilisationsliteraten' Ovid, einem Lieblingsdichter Goethes, ausgesprochen. Der ältere Freund habe die

---

[1] Ebd., S. 440.
[2] Goethe (1968), Bd. I, S. 126f., Nr. 54 (An Johann Gottfried Herder).
  Goethes Elsässer Volkslieder sind als Faksimiledruck gesammelt in Goethe (1932) und Goethe (1982).
[3] Goethe (1968), S. 127.
[4] Ebd.

Meinung vertreten, "hier sei weder Griechenland noch Italien, weder eine Urwelt noch eine gebildete, alles vielmehr sei Nachahmung des schon Dagewesenen und eine manierierte Darstellung, wie sie sich nur von einem Überkultivierten erwarten lasse."[1] Wenn Goethe dem entgegenhält, "was ein vorzügliches Individuum hervorbringe, sei doch auch Natur, und unter allen Völkern, frühern oder spätern, sei doch immer nur der Dichter Dichter gewesen",[2] so entspricht dies poetologischen Einsichten, die sich in den Aufsätzen und Rezensionen zur Volkspoesie niederschlagen sollten. Kategorien, die er hier ausgebildet hat, überträgt Goethe wiederum auf seine Wertungsmuster gegenüber Mundartdichtung.[3]
Bereits in der Rezension der Liedersammlung *Des Knaben Wunderhorn* von Clemens Brentano und Achim von Arnim formuliert Goethe 1806 zentrale Elemente seines Volksliedverständnisses. Er entwirft ein Kreislaufmodell, bei dem das Rohmaterial des ursprünglich vom Volke stammenden Liedgutes stilisiert und ästhetisch veredelt wird. Die Volkslieder, die in dieser Form allgemeine schichtenübergreifende Bekanntheit erreicht hätten, sollten dann wieder zurückwirken auf ihren Ausgangspunkt. Volksdichtung käme so die Funktion zu, die verschiedenen Volksschichten ungeachtet aller Bildungsdifferenzen miteinander in Verbindung zu bringen:

> Würden dann diese Lieder, nach und nach, in ihrem eigenen Ton- und Klangelemente von Ohr zu Ohr, von Mund zu Mund getragen, kehrten sie, allmählich, belebt und verherrlicht, zum Volke zurück, von dem sie zum Teil ausgegangen: so könnte man sagen, das Büchlein habe seine Bestimmung erfüllt, und könne nun wieder, als geschrieben und gedruckt, verloren gehen, weil es in Leben und Bildung der Nation übergegangen.[4]

Durch ihre Fähigkeit, Allgemeinmenschliches exemplarisch abzubilden und zugleich 'unverstellte Echtheit' auf ein künstlerisch anspruchsvolles Niveau zu heben, entsprächen Volkslieder den höchsten Ansprüchen an 'echte Dichtung':

> Hier ist die Kunst mit der Natur im Konflikt, und eben dieses Werden, dieses wechselseitige Wirken, dieses Streben scheint ein Ziel zu suchen, und es hat sein Ziel schon erreicht.[5]

Volkslieder nähern sich den Ansprüchen klassischer Dichtung, indem sie den Widerstreit zwischen Natur und Kunst im Medium des Ästhetischen aufheben. So kommt auch die Goethesche Auffassung des *Symbolischen* bei dem Verweis auf das

---

[1] Goethe (1985), 10. Buch, S. 444f.
[2] Ebd., S. 445.
[3] Vgl. auch Jäger (1964), S. 18.
[4] Goethe (1988c), S. 603.
[5] Ebd.

Repräsentationsverhältnis, welches die Volkspoesie zwischen dem bäuerlich-ländlichen Ambiente und universellen Aussagen herstelle, zum Tragen:

> Das lebhafte poetische Anschauen eines beschränkten Zustandes erhebt ein Einzelnes zum zwar begrenzten doch unumschränkten All, so daß wir im kleinen Raume die ganze Welt zu sehen glauben.[1]

Es entstehe ein Spannungsverhältnis, das der Gebildete durch die Einnahme einer Distanzposition im Sinne eines 'sentimentalischen' (Schiller) Rück- und Fernblicks ästhetisch genießen könne:

> (...) sie [scil.: die Volkslieder, F. G.] haben einen unglaublichen Reiz, selbst für uns, die wir auf einer höheren Stufe der Bildung stehen, wie der Anblick und die Erinnerung der Jugend fürs Alter hat.[2]

Auch ein einfühlsamer "Naturdichter" der Bildungsschicht könne den beschriebenen ästhetischen Effekt 'künstlich' hergestellen. So meint Goethe, wie er 1923 in den Heften *Über Kunst und Altertum* berichtet, in Anton Fürnstein (1783–1841) einem "Deutschen Natur-Dichter"[3] begegnet zu sein. Dazu aufgefordert, Fürnstein zur Probe eine dichterische Aufgabe zu stellen, greift Goethe wieder auf seine Zirkelvorstellung zurück, nach der sich 'echte' Volksdichtung vom 'Einfachen' bis zur höchsten Kunstvollendung und zurück bewege:

> Nun war ich längst überzeugt, daß man gerade solche Talente, die sich aus dem Gemeinen hervorgehoben, wieder ins Gewöhnliche zurückweisen solle und dazu erschien mir nichts Wünschenswerteres, dem Individuum Zusagendes, den Charakter der Nation Ehrendes als Gewerbs- und Handwerkslieder.[4]

Tatsächlich übernimmt daraufhin Fürnstein die poetische Bearbeitung des Hopfenbaus, wodurch ihm zu Goethes Genugtuung ein ästhetisches Gleichgewicht, ein 'Schwebezustand' zwischen dem "Gemeinen" und künstlerischer Überformung gelungen sei. Seine Theorie der Natur- und Volkspoesie habe sich exemplarisch bewährt.

---

[1] Ebd., S. 615. Durch die Einbringung des Symbolbegriffs bekommt auch die Gattung Idylle, die in Goethes Gattungskonzept mit der Volkspoesie in vielem konvergiert, einen hohen Stellenwert, vgl. Mecklenburg (1982): "Der territorial begrenzte Raum als Korrelat menschlicher Endlichkeit – hierauf liegt ein bedenkenswerter Akzent von Goethes Idyllenkonzept – wird letztlich zum Raum reiner Menschlichkeit verklärt." (S. 43)
Zum Symbolbegriff Goethes vgl. Müller (1937); Titzmann (1979); auch Sørensen (1962), S. 86-132. Nähere Ausführungen hierzu vgl. weiter unten in diesem Kapitel.

[2] Goethe (1988c), S. 614.

[3] Vgl. Goethe (1992e).

[4] Ebd., S. 475.

Ich möchte diese Gedichte die Aufsteigenden nennen, sie schweben am Boden, verlassen ihn nicht, gleiten aber sanft darüber hin.[1]

Goethe plante wohl Anfang der 20er Jahre, sein literarästhetisches Konzept zum Volkslied weiter auszuarbeiten. Neben einer 1823 ebenfalls in *Über Kunst und Altertum* abgedruckten Einlassung über "Volksgesänge"[2] (verfaßt zwischen Oktober / November 1822) umreißt er in einer handschriftlich überlieferten Notiz, mit dem Titel "Volkes Lieder" (wohl am 12. Juli 1824) in Stichworten noch einmal den poetologischen Ansatz einer Wechselwirkung zwischen 'Allgemeinem' und 'Speziellem', der seinem Konzept von Volksdichtung zugrundeliegt:

> Ganzer Wert die gemäßen Zustände auszusprechen das
>     Allgemeine der Menschheit im besonderen Falle,
> So sprechen Volkslieder die Völkerschaften aus aber eigentlich nur in den ersten einfachen Charakterist\<isch\>en Zeiten.[3]

### 2.3.3 Wertung dialektaler Literatur

Seit 1823 äußert sich Goethe immer wieder über Serbische Dichtung,[4] wobei ihn in erster Linie die "nationellen Gesänge"[5] interessieren. In den serbischen Volksliedern, welche ihm sprachlich zugleich fern liegen,[6] will der ältere Goethe Dichtungspostulate eingelöst sehen, die er während der Sturm-und-Drang-Zeit gemeinsam mit Herder vertreten hat. Die serbischen "Naturlieder"[7] seien vorzüglich befähigt, "uns eines ursprünglichen Volksstammes Eigentümlichkeiten in unmittelbar gehaltvoller Überlieferung dar[zu]bringen."[8] Entsprechend den äußeren Gattungserfordernissen der Volkspoesie "werden wir uns an einer natürlichen und kunstlosen Poesie nur einfache, vielleicht eintönige, Rhythmen gefallen lassen."[9] Zur Bekräftigung seiner Position zitiert Goethe 1824 eine Passage aus der im Jahre

---

[1] Ebd., S. 476.
[2] Goethe (1992).
[3] Goethe (1992b), S. 404.
[4] Vgl. Goethe (1992a, 1992c, 1996, 1996a, 1996c)
[5] Goethe (1992a), S. 389.
[6] Vgl. Goethe (1992c): "Um nun von meinem Verhältnis zu dieser Literatur zu reden, so muß ich vorerst gestehen daß ich keinen der slavischen Dialekte, ohnerachtet mehrerer Gelegenheiten, mir jemals zu eigen gemacht noch studiert und also von aller Original-Literatur dieser großen Völkerschaften völlig abgeschlossen blieb, ohne jedoch den Wert ihrer Dichtungen, in so fern solche zu mir gelangten, jemals zu verkennen." (S. 415)
[7] Goethe (1992c), S. 416.
[8] Ebd., S. 408.
[9] Ebd., S. 409.

zuvor in den *Göttinger Gelehrten Anzeigen* erschienenen Rezension Jacob Grimms zu einer serbischen Volkliedsammlung. Grimm weist hier auf den Beitrag der dialektalen Form für die hervorragende Qualität serbischer Volksdichtung hin:

> Es gibt in den serbischen Ländern keine gemeine, pöbelhafte Volksmundart, wenigstens in dem grellen Abstiche, wie hier zu Lande, gar nicht.[1]

Doch auch in Deutschland habe in germanischer Vorzeit, so führt das Zitat Grimms weiter aus, ein dialektaler Sprachzustand geherrscht, welcher auf einem egalitären sprachlichen Zusammenleben beruhte, bei dem die Volksmundart noch nicht zur unwürdigen Pöbelsprache verkommen sei und so ganz unverstellt die jeweiligen Stammeseigenschaften widergespiegelt habe:

> (...) so schien damals dem Franken, Sachsen, Schwaben, Baier u.s.w. jedem seine Landes-Mundart edel, aber Herren und Knechte pflogen ihrer ohne Unterschied. Allmählig wurde, wie die Geschichte unserer Sprache lehrt, die Ausbildung auf weniger Mundarten eingeschränkt, bis zuletzt nur eine Schriftsprache allein die Höhe hielt, Volks-Dialekte das Gleichgewicht verloren und in Gemeinheit und Trübe versanken.[2]

Jacob Grimm umreißt hier die beiden ersten Stufen eines triadischen Geschichtsmodells, den idealischen Urzustand sowie die depravierte Gegenwart. Auf geschichtstriadischen Vorstellungen beruhen auch Grimms philologische Bemühungen um eine Rekonstruktion vergangener Sprachstufen, die auch einer nationalen Erneuerung und Einigung den Weg bereiten sollten.[3] Wenn Goethe diese Ausführungen Grimms affirmativ in seinen eigenen Aufsatz übernimmt, belegt dies zugleich die Affinität von Positionen des mittleren und späten Goethe zu romantischen Werthaltungen.

Die dialektale Form an sich spielt bei Goethe auch in den weiteren Besprechungen zu Volksliedern[4] nie eine wirklich tragende Rolle. Selbst anläßlich der Sammlung *Egeria*, einer Zusammenstellung von Volksliedern aus verschiedenen Regionen Italiens, dessen sprachliche Situation Goethe gut kannte, pflichtet er dem publizistischen Konzept des Herausgebers bei, welcher trotz der meist dialektalen

---

[1] Goethe (1992a), S. 391. Die Rezension von Jacob Grimm entstammt den *Göttinger Gelehrten Anzeigen* vom 5. Nov. 1823, Nr. 177f., jetzt in: Grimm (1985), S. 144-149.

[2] Goethe (1992a), S. 391.

[3] Vgl. Ehrismann (1986): "Die Grimms werten die Sprachgeschichte zwar mithilfe empirischer Daten, aber im philosophischen Rahmen der Weltaltertriade, den die Daten nicht korrigieren." (S. 55) Vgl. auch Sonderegger (1985a), S. 49. Zu Jacob Grimms Position zu Mundartlichem vgl. ferner Socin (1970), S. 459-472; Haas (1990).

[4] Vgl. Goethe (1996d); Goethe (1996e); Goethe (1996f).

Herkunft der Lieder "die Büchersprache Italiens als den Punkt, von dem ausgegangen werden mußte,"[1] festsetzt.

Wie sehr auf der anderen Seite Wertungskriterien der Natur- und Volkspoesie mit denjenigen konvergieren, die Goethe gegenüber dialektaler Literatur anwendet, zeigt bereits eine Besprechung der *Lyrischen Gedichte* von Johann Heinrich Voss (1751–1826) von 1804, zu denen auch zwei Idyllen im plattdeutschen Dialekt gehören.[2] Goethe erkennt in Vossens Lyrik das Muster einer Volkspoesie, die in den organischen Kreislauf von elementarem Lebensgefühl auf der einen und reflektierter Kunsthaftigkeit auf der anderen Seite einzutreten vermag. Er verbindet hier den Wechselwirkungsprozeß des Zirkelmodells, das er zwei Jahre später in seiner Besprechung des '*Wunderhorn*' wieder aufgreift (vgl. oben), mit volkspädagogischen Zielsetzungen:

> Und hier ist wohl der Ort, zu bemerken, welchen Einfluß auf Bildung der untern deutschen Volksklasse unser Dichter haben könnte, vielleicht in einigen Gegenden schon hat. Seine Gedichte, bei Gelegenheit ländlicher Vorfälle, stellen zwar mehr die Reflexion eines dritten, als das Gefühl der Gemeine selbst dar: aber wenn wir uns denken mögen, daß ein Harfener sich bei der Heu- Korn- und Kartoffelernte finden wollte, wenn wir uns vorstellen, daß er die Menschen, die sich um ihn versammeln, aufmerksam auf dasjenige macht, was ihnen als alltägliches wiederfährt (!), wenn er das Gemeine, indem er es betrachtet, dichterisch ausspricht, erhöht, jeden Genuß der Gaben Gottes und der Natur mit würdiger Darstellung schärft; so darf man sagen, daß er seiner Nation eine große Wohltat erzeige.[3]

Die Voss'schen Idyllen erfüllen insofern in hervorragender Weise die Voraussetzungen einer Naturpoesie, als sie im Kleinen universelle Wahrheiten darzustellen vermögen, indem nämlich "der Dichter den rohen, leichtsinnigen, zerstreuten, alles für bekannt annehmenden Menschen auf die ihn alltäglich umgebenden, alles ernährenden hohen Wunder aufmerksam zu machen unternimmt."[4]

Die Fähigkeit des Dichters Voss, den ästhetischen Kriterien einer echten Poesie nachzukommen, die nach der Natur zeichnet, führt Goethe auf dessen Nähe zum plattdeutschen Idiom zurück, welches unverstellten Zugang zu einer "urdeutschen" Sprachform garantiere:

---

[1] Goethe (1996f), S. 118.
[2] Vgl. Voss (1968), S. 151-170 (*De Geldhapers*); S. 114-127 (*De Winterabend*).
[3] Goethe (1988a), S. 568f.
[4] Ebd., S. 569.
Auch Hebel malt, wie wir sehen werden (vorliegende Arbeit, Kap. 2.4.2), in einem Brief eine Landidylle aus, in der sich die poetische Vereinigung primitiver Lebensformen mit kunsthafter Dichtung vollzieht. Vgl. Hebel (1957), Bd. I, S. 121 (An Gräter, Nr. 65, 8. Febr. 1902).

> Zu einem liebevollen Studium der Sprache scheint der Niederdeutsche den eigentlichsten Anlaß zu finden. Von allem, was undeutsch ist, abgesondert, hört er nur um sich her ein sanftes behagliches Urdeutsch, und seine Nachbarn reden ähnliche Sprachen. Ja, wenn er ans Meer tritt, wenn Schiffer des Auslandes ankommen, tönen ihm die Grundsylben seiner Mundart entgegen, (...).[1]

Herders Postulat, die Sprache wirklicher Dichtung solle in muttersprachlichem Direktzugang und frei von überkommenen Künstlichkeiten zu den ursprünglichen Sprachwurzeln greifen, überträgt Goethe hier auf den Bereich des Dialektalen.

Eine besondere Wertschätzung läßt Goethe auch der Mundartdichtung im engeren Sinne angedeihen. Er berichtet im 6. Buch von *Dichtung und Wahrheit*, wie er als junger Student 1765 in Leipzig durch seinen "oberdeutschen Dialekt"[2] Frankfurter Prägung auffiel, dessen Eigenheiten er schließlich bewußt, und "weil sie mir ihrer Naivetät wegen gefielen, mit Behagen hervorhob."[3] Bereits damals will Goethe es als sprachliche Ungerechtigkeit empfunden haben, daß der "meißner Dialekt" in tyrannischer Dominanz auftrete, da dies dazu geführt habe, daß diesem "zugleich Denkweise, Einbildungskraft, Gefühl, vaterländischer Charakter sollten aufgeopfert werden."[4] Er bezieht sich auch auf den Grammatikerstreit um die Frage nach einer hochdeutschen Sprachform, die erst noch allgemeinverbindlich zu etablieren war.[5] Strittig war insbesondere, ob die Standardsprache für Elemente der einzelnen Lokaldialekte noch offen bleiben sollte:

> Jede Provinz liebt ihren Dialekt: denn er ist doch eigentlich das Element, in welchem die Seele ihren Atem schöpft. Mit welchem Eigensinn aber die meißnische Mundart die übrigen zu beherrschen, ja eine Zeit lang auszuschließen gewußt hat, ist Jedermann bekannt. Wir haben viele Jahre unter diesem pedantischen Regimente gelitten, und nur durch vielfachen Widerstreit haben sich die sämtlichen Provinzen in ihre alten Rechte wieder eingesetzt.[6]

---

[1] Ebd., S. 575.
Voss selbst betont in den Anmerkungen seiner Dialektidylle "*De Winterawend*" (1776), daß er sich einer stilisierten Kunstform des Plattdeutschen bedient habe: "Man erwarte also kein verwahrlostes Plattdeutsch, aus dem niedrigen Leben aufgerafft." (Voss (1968), S. 353) Zugleich hebt er unter Berufung auf Theokrit, der damals als Stammvater der Dialektdichtung galt (vgl. Trümpy 1952) die stilistische Adäquatheit der Mundart für die Gattung der Idylle hervor: "Bei dergleichen Sittengemälden niedersächsischer Landleute schien der Gebrauch ihrer Muttersprache um so zulässiger, da viele Ausdrücke den Sitten so völlig gemäß sind, daß sie der Hochdeutsche nur geschwächt, und in fremdem Tone, wiederzugeben vermag." (ebd., S. 354)
Vgl. hierzu Stammler (1818), S. 67f.; Jäger (1964), S. 25ff.
[2] Goethe (1985), 6. Buch, S. 274.
[3] Ebd.
[4] Ebd., S. 274f.
[5] Vgl. auch vorliegende Arbeit, Kap. 2.2.
[6] Goethe (1985), 6. Buch, S. 227.

Zu dem "vielfachen Widerstreit" hat Goethe selbst insbesondere während seiner Sturm-und-Drang-Zeit aktiv auch auf literarischer Ebene beigetragen.[1] Zwar verwendet er selbst in seinem Frühwerk nur in Ausnahmefällen konsequent dialektale Formen,[2] doch verfolgt er sein ganzes Leben lang aufmerksam das Aufblühen der Mundartpoesie im deutschen Sprachraum, wobei er sich zu den Hauptvertretern auch schriftlich äußert. So bespricht er noch 1828 die *Gedichte in schlesischer Mundart* von Karl von Holtei (1798–1880)[3] und kündigt im gleichen Jahr eine Ausgabe der *Gedichte in niederösterreichischer Mundart* von Johann F. Castelli (1781–1862) an.[4]

Bei der Bewertung dialektaler Literatur bezieht sich Goethe wesentlich auf Kategorien, die er bei seiner Beschäftigung mit Volks- und Naturpoesie entwickelt hat. So klassifiziert er etwa 1822 den heute vergessenen Rostocker Mundartdichter Diederich Georg Babst (1741–1800) als "wackeren Naturdichter",[5] bei dem ihn wohl in erster Linie dessen didaktischer Impetus angezogen haben dürfte.[6] Ein betont erzieherisches Interesse sei, so betont Goethe in seinem *Vorwort zum deutschen Gilblas* eine Grundeigenschaft jedes "Naturpoeten", dessen Dichtung sich idealerweise "gegen das Didaktische, Belehrende, Sittenverbessernde, gar treulich hinneigt."[7]

1820 bespricht Goethe in *Über Kunst und Altertum* das Straßburger Dialektstück *Der Pfingstmontag* von Johann Georg Daniel Arnold,[8] wobei er insbesondere die

---

[1] Zur bewußten Verwendung von Mundart in Goethes Frühwerk unter den Vorzeichen des Sturm und Drang vgl. Burdach (1926): "Von (...) unwillkürlich beibehaltenen landschaftlichen Idiotismen und Altertümlichkeiten hat man in Goethes Sprache zu scheiden, was auf bewußtem Widerstand gegen das Allgemeinübliche, auf absichtlicher Benutzung des Mundartlichen zur charakteristischen Wirkung oder auf Entlehnung aus der älteren Sprache beruht. Hier handelt Goethe im Geiste der literarischen Revolution, als Schüler Herders." (S. 51)

[2] Selbst sein zwischen 1806 und 1811 entstandenes *Schweizerlied* (Goethe 1987) ist wohl "eher als ungenaues Schwäbisch anzusetzen." (so Ch. Siegrist in Goethe, Münch. Ausg. 9, S. 1097) Vgl. hierzu auch Loeper (1890); Englert (1895).
Zum dialektalen Stil in Goethes Jugendwerk vgl. insb. Burdach (1926), S. 58ff.; ferner Weise (1913).

[3] Goethe (1996g).

[4] Goethe (1996h). Vgl. hierzu Ruland (1900).

[5] Goethe (1907), An Carl Friedrich v. Both, Nr. 31, 9. Mai 1822, S. 35. Vgl. auch Goethe (1986), S. 297: "Natur- und Nationaldichter".
Die bislang einzige monographische Darstellung zu Babst verfaßte Böhmer (1923). Vgl. immerhin auch Schröder (1903/04), S. 321; Stammler (1918), S. 70f.

[6] Vgl. auch Böhmer (1923), S. 30ff., S. 40-53.

[7] Goethe (1992d), S. 464.

[8] Goethe (1994). Zum Verhältnis Goethes zu Arnold vgl. auch Martin (1892).
Die Originalausgabe des Stückes erschien anonym 1816: Arnold (1816).

Leistung des Straßburger Dialekts hervorhebt, ältere Sprachzustände und damit Lebens- und Denkformen über den Wandel der Zeiten hinweg konserviert zu haben. Dies zu dokumentieren sei gerade Mundartdichtung hervorragend befähigt; paradigmatisch ließe sich an Arnolds Lustspiel erkennen, "daß Gesinnung und Redeweise sich in Straßburg, dreihundert Jahre lang, um nicht länger zu sagen, unverändert erhalten habe, indem sich eine freie, freche, unbändige Originalität in die untersten Stände geflüchtet" habe.[1] Durch geschickten Einsatz einer sprachlichen Bandbreite, die vom rein Dialektalen bis zum Hochdeutschen reicht, gelinge es dem Theaterstück Arnolds zudem eindrucksvoll, die soziale Binnengliederung des Personals zu reflektieren:

> Wir maßen uns nicht an, die durchgängigen Feinheiten alle zu unterscheiden, zu beurteilen, aber glauben behaupten zu dürfen, daß unter die genannten Personen alle Abstufungen der Sprache verteilt sind, an welchem man Stand, Beschäftigung und Sitten auf das entschiedenste gesondert erkennen kann; deswegen wir denn diesem Werke den Ehrennamen eines lebendigen Idiotikons wiederholt zu gewinnen wünschen.[2]

Neben einer soziographischen Funktion leiste Mundartdichtung so auch einen Beitrag zur wissenschaftlichen Beschäftigung mit den Lokaldialekten, indem sie der lexikographischen Herangehensweise der um 1800 florierenden Mundartwörterbücher eine anschauliche Unterlage gewähre. Dialektale Literatur, das zeige Arnolds *Pfingstmontag*, ergänze sprachwissenschaftliche Methoden, indem sie die situativ und sozial untergliederten Applikationsregeln des dialektalen Sprachmaterials illustriere:

> Wenn man auch keineswegs den Nutzen ableugnen darf, der uns durch so manche Idiotikon geworden ist, so kann man doch nicht ableugnen, daß jene, so eben berührten, in einer lebendigen, lebhaft gebrauchten Sprache unendlich mannigfaltigen Abstufungen unter der Form eines alphabetischen Lexikons nicht bezeichnet werden können, weil wir nicht erfahren wer sich dieses oder jenes Ausdrucks bedient und bei welcher Gelegenheit?[3]

---

[1] Goethe (1994), S. 278.

[2] Ebd., S. 277f.
Dem Straßburger Dialekt bringt Goethe seit seiner Studienzeit 1770/71 besondere Sympathie und Interesse entgegen. Seine Affinität zum alemannischen Idiom bezeugt Goethe im Zusammenhang mit der Lyrik Johann Peter Hebels: "Hebels abermalige alemannische Gedichte gaben mir den angenehmen Eindruck, den wir bei Annäherung von Stammverwandten immer empfinden." (Goethe (1986), S. 227) Vgl. hierzu auch Rehm (1957), S. 25.

[3] Goethe (1994), S. 267. Bei der Lektüre von Mundartdichtung zieht Goethe intensiv Idiotika zu Rate, insbesondere bei Dialekten, die ihm sprachlich fernliegen. Vgl. Goethe (1905): "(...) nur müßte der Sohn und Herausgeber [scil.: des Mundartdichters Babst, F.G.] sich entschließen, ein paar Bogen Wort=Erklärungen anzufügen. Mich lassen, die drey Abende her, die ich mich damit beschäftige, sämmtliche niederdeutsche Idiotiken im Stich, die ich um mich versammeln konnte." (An Carl Friedrich v. Both, Nr. 7, 3. Nov. 1820, S. 7)

Bereits in seinen *Tages- und Jahresheften* von 1817 erwähnt Goethe seine Begegnung mit dem Lustspiel Arnolds und stellt es in einen Zusammenhang mit dem Wechsel- und Repräsentationsverhältnis zwischen 'Besonderem' und 'Allgemeinem', ästhetischen Kategorien, die er auch bei seiner Bewertung von Volks- und Naturpoesie immer wieder vorträgt:

> (...) dagegen war der Pfingstmontag von Professor Arnold in Straßburg eine höchst liebenswürdige Erscheinung. Es ist ein entschieden anmutiges Gefühl, von dem man wohl tut sich nicht klares Bewußtsein zu geben, wenn sich eine Nation in den Eigentümlichkeiten ihrer Glieder bespiegelt: denn ja nur im Besondern erkennt man, daß man Verwandte hat, im Allgemeinen fühlt man immer die Sippschaft von Adam her.[1]

Die ästhetische Wirkung, die unmittelbar und ohne die Notwendigkeit eines "klaren Bewußtseins" intellektuell-analytischer Art aus dem Spannungsverhältnis zwischen dialektal-regionaler Beschränkung und allgemeiner Übertragbarkeit auf gesamtnationale Zusammenhänge erwächst, stellt in Goethes Konzeption von Mundartdichtung ein tragendes Charakteristikum dar. Dies bestätigen auch die beiden Rezensionen zu Johann Konrad Grübel und Johann Peter Hebel.

\* \*

1798 stellt Goethe in seiner ersten Rezension zu einem Dialektdichter, bei der er die *Gedichte in Nürnberger Mundart* von Johann Konrad Grübel[2] bespricht, die volkspädagogische Wirkung, die der "StadtFlaschner und Volksdichter zu Nürnberg"[3] erreiche, ins Zentrum. Da Grübel sozial der unteren Mittelschicht zugehöre, sei er hervorragend dazu befähigt, ohne distanzschaffende Bildungsprätentionen[4] das niedere Volk "nach und nach, einer höhern Kultur teilhaftig zu machen."[5] Voraussetzung für die erhebende erzieherische Wirkung sei eine enge thematische Einschränkung. Mundartdichtung erfülle, insofern sie "die Grenzen niemals überschreitet, die einem wohldenkenden und ruhigen Bürger ziemen"[6], die wichtige gesellschaftliche Funktion, untere Volksschichten

---

[1] Goethe (1986), S. 263f.
[2] Vgl. hierzu Heinz (1960); Wertheim (1990), S. 58ff. und passim.
[3] Goethe (1988), S. 555.
[4] Vgl. ebd.: "Er überhebt sich nicht über die, welche er schildert, und erlangt Gehör, indem er sich selbst schuldig bekennt." (S. 557)
[5] Ebd., S. 554.
[6] Ebd., S. 559. Die positive Beschränkungsfähigkeit Grübels erstrecke sich auch auf die lokalen Grenzen, die er stets einzuhalten wisse. So lobt Goethe in seiner zweiten Rezension zu Grübel 1804 noch einmal ausdrücklich die thematische Restriktion "fast nur innerhalb dieser Mauern" (Goethe (1988d), S. 589).

moralpädagogisch zu beeinflußen, ohne markante Bildungs- und Sprachdistanzen beim Rezeptionskalkül in Kauf nehmen zu müssen:

> (...) so möchte der Zweck, ein Volk aufzuklären, wohl am besten durch seines Gleichen erreicht werden. Wer von oben herunterkommt, verlangt meistens gleich zu viel, und statt denjenigen, den er zu sich heraufheben will, sachte durch die mittleren Stufen zu führen, so zerrt und reckt er ihn oft nur, ohne ihn deswegen vom Platz zu bringen.[1]

In ästhetischer Hinsicht erkennt Goethe auch bei Grübel die für Volks- und Naturdichter typische Fähigkeit, im dichterischen Werk unmittelbare Anschauung frei von theoretischen Konstrukten auszudrücken. Da dem Naturell des Dichters tieferes problembeladenes Eindringen in komplexe Zusammenhänge ohnehin fern liege, sei ein Beharren in den Grenzen, innerhalb deren sich Mundartdichtung bewegen dürfe, stets gewährleistet:

> In allen Gedichten zeigt sich ein Mann von fröhlichem Gemüt und heiterer Laune, der die Welt mit einem glücklichen Auge sieht, und sich an einer einfachen, naiven Darstellung des Angeschauten freut.[2]

1804, in der zweiten Rezension zu Grübels Gedichten, knüpft Goethe wieder an diese Charakteristik an, wenn er als poetische Leistung des Dichters hervorhebt, daß dieser "durch die Darstellung das Gedicht an die Stelle des Wirklichen zu setzen, und uns ohne Reflexion die Sache selbst zu geben weiß."[3]

Die konkrete sprachliche Gestalt der Mundartdichtung Grübels erregt bei Goethe allerdings eher Mißfallen. Der Nürnberger Dialekt habe "etwas unangenehm breites"[4] und erschwere über die Maßen das sofortige Verständnis der Gedichte, "da man (...) das Gute derselben aus der Schale der wunderlichen Mundart herausklauben muß."[5] Die dialektale Sprachform trägt somit nicht wesentlich zur Gesamtwirkung der Gedichte Grübels bei, die verschlossene "Schale" des Dialekts sei der Wirkung einer poetisch wertvollen Natur- und Volkspoesie sogar hinderlich. Bereits vor der Veröffentlichung seiner ersten Rezension erwägt Goethe daher in einem Brief an Friedrich Schiller die Möglichkeit einer Übersetzung der Grübelschen Werke ins Hochdeutsche:

> Er hat Sachen gemacht von Humor und Natürlichkeit, die leicht ins reine Deutsch zu übersetzen wären und deren sich niemand schämen dürfte.[6]

---

[1] Goethe (1988), S. 555.
[2] Ebd.
[3] Goethe (1988d), S. 589.
[4] Ebd., S. 590.
[5] Goethe (1988), S. 556.
[6] Goethe (1968), Bd. 2, An Schiller, 31. Jan. 1798, Nr. 679, S. 328.

Goethes Interesse für Mundartdichtung ist in erster Linie von Wertungskategorien geleitet, die er für die Volksdichtung und Naturpoesie entwickelt hat; die tatsächliche dialektale Form nimmt lediglich akzessorische Bedeutung ein:

> Wären die Arbeiten unsers Dichters in reinem Deutsch geschrieben, so brauchte es weiter keiner anzeigenden Empfehlung (...).[1]

\* \*

Mit seiner Rezension der *Alemannischen Gedichte* von Johann Peter Hebel sollte Goethe entscheidenden Einfluß auf die Rezeptionsentwicklung des Hebelschen Werkes ausüben. Zugleich unterstützt Goethe durch seine positive Besprechung der Mundartgedichte des Badeners den Auftrieb von Literatur in mehreren Lokaldialekten des deutschen Sprachraums. Mehr noch: Wertmuster zu Dialektliteratur, die Goethe anhand der *Alemannischen Gedichte* ausführt, sollten feste Wurzeln im Reservoir der einschlägigen Einstellungen und Funktionszuschreibungen fassen. Der Aufsatz über Hebel bündelt zudem Positionen Goethes zu dialektaler Literatur und stellt somit auch einen aussagekräftigen poetologischen Text dar.

Wie schon bei Grübel und mehrmals in bezug auf sogenannte 'Naturpoeten' lobt Goethe an Hebels Dichtung, daß sie "sich zum sittlich-didaktischen und zum allegorischen"[2] neige und mit pädagogischem Geschick immer wieder "auf eine heitere Weise vom Unsittlichen ab, und zum Sittlichen hinleite."[3] Hebel als mundartlicher 'Volksdichter' erfülle das Postulat einer volkserzieherischen Komponente in der Dialektdichtung:

> Überhaupt hat der Vf. den Charakter der Volkspoesie darin sehr gut getroffen, daß er durchaus, zarter oder derber, die Nutzanwendung ausspricht. Wenn der höher gebildete von dem ganzen Kunstwerke die Einwirkung auf sein inneres Ganze erfahren, und so in einem höheren Sinne erbaut sein will: so verlangen Menschen auf einer niederen Stufe der Kultur die Nutzanwendung von jedem einzelnen, um es auch sogleich zum Hausgebrauch benutzen zu können. Der Vf. hat nach unserem Gefühl das *fabula docet* meist sehr glücklich und mit viel Geschmack angebracht, so daß, indem der Charakter einer Volkspoesie ausgesprochen wird, der ästhetisch Genießende sich nicht verletzt fühlt.[4]

Es kommt Goethe offensichtlich weniger auf eine nachweisbare Lehrwirkung auf das einfache Volk selbst an, als vielmehr auf die ästhetische Erfüllung von

---

[1] Goethe (1988), S. 556.
[2] Goethe (1988b), S. 581.
[3] Ebd., S. 583.
[4] Ebd., S. 583f.

Rahmenerwartungen, die Teil seines Gattungsverständnisses von Volksdichtung sind. Der "ästhetische Genuß" des gebildeten Lesers beruht darauf, daß im Medium der Kunst eine scheinbare Volksnähe simuliert wird. Eine explizite Moralisierung in Form einer didaktischen Schlußbemerkung in vielen Gedichten veranschaulicht die (vermeintlich) beschränkte Aufnahmefähigkeit niederer Volksschichten. Hebel habe Elemente, die für die Volkspoesie typisch seien, erfolgreich in seine Mundartpoesie integriert.

Auch die Aufforderung Goethes an Hebel, sich doch einmal an der Übertragung hochdeutscher Literatur in den Lokaldialekt zu versuchen, ist nicht als genuin erzieherische Absicht aufzufassen, ein dialektophones Publikum mit den Inhalten höherer Kultur vertraut zu machen.

> Vielleicht könnte man sogar dem Vf. zu bedenken geben, daß, wie es für eine Nation ein Hauptschritt zur Kultur ist, wenn sie fremde Werke in ihre Sprache übersetzen, es eben so ein Schritt zur Kultur der einzelnen Provinz sein muß, wenn man ihr Werke derselben Nation in ihrem eigenen Dialekt zu lesen gibt. Versuche doch der Vf. aus dem sogenannten Hochdeutschen schickliche Gedichte in seinen oberrheinischen Dialekt zu übersetzen. Haben doch die Italiener ihren *Tasso* in mehrere Dialekte übersetzt.[1]

Die italienischen Dialektübersetzungen aus den Werken eines Torquato Tasso, Lodovico Ariosto oder Dante Alighieri, entstanden ja keinesfalls unter volkspädagogischen Vorzeichen, sondern folgten künstlerisch-stilistischen Kriterien. Die von Goethe angeregte Übersetzungsleistung zielt somit vielmehr darauf ab, die sprachlichen Möglichkeiten der Lokaldialekte zu umfassender Literaturfähigkeit zu erweitern, eine Absicht, die ja auch im 16. und 17. Jahrhundert im deutschen Sprachraum hinter den zahlreichen Übertragungen fremdsprachiger Literaturen stand. Durch die Parallele zu Nationalsprachen und -literaturen, die sich noch in einer sprachgeschichtlichen Vorbereitungsphase befinden, wertet Goethe Mundartdichtung in ihrer potentiellen dichterischen Leistung entscheidend auf.

In der Besprechung von Hebels *Alemannischen Gedichten* verweist Goethe bereits auf den dialektologischen Beitrag, den Dialektdichtung durch anschauliche Fallbeispiele insbesondere im Rahmen lexikologischer Bemühungen erbringe:

> Denn so sehr zu wünschen ist, daß uns der ganze deutsche Sprachschatz durch ein allgemeines Wörterbuch möge vorgelegt werden: so ist doch die praktische Mitteilung durch Gedichte und Schrift sehr viel schneller und lebendig eingreifender.[2]

Die sprachliche Form der *Alemannischen Gedichte* sagt Goethe entschieden mehr zu als der Nürnberger Dialekt.[1] Eine möglichst realistische Detailtreue in bezug auf das

---

[1] Ebd., S. 586.
[2] Ebd.

dialektale Sprachmaterial hält er jedoch auch bei Hebel für nachrangig. Er plädiert vielmehr dafür, das alemannische Idiom zu veredeln und kunstvoll zu überformen, wenn er Hebel in stilistischer Hinsicht empfiehlt, "auch dem äußeren technischen Teil, besonders seinen reimfreien Versen, noch einige Aufmerksamkeit zu schenken, damit sie immer vollkommener und der Nation angenehmer werden mögen!"[2] Linguistische Authentizität stand für Goethe bereits bei der Sammlung von Volksliedern im Elsaß sowie später bei seinem *Schweizerlied* nie im Vordergrund. Der dokumentarische Wert von Mundartdichtung steht jedenfalls hinter ihrer dichterischen Funktion zurück. Dialektale Elemente in der Literatur übernehmen primär evozierende Funktion. Eindrücke der 'Ursprünglichkeit' und 'Echtheit', die Mundart beim Leser erweckt, verbinden sich im Einklang mit Gattungskriterien der Volks- oder Naturpoesie zu einem ästhetisch hochwertigem Kunstwerk.

Die herausragende poetische Gesamtleistung der Dichtung Hebels liege gerade darin, daß sie als gekonnt "naive Poesie"[3] den Kontrast zwischen naturnaher, sinnlich anschaulicher und dem Bäuerlich-Bodenständigen verhafteter literarischer Verkleidung einerseits und der kunstvollen Stilisierung und Verallgemeinerung andererseits ästhetisch ausbalanciere.[4] Um allgemeingültige Aussagen mit der konkret dargestellten poetischen Welt zu verschmelzen, greife Hebel häufig auf Anthropomorphismen zurück. Anders als dies in klassizistischer Tradition üblich wäre, ist der Übergang zu abstrakter Allegorie jedoch vermieden:[5]

> Wenn antike oder andere durch plastischen Kunstgeschmack gebildete Dichter das sogenannte Leblose durch idealische Figuren beleben (...): so verwandelt der Vf. diese Naturgegenstände zu Landleuten, und verbauert, auf die naivste, anmutigste Weise, durchaus das Universum; so daß die Landschaft, in der man doch den Landmann immer erblickt, mit ihm in unserer erhöhten und erheiterten Phantasie nur eins auszumachen scheint.[6]

Hebels Dichtung nähert sich damit dem an, was Goethe in seinen *Maximen und Reflexionen* als "Natur der Poesie"[7] bezeichnet hat und ihm als poetische Symbolik gilt:

---

[1] Vgl. Goethe (1988b): "Allen diesen innern guten Eigenschaften kommt die behagliche naive Sprache sehr zu statten. Man findet mehrere sinnlich bedeutende Worte, teils jenen Gegenden selbst angehörig, teils aus dem französischen und italienischen herübergenommen, Worte von einem, von zwei Buchstaben, Abbreviationen, Kontraktionen, viele kurze leichte Sylben, neue Reime, welches, mehr als man glaubt, ein Vorteil für den Dichter ist." (S. 585)
[2] Ebd., S. 567f.
[3] Ebd., S. 583.
[4] Vgl. auch Rehm (1957), S. 22.
[5] Vgl. auch Staffhorst (1990), S. 38f.
[6] Goethe (1988b), S. 582. Vgl. auch Rehm (1957), S. 31.
[7] Vgl. Goethe (1991): "Es ist ein großer Unterschied ob der Dichter zum Allgemeinen das Besondere sucht oder im Besonderen das Allgemeine schaut. Aus jener Art entsteht Allegorie, wo das Besondere nur als Beispiel, als Exempel des Allgemeinen gilt; die letztere aber ist

Die Symbolik verwandelt die Idee in ein Bild, und so, daß die Idee im Bild immer unendlich wirksam und unerreichbar bliebe.[1]

Die dichterische Überhöhung provinzieller Inhalte durch universale Gesamtintention, die Ineinanderspiegelung von Mikrokosmos und Makrokosmos mache den ästhetischen Reiz der Hebelschen Gedichte aus. Für diese literarästhetische Operation biete sich die Gattung der Idylle, die Goethe in den *Alemannischen Gedichten* ideal verwirklicht sieht, in besonderem Maße an.[2] Die Grundvoraussetzung nämlich, daß eine 'Verbauerung des Universums' überhaupt literarisch wirksam und nachvollziehbar werde, sei die kontrollierte Selbstbeschränkung des Dichters, der streng in den thematisch engen Grenzen eines idyllisch-bäuerlichen Milieus zu verweilen habe. Obgleich auch Hebel bisweilen versucht sei, gattungswidrig den restringierten Themenhaushalt zu verlassen und "aus dem Kreise der Volkspoesie in eine andere Region" überzugehen, fühle "man sich immer wieder in den einmal beschriebenen Kreis zurückgezogen."[3] Goethe postuliert unter Berufung auf wirkungs- und gattungsästhetische Kategorien eine strikte thematische Einschränkung von Mundartpoesie, wolle sie denn als 'echte' Volks- und Naturpoesie auftreten. Damit prägt er wirksam eine bis heute wirksame Konstante in der Werthaltung gegenüber Dialektliteratur.[4]

---

eigentlich die Natur der Poesie; sie spricht ein Besonderes aus, ohne an's Allgemeine zu denken oder darauf hinzuweisen. Wer nun dieses Besondere lebendig faßt, erhält zugleich das Allgemeine mit, ohne es gewahr zu werden, (...)." (Nr. 279, S. 767) Vgl. hierzu auch Sørensen (1962), S. 107f.

[1] Goethe (1991), Nr. 1113, S. 904.
[2] Goethe wiederholt zweifach, Hebel habe seine Gedichte "idyllenartig behandelt" (1988b, S. 585).
[3] Ebd., S. 584.
[4] So stellt Berlinger (1983) bei seiner Arbeit über die Bewertung zeitgenössischer Dialektlyrik des öfteren "maßgebliche" (S. 209) Wertungsmuster Goethescher Provenienz fest: "Die bereits erwähnten Urteile Goethes über Hebel und Grübel prägten die Maßstäbe zur Bewertung von Dialektdichtung. Das Ideal, der höchste Grad gelungener Mundartdichtung war die "einfache naive Darstellung des Angeschauten", der erfolgreiche Versuch, "durch Darstellung das Gedicht an die Stelle des Wirklichen zu setzen und uns ohne Reflexion die Sache selbst zu geben", und die Verankerung des Dichters im "Kreise der Volkspoesie." (S. 211) Insbesondere das Echtheitskriterium sei, so Berlinger, bei der Beurteilung von moderner Dialektliteratur ohne historische Relativierung heute nicht mehr applikabel (vgl. S. 214ff).
Vgl. auch Meckel, in: Hebel (1958), Bd. I, S. 31; ferner Rehm (1957), S. 16, S. 32; Theiß (1989), S. 321.

## 2.3.4 Zusammenfassung

Bereits 1771 wird Goethe durch Herder auf den ästhetischen Wert von Volksliedern aufgrund ihrer 'Natürlichkeit' und 'authentischen Ursprünglichkeit' aufmerksam gemacht. Er entwickelt dann, ausgehend von den Anregungen Herders, ein eigenes poetologisches Konzept. In seinen Rezensionen zur Volksdichtung entwirft er Wertungsansätze, die mit seinem Symbolverständnis konvergieren.
Durch den Transfer gattungsästhetischer Konzeptionen von Volks- und Naturdichtung entwickelt Goethe in seinen Rezensionen zu den Mundartdichtern Arnold, Grübel und Hebel Wertungskriterien, die bis heute im allgemeinen Verständnis von Dialektdichtung wie auch in der germanistischen Forschung (oft unausgesprochen) ihre Wirkung zeitigen. So wurden seit Goethe Forderungen nach einem volkspädagogischen Zuschnitt, nach einer sinnlich-naiven Grundhaltung frei von abstrakter Reflexion sowie der thematischen Verankerung im vormodernen, bäuerlich-ländlichen Milieu zu wesentlichen Grundbestandteilen der Wertung von Dialektdichtung.
In sprachlicher Hinsicht plädiert Goethe für eine idealisierende Stilisierung des Lokaldialekts. Detailgetreue linguistische Authentizität seien literarästhetisch nicht unabdingbar. Gleichwohl weist er der Mundartdichtung die Fähigkeit zu, durch ihre plastische Anschaulichkeit einen sprachsoziologischen und lexikographischen Beitrag zu leisten.

## 2.4 Johann Peter Hebel

### 2.4.1 Literaturüberblick[1]

Im Bereich der Monographien und Überblicksdarstellungen zu Johann Peter Hebel hat sich nach Wilhelm Zentner, dessen biographisch angelegte Studie auch die einzelnen Werkgruppen eingehend berücksichtigt,[2] Ulrich Däster verdient gemacht, der in seiner Biographie anhand ausführlicher Zitate des Dichters wie seiner Zeitgenossen auch den zeitgeschichtlichen Hintergrund ausleuchtet.[3] Werkübergreifende Einleitungen haben seitdem Norbert Oellers,[4] Jacob Steiner,[5] Winfried Theiß[6] und Hans Eichner[7] beigetragen. Robert Minders essayistische Einführung in eine zweibändige Werkausgabe des Dichters bettet das Werk Johann Peter Hebels in gesamteuropäische Zusammenhänge ein und skizziert Rezeptionslinien bis in die Gegenwart.[8]

Wir stellen die Schwerpunkte der Hebelforschung vor, auf denen die vorliegende Arbeit aufbaut. Sah man Johann Peter Hebel in der älteren Literatur noch oft als genuinen Heimatdichter, der verloren geglaubte Werte vertritt und bewahrt, erkannte man doch recht früh auch einen aufklärerischen Impetus in seinem Werk, ja man stilisierte Hebel zum Prototypen des Volkslehrers, dessen mundartliche Dichtung nicht weniger als sein 'Rheinischer Hauskalender' erzieherischen Zwecken huldigt. Von diesen bisweilen komplementären Hebelbildern setzen sich einige neuere Studien ab. Zuletzt beziehen wir uns auf Arbeiten, die sich dem Verhältnis des Dichters zur Sprache und insbesondere zur Mundart widmen. Dadurch ergibt sich ein Übergang zu der Werthaltung Hebels gegenüber Mundart und mundartlichen Dichtung.

Ein bis in die 50/60er Jahre des 20. Jahrhunderts dominierender Strang von Schriften zu Hebel, zumal in Form von Festreden, feierte den Südbadener als

---

[1] Die Sekundärliteratur zu Johann Peter Hebel hat mittlerweile beeindruckende Ausmaße angenommen. Personalbibliographien finden sich in Goedeke (1906) und Goedeke (1905) bis 1890, in Goedeke (1966) bis zum Jahre 1966. Einen ausführlich kommentierten Überblick bietet die Forschungsmonographie von Kully (1969). Aktualisierte Auswahlbibliographien präsentieren Berg (1994) und Thoeben (2001). Die umfassendste Zusammenstellung bis 1996 findet sich in Schmidt (1997), S. 51-66.
[2] Zentner (1965).
[3] Däster (1973).
[4] Oellers (1983).
[5] Steiner (1987).
[6] Theiß (1989).
[7] Eichner (1990).
[8] Minder, in: Hebel (1968), Bd. I, S. I-XLIV.

regionalverbundenen, idyllischen Heimatdichter. Die Persönlichkeit und das Werk Johann Peter Hebels bieten ein scheinbar ideales Projektionsfeld jeweils zeitbedingter Wert- und Wunschhaltungen.[1] Repräsentativ für eine damals typische Einstellung zu Hebel ist die Rede *Hebels lebendiges Erbe* (1961) von Rudolf Suter[2] zum Hebeltag in Lörrach, der eine Rückbesinnung auf heimatliche Bodenständigkeit im Einklang mit Dialektverbundenheit einfordert, um wie Hebel wieder zu einem ungebrochenen Verhältnis "zu seiner Umwelt, zu Vergangenheit und Gegenwart" zu gelangen, wodurch allein der Bedrohung durch "Nihilismus, Selbstüberhebung und Verzweiflung" begegnet werden könne.[3] Wie sich im Laufe der 70er Jahre das traditionelle Hebelbild modifiziert und teilweise entideologisiert hat, zeigt ein Vortrag Ulrich Dästers (1974),[4] in der er auf die Distanz hinweist, die Hebel trotz scheinbarer idyllischer Heimatgeborgenheit poetisch zu wahren weiß.[5] 1985 brandmarkt Karl Foldenauer die stereotype Einordnung Johann Peter Hebels als Heimatdichter auch in der germanistischen Forschung als "Mißbrauch (...) für nationale und nationalistische Zwecke".[6]

Der Heimatbegriff in der 'Idyllik' Hebels wird gleichwohl durch literarhistorische Kontextualisierung schon zuvor relativiert. 1952 öffnet der Schweizer Dialektologe Hans Trümpy das Blickfeld, indem er auf *Theokrits Bedeutung für die Mundartdichtung* hinweist.[7] Der hellenistische Dichter des 3./4. Jahrhunderts galt Ende des 18. Jahrhunderts als 'Urvater' der dialektalen Idylle,[8] insofern er selbst in

---

[1] So sieht 1942 Hermann Burte in Hegelschem Duktus "die alemannische Seele durch Hebel zum Bewußtsein ihrer selbst erwacht, über die Schwelle getreten (...)." (Burte (1942), S. 8). Hebel, so Burte weiter, dichte "aus dem ungebrochenen Einklang seines Blutes mit der Landschaft und dem Menschentum seines Stammes." (ebd., S. 9) Vgl. hierzu Neff (1981).

[2] Suter (1961).

[3] Ebd., S. 12. Vgl. auch Zentner (1964), S. 102.
Freilich vertritt bereits 1958 Meckel in seinem Vorwort zu der ostdeutschen Hebelausgabe eine diametral entgegengesetzte Auffassung. Das Werk des badischen Dichters durchziehe ein "tieftragischer Riß", bei genauer Lektüre spüre man "schon nah am Äußern die ganze Hintergründigkeit dieser Tragik, die sich nur selten Vordergrund gab." (in: Hebel (1958), S. 37)

[4] Däster (1974).

[5] Vgl. ebd.: "Lesen wir Hebel aufmerksam, so erscheint er häufig weniger als Dichter der Geborgenheit denn als Verkünder verlorener Geborgenheit, menschlicher Heimatlosigkeit, als Entlarver einer fassadenhaften Scheinsicherheit – allerdings meist mit Blick auf eine zu erhoffende Heimat." (S. 13)

[6] Foldenauer (1985), S. 179. Foldenauer fährt fort: "Kein Begriff hat ihm so zugesetzt und den Weg zu seinem Werk so verstellt, wie der Begriff "Heimat" und was damit alles so landläufig zusammenhing und damit verbunden wird." (ebd.)

[7] Vgl. Trümpy (1952).

[8] Johann Heinrich Voß beruft sich in den Anmerkungen zu seinen Idyllen auf das Vorbild Theokrit, vgl. Voß (1968): "Theokrit schrieb, selbst an dem feinen Hofe des Ptolemäus, in der Sprache seines Volks; und als ein schöner Geist in Alexandria über das Plattdorisch (!) seiner Syrakuserinnen spottete; - - breitausziehend, zerkauderwelschen sie alles: bekam er die natürliche Antwort: - - Wir reden dir peloponnesisch! / Wird doch dorische Sprache dem Dorier, denk' ich, erlaubt sein! (Herv. im Orig., F.G.)" (S. 354)

seinen Hirtengedichten den dorischen Literaturdialekt verwendet habe.[1] Wenn Hebel auf die Lokalmundart zurückgreife, so stelle er sich auch in die antike Tradition der Gattung Idylle, die ja gleichfalls im Medium der Kunst 'Einfachheit', 'Naturnähe' und 'Heimatverbundenheit' zu simulieren versuche.[2] Die konkreten Konsequenzen für die literarische Wertung der Mundartdichtung Hebels präsentiert Trümpy zunächst 1969 in einer Rede zum Hebeltag,[3] um 1970 detailliert nachzuweisen, wie Hebel auf einzelne Elemente der Gattung Idylle zurückgreift.[4] Trümpy kommt zu dem Schluß, der Verfasser der *Alemannischen Gedichte* verstecke sich literarisch "hinter einer Maske",[5] und relativiert das bislang dominierende Hebelverständnis:

> Wir möchten das oft beschworene "Wunder" von Hebels Inspiration nicht in Frage stellen, meinen aber, es gehe nicht an, die zahlreichen literarischen Voraussetzungen

---

Zu Theokrits besonderer Bedeutung für die Mundartdichtung in Deutschland vgl. Sonderegger (1989), S. 139ff.
Zu Hebels Verhältnis zu Theokrit vgl. auch Meckel, in: Hebel (1958), S. 29f.; Minder (1966), S. 110; Staffhorst (1990), S. 21ff.

[1] Vgl. Sonderegger (1989): "Grundsätzlich beruht das besondere Interesse für das Griechische als Sprache in der Geschichte des Deutschen seit humanistischer Zeit auf der Erkenntnis der dialektalen Vielfalt beider Sprachkreise, wobei die altgriechischen Dialekte und ihr späterer Überbau durch die attische Koine immer wieder mit den historischen Komponenten des Deutschen oder gar ihren drei Hauptmundarten Niederdeutsch – Fränkisch/Obersächsisch [Mitteldeutsch] – Oberdeutsch beziehungsweise der relativ spät ausgestalteten neuhochdeutschen Schriftsprache verglichen worden sind." (S. 140)
Die Referenz auf die griechischen Dialekte fügt sich in die Aufwertungstendenz von Mundartlichem um 1800 ein. Wie Alinei (1984) begriffsgeschichtlich nachweist, wird 'Dialekt' überhaupt erst während der Renaissance pejorativ konnotiert; im Griechischen sei der Dialektbegriff positiv zu werten: "(...) nell'Italia del Rinascimento non solo abbiamo una rinascita del concetto greco, ma anche una sua revisione. È solo nel Rinascimento italiano che il "dialetto" diventa il termine inferiore, subordinato, di un'opposizione che ha la "lingua" come termine superiore e prestigioso: Questa relazione di subordinazione è del tutto assente dal concetto greco, (...)." (S. 179)

[2] Vgl. auch Sengle (1965): "[Der Dialekt] hat zugleich eine idyllische Funktion, insofern, als er dem naturfernen Menschen der Stadt eine naive, gleichsam naturmenschliche Sprache fiktiv vermitteln soll. (...) Wir müssen also, um die Geschichte der Idylle richtig zu verstehen, uns von den naturalistischen Vorstellungen hinsichtlich Stamm und Landschaft frei machen. Es geht nicht in erster Linie um das Volk, sondern um das Bild eines naiven, harmonischen und von Natur guten Menschen." (S. 218f)
Zu den Bezügen von Hebels Mundartdichtung zur Tradition der literarischen Idylle vgl. auch Hibberd (1972), zum Verhältnis des Hebelschen Werkes zur Antike allgemein vgl. Staffhorst (1990).

[3] Vgl. Trümpy (1969).
[4] Vgl. Trümpy (1970).
[5] Ebd., S. 10.

einfach zu übergehen. In Hebels Dichtungen ist die "sentimentalische" Komponente doch stärker, als man es gemeinhin wahrhaben will.[1]

Die aufklärerische Motivation, die aus den Werken Hebels spricht, wurde in einer Reihe von Spezialstudien hervorgehoben. Nachdem Ernst Bloch bereits 1926 die Grundprägung des badischen Dichters als "deutlich von der Aufklärung her"[2] charakterisiert hat, sieht Margarete Lutz 1964 "den Dichter Hebel" und den "Erzieher Hebel durch ein und dasselbe Erleben bestimmt."[3] Lutz Röhrich weist in den *Kalendergeschichten* die aufklärerische Orientierung von Hebels Erziehungswillen nach.[4] 1994 erkennt Reinhart Siegert in Johann Peter Hebel "den einzigen deutschen Klassiker, der sich ernsthaft bemüht hat, für ein großes Publikum zu schreiben."[5] Gekonnt ziele Hebels Werk, in erster Linie freilich seine *Kalendergeschichten*, auf "Popularität" ab, womit sich die romantische Vorstellung eines "Poeten, der im stillen Kämmerlein in Trance niederschreibt, was ihm seine Muse eingibt,"[6] als forschungsgeschichtlicher Irrweg erweise. Inwieweit auch die *Alemannischen Gedichte* auf Breitenwirkung angelegt sind, werden wir im folgenden zu prüfen haben.

Neue Forschungskontexte erschließt Ludwig Rohner, der 1982 die rezeptionstheoretische Annahme widerlegt, Hebel schreibe als genuiner "Volksdichter" für niedere Volksschichten. Um dieses Bild, welches ja der Dichter selbst aktiv förderte, zu relativieren, weist Rohner quellenkritisch nach, daß Hebel auf ein "höheres gebildetes Publikum" abgezielt habe.[7] Dieter Arndt sucht die literarhistorische Restriktion Hebels als begabten Lokaldichter zu lockern, indem er dessen *Alemannische Gedichte* zu 'Weltliteratur' erklärt, in der "provinzielle Einfachheit und Einfalt (...) verbunden sei mit welthistorischem Bewußtsein, das

---

[1] Ebd. Däster (1973) beschreibt den poetischen Weg Johann Peter Hebels zu einer 'reflektierten Unmittelbarkeit' (Hegel) als "große Kunst, die das Ungekünstelte erreicht". (S. 62)
Damit waren Positionen, wie sie zuvor etwa Löffler (1944) vertreten hatte, Hebel sei als naiver, von intellektuellen und literarischen Traditionen oder Ambitionen völlig unbelasteter Natur- und Volksdichter einzuordnen, weitgehend überwunden. Vgl. Löffler (1944): "Bei Hebel kann von Bildungseinfluß oder auch nur von Bildung keine Rede sein. Der Einfluß Theokrits ist von jeher überschätzt worden. (...) Der Einfluß von Johann Heinrich Voß endlich ist überhaupt reine Erfindung! Hebels Mythos ist völlig naiv, kindlich (Herv. im Orig., F.G.)." (S. 52)

[2] Vgl. Bloch (1962), S. 191.

[3] Lutz (1964), S. 25.

[4] Röhrich (1972).

[5] Vgl. Siegert (1994), S. 38. Vgl. auch Eichner (1990): "Für Hebel gab es diese Kluft nicht. Er hat bewußt populär geschrieben, und er war zugleich einer der großen Dichter seiner Zeit." (S. 164)
Weitere Aspekte steuern Faber (1983), Greinacher (1983) und Knopf (1989) bei. Aufklärerische Elemente im Gesamtwerk Hebels untersucht Albrecht (1997).

[6] Siegert (1994), S. 37.

[7] Rohner (1982), S. 10.

Eidyllion, das Bildchen, ist transparent zu welthafter bzw. kosmisch-religiöser Bedeutung, auf ländlich-dörflicher Bühne spielt das Gran Teatro del Mundo (...)."[1]
Rolf Max Kully plädiert 1979 dafür, die theoretischen Äußerungen des keineswegs naiv-ursprünglichen Dichters Johann Peter Hebel intensiver zu berücksichtigen.[2] Die Bewertung auch der dichterischen Leistung Hebels erscheine, berücksichtige man den poetologischen Gehalt seiner non-fiktionalen Schriften, bisweilen unter neuem Licht.

Die Diskussion um sprachliche Fragen im Werk Johann Peter Hebels wurde lange Zeit hauptsächlich unter den Vorzeichen von Bewertungsschemata zu Dialekt geführt, die sich in erster Linie aus romantischen Quellen speisten. Wie Richard Gäng, welcher der badischen Mundart als der "sinnlich-anschaulichsten, urwüchsigsten und empfindungsreichsten"[3] die Fähigkeit zuschreibt, "gegen alle Anfechtungen der Zivilisation"[4] zu feien, versucht der namhafte Linguist Bruno Boesch die "seltene Reinheit" der Dichtung Hebels auf den Charakter der "bis in ihre hintersten Winkel ehrlichen Sprache" zurückzuführen.[5] Den literarischen Gebrauch von Dialekt läßt Boesch denn auch nur für das bäuerlich-ländliche Milieu zu[6] und dekretiert: "(...) man kann deshalb in ihr nur in sehr beschränktem Maße sprachschöpferisch umgehen. Eine expressionistische Sprachkunst im Dialekt ist undenkbar."[7]
Joachim Kühn widerspricht dieser bis dahin in der Forschung repräsentativen Ansicht grundsätzlich, indem er anhand von Äußerungen des Dichters selbst zeigt, daß "ein unreflektierter, naiver Gebrauch des Alemannischen, quasi als unmittelbarer Ausdruck und Ausfluß seiner Seele"[8] im Lichte der Primärquellen schlichtweg auszuschließen sei: "Hebel ist kein naiver Mundartdichter."[9] Stefan Sonderegger bestätigt den künstlerischen Einsatz von Mundart zu stilistischen Zwecken, indem er zahlreiche Bezüge zum poetischen Zeitkontext aufzeigt. Er weist Einflüsse von Herder, Goethe und Voß nach und erläutert Parallelen der Hebelschen Dialektbewertung zu zeitgleichen Positionen von Johann Andreas Schmeller, Ludwig Tieck und den Brüdern Grimm.[10]

---

[1] Arendt (1989), S. 233.
[2] Kully (1996, erstmals 1979).
[3] Gäng (1960), S. 9.
[4] Ebd., S. 9f.
[5] Boesch (1964), S. 7.
[6] Vgl. ebd., S. 14.
[7] Ebd., S. 11f.
[8] Kühn (1978), S. 130f.
[9] Ebd., S. 131.
[10] Sonderegger (1985).

## 2.4.2 Wertung dialektaler Literatur

Wie sah Hebel selbst den Stellenwert des Dialekts in der Poesie? Zur Beantwortung dieser Frage stehen in erster Linie seine umfangreiche Briefsammlung zur Verfügung;[1] daneben greifen wir zu den Vorreden mitsamt einer Subskriptionseinladung des Dichters zu seinen *Alemannischen Gedichten*[2] sowie ergänzend zu essayistischen Schriften.[3]

Bereits 1801, zwei Jahre vor der Veröffentlichung der *Alemannischen Gedichte* im Januar 1803, bezeugt Hebel eine intensive sprachliche und stilistische Vorbereitung auf sein geplantes Werk in badischer Mundart:

> Ich studiere unsere oberländische Sprache grammatikalisch, ich versifiziere sie herculeum opus! in allen Arten von metris, ich suche in dieser zerfallenden Ruine der altdeutschen Ursprache noch die Spuren ihres Umrisses und Gefüges auf, und gedenke bald eine kleine Sammlung solcher Gedichte mit einer kleinen Grammatik und einem auf die Derivation weisenden Register der Idiotismen in die Welt fliegen zu lassen.[4]

Das Verfassen von Mundartdichtung bedeutet für Hebel keineswegs eine unverstellt naive Hingabe an die 'dialektale Muse': der damals in Karlruhe angestellte Latein- und Griechischlehrer erarbeitet sich vielmehr in hartem und gewissenhaftem philologischen Bemühen die linguistischen Voraussetzungen für sein dichterisches Schaffen.[5] Zudem, so berichtet Hebel ein Jahrzehnt später Friedrich Heinrich Jacobi, handelte es sich 1801 bereits um seinen zweiten Ansatz, im Dialekt zu dichten:

> Im 28st. Jahr, als ich Minnesänger las, versuchte ich den allemannischen Dialekt. Aber es wollte gar nicht gehen. Fast unwillkürlich, doch nicht ganz ohne Veranlassung fieng (!) ich im 41ten Jahr wieder an."[6]

Auch bei dem erneuten Versuch im Jahre 1801 steht ihm wieder die "altdeutsche Ursprache"[7] der mittelalterlichen Minnesänger als sprachlicher Horizont vor Augen. Im "oberländischen" Dialekt, so nimmt er an, habe sich "die alte alemannische Volkssprache erhalten."[8] Die Beschäftigung mit Mundart könne wertvolle

---

[1] Hebel (1957).
[2] Die Vorreden zur ersten (1803), dritten (1806), vierten (1808) und fünften Auflage (1820) finden sich vereint in Hebel (1972), S. 43-48; die Subskriptionsanzeige ist abgedruckt in Hebel (1905), S. 5.
[3] Wir zitieren aus Hebel (1968).
[4] Hebel (1957), Bd. I, S. 103 (An Hitzig, Nr. 55, 6. Febr. 1801).
[5] Vgl. auch Sonderegger (1985), S. 11f.
[6] Hebel (1957), Bd. II, S. 491 (An F.H. Jacobi, Nr. 309, 28. Jan. 1811).
[7] Hebel (1957), Bd. I, S. 103 (An Hitzig, Nr. 55, 6. Febr. 1801).
[8] Hebel (1957), Bd. I, S. 121 (An Gräter, Nr. 65, 8. Febr. 1802). Vgl. auch Kully (1996), S. 163f.

Aufschlüsse über Sprachzustände vergangener Epochen geben. Gedankenfiguren Bodmers, weitergeführt von Herder, kommen auch bei Hebel wieder zum Tragen. Mundartdichtung, so Hebel, ließe sich besonders gut für die sprachliche Aufhellung und Kommentierung alter Sprachzeugnisse fruchtbar machen. Einen Monat nach der Veröffentlichung der *Alemannischen Gedichte* schreibt er in einem Brief:

> Möchte ich nur im Stand gewesen seyn, Ihren gütigen Rath zu befolgen und in den Erläuterungen auf die übriggebliebenen Denkmale aus der Vorzeit Rücksicht zu nehmen und Stellen, daraus, die bisher aus Unkunde des Dialektes noch dunkel geblieben sind, aus der lebendigen Volkssprache aufzuhellen.[1]

Im Eingang der "Vorrede zur ersten Auflage" seiner Mundartgedichte von 1803 verweist Hebel auf die besondere Nähe gerade des eigenen Lokaldialekts zu sprachlichen Ursprungsepochen:

> Der Dialekt, in welchem diese Gedichte verfaßt sind, mag ihre Benennung rechtfertigen. Er herrscht in dem Winkel des Rheins zwischen dem Fricktal und ehemaligen Sundgau, und weiterhin in mancherlei Abwandlungen hin in einem großen Teil von Schwaben.[2]

Die durch Hebel etablierte, damals noch unübliche Bezeichnung "alemannisch" anstelle des auch in Briefstellen oft verwendeten "oberländisch" unterstreicht durch die Neuerung der Begrifflichkeit den sprachgeschichtlichen Wert, den er seiner Dichtung beimißt.[3] Die geographische Lokalisierung der von Hebel literarisch wiederbelebten Mundart verweist zudem auf einen älteren historisch-politischen Zustand, den er durch seine Mundartdichtung zu evozieren hofft.
Der Dialekt, so Hebel 1805 in einem Brief, erlaube nämlich Rückschlüsse auf den tief in der Geschichte verwurzelten 'Volkscharakter'. Schon die bildhafte Formulierung macht den Rückgriff auf Konzepte Herders, die von einer Repräsentanz des 'Volkseigentümlichen' in der Sprache ausgehen, transparent:

> Der Charakter jedes Volkes, wie gediegen und körnig, oder wie abgeschliffen er sein mag, und sein Geist, wie ruhig oder wie windig er sey, drückt sich lebendig in seiner Sprache aus, die sich nach ihm gebildet hat, und theilt sich unfehlbar in ihr mit.[4]

---

[1] Hebel (1957), Bd. I, S. 158 (An Gräter, Nr. 88, 22. Febr. 1803).
[2] Hebel (1972), S. 43.
[3] Vgl. Kluge (1908): "(...) von einer alemannischen Mundart reden wir erst seit 1803, und der zuerst davon gesprochen hat, ist ein Dichter gewesen. Das war der alemannische Dichter Hebel (...). (...) Vor Hebel treffen wir den Ausdruck "alemannisch" nicht, und Hebel sagt, daß er seine Gedichte geschaffen habe, um darin eben die alemannische Sprache auch für die deutsche Sprachwissenschaft, für die deutsche Mundartenforschung zu erobern." (S. 375)
[4] Hebel (1957), Bd. I, S. 252 (An Schneegans, Nr. 139, Ende April – Anfang Mai 1805).

Mundartdichtung habe zugleich, dies betont Hebel in einer Einladung zur Subskription der ersten Auflage, für die synchrone Dialektologie einen wertvollen Quellenwert, indem sie den zeittypischen Mundartlexika Anschauungsmaterial in Form von Belegstellen biete:

> (...) und der Sprachforscher, den bisher für die Kunde der Dialekte fast nichts als trockene Idiotika zu Hilfe standen, würde sie in gefälligen Texten mit ihrem ganzen Gefüge und Gewebe vor Augen haben und durch Vergleichung derselben ohne Zweifel zu wichtigen Resultaten über Bildung und Form der Sprache geführt werden.[1]

Neben Lesern mit sprachlich-dialektologischem Interesse spricht Hebel zwei Hauptrezipientengruppen an:

> Der gebildete Leser würde sich den durch treue und edle Einfalt schönen Kopien der Natur und des Lebens erfreuen; dem Ungebildeten würde das Wahre und Schöne darin durch das Vehikel der Sprache, in der er geboren ist, leichter und lebendiger in die Seele gehen (...).[2]

Daß die vermeintliche Adresse an die "Ungebildeten" indirekt doch wieder im Rahmen der "schönen Kopien (...) des Lebens", also einer bewußten Simulierung volksnahen Dichtens, gerade den "gebildeten Leser" anzusprechen sucht, liegt nahe.[3]

---

[1] Hebel (1905), S. 5. Vgl. auch Hebel (1957): "Ich wünsche auch allgemeiner zu interessieren und dem Studium der deutschen Sprache, wenn auch nur etwas weniges und mittelbar zu nützen. Die Bekanntschaft mit den Dialekten unserer Sprache müßte in mancher Hinsicht wichtig seyn. Wenn man schon trockene Idiotismen-Sammlungen für belehrend und wichtig hielt, wie viel mehr die lebendige Darstellung des ganzen gramatikalischen Baus und Gewebes der Dialekte in zusammenhängenden Texten." (S. 122: An Gräter, Nr. 65, 8. Febr. 1802) Durch sein alemannisches Glossarium im Anhang der *Alemannischen Gedichte* trägt Hebel selbst zu einer organologischen Verbindung von Mundartdichtung und lexikalischer Archivierung dialektalen Materials bei.

[2] Ebd.

[3] Vgl. Jäger (1964): "Gerade die Absicht bei der Verfertigung der Gedichte, fürs Volk zu schreiben, steigert ihre Beliebtheit bei den Gebildeten und macht sie letztlich dem Volk kaum zugänglich. (...) Hebels romantisches Ideal, durch Aufzeigen der Reize des Volkstümlichen das Volk selbst bewußter zu machen, wurde auf den Gebildeten übertragen; dieser entdeckte bei Hebel eine "tatsächliche" Naivität, durch die er sich in eine längst klischeehaft gewordene Natürlichkeit zurückgeführt sah." (S. 31f) Vgl. auch Haas (1983), S. 1644.
Batt (1961) hingegen nimmt die Adresse Hebels an die einfachen Landleute zu wörtlich, wenn er behauptet: "Nach seiner eigenen Aussage wollte er mit seiner Mundartlyrik kein nationales Ereignis verursachen, sondern diejenigen Menschen seiner Heimat erreichen, die der Schriftsprache fremd gegenüberstanden." (S. 105)
Albrecht (1997) verallgemeinert Bewertungen, die er aus den "Kalendergeschichten" Hebels gewonnen hat, wenn er auch im Zusammenhang der *Alemannischen Gedichte* zu dem Schluß kommt, Hebel "zielte darauf ab, Gesinnungen und Gefühle des untersten Sozialstandes sukzessive zu wandeln und dabei verständnisvoll seine Gewohnheiten zu berücksichtigen, statt ihm unvermittelt Fremdes aufzuzwingen." (S. 321) Vgl. auch ebd., S. 327.

Auch die didaktische Grundhaltung der *Alemannischen Gedichte*, die nicht selten mit einem gezielt für einfachere Gemüter formulierten Lehrwert schließen, ist zu einem guten Teil Gattungserfordernissen geschuldet, wie bereits Goethe in seiner Hebel-Rezension erkannt hat.[1] Das abgewandelte Motto aus den Eklogen Vergils, "Sylvestrem tenui musam meditabor avena",[2] mit dem sich der Dichter der *Alemannischen Gedichte* auf dem Titelblatt als 'Sänger der ländlichen Muse auf der zarten Hirtenflöte' ausdrücklich in die Tradition der literarischen Idylle stellt, legt zudem eine 'sentimentalische' Grundhaltung (Schiller) der Gedichte nahe,[3] die wiederum nur der gattungsbewußte, gebildete Leser literarisch goutieren kann.[4] Schon die Subskriptionseinladung steht daher im Rahmen der ästhetischen Konzeption Hebels.

Die äußere Form der Sprache bleibt im Sinne einer idealisierten 'Kopie' der Mundart mit Absicht jeglichem kruden Realismus abhold.[5] Hebel selbst rühmt sich, durch sprachliche Veredelung die badische Mundart, "unsere sonst so verachtete und lächerlich gemachte Sprache classisch zu machen, und ihr solche Celebrität zu ersingen",[6] wodurch er die Aufwertung dialektaler Literatur überhaupt erst ermöglichte. Linguistische Authentizität bedeutet ihm keine primäre Richtlinie; für die dritte Auflage von 1806 plant er gar, für das nicht-badische "Ausland" die Sprachform noch "ein wenig gefälliger zu machen."[7]

---

[1] Vgl. vorliegende Arbeit, Kap. 2.3.3.
[2] Vgl. Vergil, Ecl. I, V. 2; im Original: "meditaris".
[3] In dem Einleitungsgedicht, *Einem Freund und der ehrsamen Gemeinde Hausen im Wiesental geweiht*, illustriert Hebel die "sentimentalische" Grundstimmung seiner *Alemannischen Gedichte*: "(...) und hani mit ab mengem hoche Berg / mit nassen Augen abe gluegt ins Dorf / (...)?" (Hebel (1968), Bd. II, S. 7, V. 33f.)
[4] Rohner (1982) weist quellenkritisch nach, daß für Hebel vorderhand allein der gebildete Leser als Rezipient seiner *Alemannischen Gedicht"* in Frage kam: "Zuerst und ständig der werbende Hinweis auf ein "höher gebildetes Publikum": man überhört ihn gern. Im persönlichen Briefwechsel erscheint das Volk nie unter den Adressaten und wird kaum je zum Thema." (S. 10) Vgl. auch Kully (1996), S. 161f.
[5] Socin (1970) stellt eine Liste des Vokabulars aus den *Alemannischen Gedichten* auf, "wodurch die Sprache Hebels von der Mundart abweicht" (S. 453), um die gängige Ansicht zu widerlegen, "als sei die Dialektschriftstellerei nur dazu da, um Scenen aus dem Volksleben mit naturalistischer Treue einfach zu reproduzieren." (S. 454). Gleichwohl überzeichnet auch Socin den didaktischen Antrieb, der Hebel zu dieser Sprachveredelung getrieben habe: "Nicht zum Volke hinabzusteigen, sondern durch Eingehen auf seine Anschauungen und Gebräuche es allmählig zu reineren Begriffen und Sitten emporzuheben, das ist die Absicht und der Charakter der ganzen Hebelschen Schriftstellerei." (S. 454f.) Zur Sprachveredelung vgl. auch Haas (1983), S. 1644; Steiner (1987), S. 117; Albrecht (1997), S. 313f.
[6] Hebel (1957), Bd. I, S. 445 (An Hitzig, Nr. 272, 4. Nov. 1809).
[7] Hebel (1957), Bd. I, S. 295 (An Hitzig, Nr. 166, Anfang März 1806) Vgl. Wells (1990), S. 385. Schon Johann Heinrich Voß hat in seiner Anmerkung zu *De Winterawend* den von ihm verwendeten Dialekt als "einen schüchternen Nachhall der sassischen Buchsprache" (Vgl. Voss (1968), S. 353) bezeichnet und ausdrücklich eine sorgfältige literarische Stilisierung

Das ästhetische Ziel bleibt auch hier, bei aller poetischen Überformung des Sprachmaterials im Sinne eines "Ideal-Alemannisch"[1] gleichwohl mit dem Anspruch einer fiktiven Authentizität aufzutreten. 1802 formuliert Hebel diesen sprachästhetischen Ansatz, der auf systematischer Simulation 'ursprünglicher Echtheit' beruht:

> Ich habe in denselben [scil.: den *Alemannischen Gedichten*, F.G.] mit den Schwierigkeiten gekämpft, in dieser rohen und scheinbar regellosen Mundart, wenn die Ausdrücke erlaubt sind, rein und klassisch und doch nicht gemein zu sein, genau im Charakter und Gesichtskreis des Völkleins zu bleiben, aber eine edle Dichtung, so weit sie sonst in meiner Gewalt ist, in denselben hinüberzuziehen und mit ihm zu befreunden.[2]

Der Dialekt als "arme und verwahrloste, aber an sich nicht undichterische"[3] Sprachform dient Hebel als *ein* Stilmittel innerhalb der gewählten Gattung der Idylle[4]. Die *Alemannischen Gedichte* stellen eine (sprach)experimentelle Abwandlung im Rahmen der traditionellen Gattungstradition dar. Hebel sieht eine dichterische Herausforderung darin, "eine edle Dichtung in dieser ungewöhnlichen Manier zu versuchen",[5] indem er dialektales 'Rohmaterial' in klassische Formen gießt. Auch die Verwendung des in der deutschen Sprache nicht einfach zu gestaltenden Hexameters steht in einigen Gedichten in kunstvollem Kontrast zu dem 'naiven' Inhalt der Gedichte.[6]

---

zugegeben: "Man erwarte also kein verwahrlosetes Plattdeutsch, aus dem niedrigen Leben aufgeraft, noch weniger ein Plattdeutsch der besonderen Mundart in Holstein, in Mecklenburg, in Westfalen, oder wo sonst unsere Sprache zu eigenthümlicher Sprechung ausartete." (ebd.) Vgl. hierzu Stammler (1918), S. 67ff.; Voigt (1943).
Bei einem Treffen mit Hebel ermutigt Voss den Kollegen, die idealisierende Verfeinerung des Dialektmaterials stilistisch noch weiter zu treiben: "Er [scil.: Voss, F.G.] rieth mir mehr Sorgfalt auf den Hexameter zu wenden, und da, wo ich selber, erzählend oder belehrend spreche nicht beym gemeinen Dialekt zu bleiben, sondern ihn durch Studium und Vergleichung der alten allem. Schriftsteller zu veredeln, und zu seiner Ursprünglichkeit zurückzuführen. Das nemliche hat er in seinen plattdeutschen Idyllen gethan. Es ist ein idealisches Plattdeutsch." (Hebel (1957), Bd. I, S. 224: An Hitzig, Nr. 120, 3. Okt. 1804)

[1] Vgl. Ritzel (1991), S. 70.
[2] Hebel (1957), Bd. I, S. 121 (An Gräter, Nr. 65, 8. Febr. 1802).
[3] Hebel (1957), Bd. I, S. 159 (An Wild, Nr. 89, 27. Febr. 1803).
[4] Vgl. Wells (1990): "Seine Dialektform war deutlich eine *Manier* (sein Terminus), ein Vehikel für moralische, philosophische und allegorische Ideen." (S. 385) Vgl. auch Sengle (1963), S. 626.
[5] Hebel (1957), Bd. I, S. 159 (An Wild, Nr. 89, 27. Febr. 1803).
[6] Eichner (1990) vermutet hinter der Form des Hexameters einen Gattungsbezug zur 'Natur- und Volksdichtung': "Herder hatte gelehrt, daß die Homerischen Gedichte Naturpoesie, der Hexameter also ein volkstümliches Metrum sei, und Hebel schwebte eine Art veredelte Volkspoesie vor." (S.152) Oellers (1983, S. 71) verweist auf die Tradition des Homer-Übersetzers Johann Heinrich Voss, der seine eigenen Mundartidyllen gleichfalls in der Form

Bei der sprachlichen Behandlung des Dialekts war zugleich das Kriterium einer möglichst glaubhaften Milieuauthentizität zu berücksichtigen, ohne die grundsätzliche poetische Simulation vergessen zu machen. Hebel fordert sich selbst als Mundartdichter Empathiefähigkeit gegenüber niederen Schichten ab, um wirkungsecht den Schein bäuerlicher Einfachheit zu kreieren:[1]

> Sehr vieles durfte in der etwas gesichteten und geschmeidigten Sprache des Oberländers fast nur so hingestellt werden, wie er es mit seinen Organen ansieht und auffaßt, um naiv und originell zu scheinen.[2]

Wenn er daher des öfteren auch den einfachen, ungebildeten Landmann als möglichen Rezipienten seiner Dichtung anvisiert,[3] so ist dies im Rahmen eines eingeübten literarischen Spieles zu verstehen, bei dem freilich der Grat zwischen gewollter Naivität und einer aufs höchste getriebenen Kunsthaftigkeit nie verlassen werden darf.[4] Wichtiger Bestandteil dieser Konvention war die traditionsreiche Figur des 'Edlen Wilden'.[5] Hebel spielt mit diesem seit Montesquieus *Lettres persanes* (1721) beliebten Motiv, wenn er sich eine Rezeptionsszene ausmalt, die zugleich mit traditionellen Bestandteilen der literarischen Idylle angereichert ist:

> Und wie, wenn irgendwo am Schwarzwalde oder an den Alpen, im dunkln Tannenstein oder auf der lachenden Trift der schlummernde Dichtergeist eines

---

des Hexameters verfaßt hat. Auch andere Motive, wie etwa die Absicht, "spannend zu erzählen" (Ritzel (1991), S. 67), mögen zu Hebels Wahl beigetragen haben.

[1] Hebel konnte sich hier gängige Einstellungen gegenüber ländlicher Sprache literarisch zunutze machen. Vgl. Wells (1990): "Idealismus, vielleicht auch Weltflucht, ließen die Sprache auf dem Lande als Ausdruck statischer und idyllischer Gemeinschaften erscheinen (...)." (S. 388) Vgl. auch Bender (1989), S. 53.
Vgl. Albrecht (1997): "Das Besondere (...) ist, daß Hebel durchweg aus der Sicht der Landbevölkerung schreibt – ohne zu simplifizieren oder zu banalisieren. Er erstrebt und gewinnt Allgemeingültigkeit und Welthaltigkeit." (S. 315)

[2] Hebel (1957), Bd. I, S. 159 (An Wild, Nr. 89, 27. Febr. 1803).

[3] Vgl. auch Hebel (1972), Vorrede zur 1. Aufl.: "Wenn (...) dem Volke das Wahre, Gute und Schöne mit dem heimischen und vertrauten Bildern lebendiger und wirksamer in die Seele geht, so ist der Wunsch des Verfassers erreicht." (S. 7) Vgl. auch Zentner (1965), S. 83.

[4] Vgl. Steiner (1987): "Alles (...) wird in Hebels Sprache, ob sie sich nun in Hexametern, in Blankversen oder in volksliedhafter Form äußert, so anschaulich und so bescheiden gesagt, daß man ob der Größe dieser Kunst die Kunst vergißt." (S. 126)
Jäger (1964) spricht von Hebels "Kunst der Naivität" (S. 32). Vgl. dagegen Rühsen (1930), S. 59.

[5] Wie Frenzel (1992) dokumentiert, reicht das Motiv des 'Edlen Wilden' bis in die Antike (Tacitus) zurück und bleibt auch während des Mittelalters eine beliebte Figur in der Literatur ganz Europas. Montaigne und besonders Rousseau bereicherten das Motiv um eine zivilisationskritische Tendenz, die auch zur um 1800 dominierte (vgl. für den deutschen Sprachbereich u.a. Herder, Lenz, Chamisso, Lenau).

reingestimmten Natursohnes geweckt würde durch diese heimischen Töne, er nähme mir die Harfe ab und zauberte uns durch reiner geschöpfte Naturgesänge in die verwehten Tage der Vorzeit zurück und tröstete uns durch sie für die, die uns der Sturm der Zeiten weggeführt hat?[1]

Hebel evoziert auf der Basis von Ursprungsvorstellungen Rousseauistischer Provenienz Anklänge an den Orpheusmythos, wobei des "Natursohnes" "Naturgesänge" schon in ihrer Formulierung wiederum Kategorien Herders geschuldet sind. Das dichterische Wunder, welches vor dem Hintergrund eines klassischen 'locus amoenus' durch die ästhetische Kraft der "heimischen Töne" geschaffen wird, bewirke in nahezu schon Novalis'scher Manier eine Versöhnung von glücklicher Vergangenheit und den Unbilden der Gegenwart: Das geschichtstriadische Modell der Romantik scheint deutlich durch.

Hebel darf unter gebildeten Rezipienten mit einem Verständnis dieses literarästhetischen 'Kommunikationsspiels' rechnen;[2] so nimmt er denn auch im Anschluß an die zitierte Briefpassage die Reaktion des Adressaten voraus: "Sie lächeln und ich besorge, nicht mit Unrecht."[3] Auch der moralisch-volkspädagogische Impetus mit seinen vorgeblich für niedere, ungebildete Schichten formulierten Lehrsätzen, der den Mundartgedichten Hebels oft eigen ist, kann, wie ja bereits Goethe betont hat, erst im Rahmen der Gattungserwartungen richtig bewertet werden.[4] Hebel gelingt es, in seinen *Alemannischen Gedichten* die von Herder

---

[1] Hebel (1957), Bd. I, S. 121 (An Gräter, Nr. 65, 8. Febr. 1802).
[2] Vgl. Haas (1983): "Man verlangte also vom Mundartdichter ein raffiniertes Rollenspiel in der wohleinstudierten Maske des 'naiven' Menschen bürgerlicher Invention, und es liegt in der Logik der skizzierten Volkstumsideologie, daß nur solche gespielte Naivität und imitierte Volkstümlichkeit als 'echt' anerkannt wurde." (S. 1640)
[3] Hebel (1957), Bd. I, S. 121f (An Gräter, Nr. 65, 8. Febr. 1802).
[4] Dies mag bisweilen nicht ganz leicht fallen, berücksichtigt man die pädagogische Ausrichtung eines Großteils der übrigen Werke Johann Peter Hebels, wie die *Kalendergeschichten* oder die *Biblischen Geschichten*, mit denen er wohl auch nach "ächter Popularität" gestrebt hat (vgl. Hebel (1957), Bd. I, S. 105: An Köster, Nr. 56, 11. April 1801; vgl. ferner ebd., S. 449: An Engelmann, Nr. 275, 1. Dez 1809).
Die Grenze zwischen literarischem Spiel und ernstgemeinter Absicht, auf das Volk zu wirken, ist manchmal schwer zu ziehen. Vgl. Hebel (1957), Bd. I: "Wie sehr bin ich durch diese Aufmerksamkeit verehrungswerter Personen, durch ihre Zufriedenheit (!) und durch die Versicherung, daß meine Versuche auch bey dem Volk Sinn finden und etwas Gutes bewirken werden, geehrt und belohnt." (S. 159: An Wild, Nr. 89, 27. Febr. 1803) Vgl. dazu Albrecht (1997), S. 321.
Greverus (1979) sieht die Dichtung Johann Peter Hebels wohl allzu einseitig in der aufklärerischen Tradition der "moralisierenden Volkserziehung" (S. 76), wenn sie die ästhetische Wirkintention seines kunstvollen dialektalen Werkes mit den *Kalendergeschichten* zusammenbringt: "Das erzieherische Moment gewinnt bei Hebel nicht nur in den Kalendergeschichten, sondern auch in den Mundartgedichten Überhang. Diese Zufriedenheitslehre ist keine weltabgewandte Vergeistigungslehre, sondern die Lehre von der Bejahung des kleinen irdischen Satisfaktionsraums und der bestehenden Ordnung." (S. 77)

etablierte Kategorie des Volksliedes[1] mit der Gattung der Idylle zu kombinieren, wobei er deren formale Möglichkeiten durch die Verwendung von Mundart ausweitet.[2] Alle drei Komponenten greifen in seiner Dichtung untrennbar ineinander. Diese Konstellation läßt sich nicht nur poetologisch auf der Basis expliziter Äußerungen erschließen; viele Gedichte Hebels belegen das Bemühen, die ästhetischen Ansätze auch dichterisch einzulösen. So vereinigt das Eingangsgedicht der Sammlung, *Die Wiese*, exemplarisch Elemente des Volkslieds mit klassischen Charakteristika der Gattung Idylle. Beschrieben wird der Verlauf des Wiesenflußes von der Quelle an. Der Verzicht auf Abstrakta sorgt für ein Äußerstes an Anschaulichkeit und Direktheit. Der anthropomorphisierte Fluß wird als junges Mädchen apostrophiert und in antikischer Hymnik gefeiert.[3] Naturbeschreibung erfolgt nicht, wie bereits Goethe festgestellt hat[4], mithilfe von Allegorien; die Personifizierung der Wiese wirkt zudem nie statisch, da ihr der organische Prozeß des menschlichen Heranreifens unterlegt ist.[5] Dem steht die traditionelle und strenge Kunstform des Hexameters gegenüber, der zugleich auf die klassische Gattung der Idylle verweist. Der dynamische Erzählfluß wird immer wieder von Einlassungen unterbrochen, die einen traditionellen 'locus amoenus' umschreiben. Hebel greift dabei zu den üblichen Bildern der florierenden, fruchtbaren Natur, des schattigen Tals und der harmonischen Eingliederung des Menschen in die Natur als Landwirt oder als singender Hirt:

> Aber wie de gohsch, wirsch alliwil größer und schöner.
> Wo di lieblgen Otem weiht, wie färbt si der Rase
> grüener rechts und links, wie stöhn in chräftige Triebe
> neui Chrüter do, wie schießen in prächtige Gstalte
> Bluemen an Bluemen uf, und geli saftigi Wide!
> Vo dim Otem gwürzt, stöhn roti Erdberichöpfli
> Millione do, und warten am schattige Talweg.

---

[1] Vgl. Zentner (1965): "In Hebel hätte Herder einen berufenen Fortsetzer jener echten "Volkspoesie" erblickt, wie sie dem Boden der unmittelbaren, von jeder Abstraktion freien dichterischen Anschauung entwächst." (S. 88)
[2] Vgl. Arendt (1989), S. 224.
[3] Vgl. Hebel (1968): "Alles lebt und webt, und tönt in freudige Wiise; / alles grünt und blüeiht in tusigfältige Farbe; / alles isch im Staat, und will mi Meiddeli grüße." (S. 88, V. 66-68) – "Feldbergs Tochter, wo de bisch, isch Nahrig und Lebe!" (S. 91, V. 197) Die antike Hymnik (vor allem Pindars) galt ja bereits den 'Stürmern und Drängern' als Originalpoesie *par exellence*.
[4] Vgl. vorliegende Arbeit, Kap. 2.3.2 b).
[5] Vgl. Hebel (1968): "Im verschwiegene Schoß der Felse heimli gibore, / an de Wulke gsäugt, (...)" (S. 86, V. 10f) – "Aber wie de gohsch, wirsch alliwil größer und schöner." (S. 87, V. 54) – "Doch de bisch ke meiddeli meh, jez sag i der Meidli." (S. 88, V. 69) – "Feldbergs Tochter, los, de bisch an Tuged und Fehler / zitig, chunnt' s mer halber vor, zuem Manne wie wär' s echt?" (S. 92, V. 227f)

Vo dim Otem gnährt, stigt rechts an sunnige Halde
goldene Lewat uf in Feldere Riemen an Rieme.
Vo dim Otem gchüelt, singt hinter de Hürste verborge,
freudig der Hirtebueb, und d' Holzax tonet im Buechwald.
's Mambecher Hätteli chunnt, und wulligi Häli vo Zell her.[1]

Der experimentelle Status in Hebels poetologischem Ansatz, bei dem Kennzeichen des Volksliedes mit idyllischen Elementen zu einer neuartigen Mundartgattung amalgamiert werden, ließe sich an einer Reihe weiterer Gedichte nachweisen.[2] Bisweilen ist das Mischungsverhältnis der genannten Komponenten freilich weniger ausgeglichen, so daß eine Applikation traditioneller Wertungsmuster von Dialektliteratur scheinbar widerstandslos angewendet werden konnte.
Die Bestandteile des Volksgesanges und der Idylle dürfen indes interpretatorisch nicht isoliert oder gar verabsolutiert werden.[3] Hebel selbst warnt davor, Mundartdichtung vorschnell mit Kategorien des Volkslieds verstehen zu wollen.[4] Er tendiert vielmehr aufgrund eigener Erfahrung keineswegs zu einer romantisch idealisierten Sicht auf das einfache Volk und dessen Liedgut.[5] Die kritische Distanz zur volkstümlichen Kultur bezeugt ein *Gutachten über die Frage, wie dem*

---

[1] Ebd., S. 87, V. 54-65.

[2] Auch in den Gedichten *Der Morgenstern, Der Sommerabend, Der Käfer, Sonntagsfrühe, Der Januar, Das Spinnlein* und *Das Liedlein vom Kirschbaum* verknüpft Hebel, entsprechend seiner expliziten Poetik, in jeweils unterschiedlicher Gewichtung Charakteristika des volkstümlichen Liedes mit traditionellen Motiven der Idyllik. Stets ist er bemüht, der Abstraktion verdächtige Allegorisierungen zugunsten anschaulicherer Formen der Personifikation zu vermeiden.

[3] Eine solche Differenzierung wird aufgrund der übermächtigen Wirksamkeit des Volksliedbegriffs in Deutschland gerade um 1800 erheblich erschwert. Johann Georg Jacobi, der 1803 die erste Rezension zu Hebels Gedichten verfaßt hat, entgeht der suggestiven Wirkung der seit den 1770er Jahren etablierten Kategorien des "Volksgedichts" bzw. des "Volksdichters" nicht immer: "Doppelt willkommen müssen uns diese Gedichte, als *Volksgedichte* [Herv. im Orig., F.G.], seyn, deren wir Deutsche so gar wenige besitzen; wie es denn überhaupt unter einer gebildeten Nation nur wenige giebt, die zum Volksdichter den ehrwürdigen Beruf haben." (aus: Hebel (1968), Bd. II, S. 497) Gleichwohl erkennt Jacobi die Kunsthaftigkeit, mit der die scheinbare "Naivität", "Einfalt und Erhabenheit" (ebd., S. 498) hervorgebracht werden. Hebel transponiere Gedanken und Themenbereiche höherer Provenienz auf das dem 'genus tenue' angemessene Niveau: "Nicht genug bewundern kann ich die Kunst, mit welcher er die wichtigsten Wahrheiten, die so weit über dem Gesichtskreise des Feldbewohners liegen, versinnlicht zu demselben herabbringt." (ebd.)
Goethe sollte diese ästhetische Operation später als 'Verbauern des Universums' bezeichnen, vgl. Goethe (1988b, S. 582).

[4] Jacob Grimm berichtet, Hebel habe ihm gegenüber die These vertreten: "Volkslieder im Dialekt, sagte er, gäb' es keine." (Vgl. Grimm (1963), S. 233)

[5] Klusen (1973): "Stellen wir zusammenfassend fest, daß Hebel in Gegensatz etwa zu Herder, dessen Name im Gutachten gar nicht erscheint, seiner Auffassung vom Volkslied nicht aus der Vergangenheit und der Spekulation, sondern aus der Gegenwart und der Erfahrung bezieht." (S. 277) Vgl. Oellers (1983): "Daß Hebel (...) ganz und gar unromantisch war, wer wollte das bezweifeln?" (S. 83) Vgl. auch Albrecht (1997), S. 309.

*Gebrauch anstößiger Volkslieder am sichersten vorzubeugen sein möchte* (1812).[1] Hier dokumentiert Hebel seine Beobachtung, daß "in den untersten und verwahrlosesten Klassen des Volks" mehrheitlich "anstößige und sittenwidrige Lieder"[2] im Umlauf seien. Insbesondere von dem "badischen Landvolk, das doch in Vergleichung mit vielen andern wirklich gut ist", habe er diesbezüglich keine "zu gute Meinung" gewinnen können.[3]
Daß Hebel mit der dreifachen Kombination aus traditionellen Gattungselementen der literarischen Idylle, der teilweisen Erfüllung typischer Erwartungen gegenüber dem 'echten' Volkslied[4] und dem stilisiertem Gebrauch einer Lokalmundart, welche sich eines privilegierten Bezugs zu der altehrwürdigen alemannischen Vorzeit rühmen darf, den literarischen Nerv der Zeit um 1800 traf, zeigen die zahlreichen Nachfolgeversuche, die zunächst im schweizerisch-alemannischen, später aber auch im gesamten deutschen Sprachraum Dialektpoesie zu einer ausgesprochen populären Gattung machen sollten.[5]

### 2.4.3 Zusammenfassung

---

[1] Hebel (1968), S. 386-393.
[2] Ebd., S. 387.
[3] Ebd., S. 389. Vgl. dazu auch Klusen (1973).
[4] Vgl. Haas (1983): "Dieses idealisierte Volksbild, das ja selber ein literarisches Konstrukt war, wurde von aller Mundartdichtung, die sich als Teil der Elitekultur legitimieren wollte, kategorisch gefordert." (S. 1640) – "Hebels Erfolg beruhte nicht zuletzt darauf, daß die gebildete Welt in seinen Gedichten das ideale Volkslied zu erkennen glaubte, dem die Mängel des wirklichen fehlten." (S. 1644) Vgl. auch Kinoshita (1992), S. 4.
[5] Auch in mundartlich ganz fremden Teilen Deutschlands hat man Hebels originelle poetische Leistung alsbald gewürdigt. Stolz kann Hebel wenige Monate nach der Erstveröffentlichung der *Alemannischen Gedichte* berichten: "Noch größer ist die Ehre die ich von diesen Liedern habe. Es waren berühmte sächsische Gelehrte in Heidelberg, die ihnen, ob sie's gleich nur halb verstehen können, großes Lob beylegen, und große Stellen auswendig deklamirten. Einer davon Namens Tieck, der dermalen in der gelehrten Welt großes Aufsehen macht, will sie sogar übersetzen." (Hebel (1957), Bd. I, S. 171: An G. Fecht, Nr 96, Anfang August 1803)
Der Rezeptionsgeschichte kann hier nicht im einzelnen nachgegangen werden. Vgl. hierzu Meier (1983), S. 439; Hertell (1983), S. 417ff.; Wells (1990), S. 386.
Neben Goethe und Klaus Groth mag der kuriose Fall des August Heinrich Hofmann von Fallersleben (1798–1874) erwähnt sein, der, geboren bei Lüneburg, seit 1821 aufgrund seiner Begeisterung für Johann Peter Hebel den badischen Dialekt erlernt hat und alsbald darin zu schreiben begann: "Meine Freunde fanden es wunderlich, daß ich in einer fremden Mundart dichtete, ja, sie meinten sogar, wem eine Mundart nicht angeboren, gleichsam zur Muttersprache geworden sei, der könne sie nie erlernen, geschweige denn etwas darin leisten. Ich entgegnete, daß ja auch das Hochdeutsche nicht meine Muttersprache sei (...)." (Hoffmann von Fallersleben (1976), Vorrede, S. IV) Vgl. hierzu Schupp (1960).

Kategorien, mit denen Hebel selbst seine Mundartdichtung charakterisiert, stehen nicht selten im Widerspruch zu denen, die von außen an das Werk des badischen Dichters herangetragen worden sind. Werthaltungen, die man, meist einseitig gestützt auf Konzepte Herderscher Provenienz, dem Autor der *Alemannischen Gedichte* selbst hat zuschreiben wollen,[1] können so im einzelnen modifiziert und korrigiert werden.

Dialektdichtung, so Hebel, erlaube Rückschlüsse auf ältere sprachhistorische Zustände, womit sie sowohl einen sprachwissenschaftlichen Beitrag zu leisten vermag als auch konservierende Funktion übernimmt. Bewahrenswert seien dialektale Formen schon deshalb, weil Mundart den jeweiligen Volkscharakter direkt repräsentiere.

Wenn sich allerdings gerade an den *Alemannischen Gedichten* in der Folgezeit eine Einstellung gegenüber Mundartlyrik etabliert hat, die auf Kategorien der 'Authentizität', der 'Naivität' und der 'natürlichen Einfachheit' beruht, so ist dies bei näherer Betrachtung des poetologischen Ansatzes Hebels kaum zu halten. Derlei Charakteristika sind zwar wesentlich vorhanden, müssen jedoch im Rahmen eines subtilen literarästhetischen Spiels mit gattungsgeschichtlichen Erwartungshaltungen verstanden werden. Elemente der klassischen Idyllik und des 'romantischen' Volkslieds spielen hier zusammen. Trotz der Simulation seiner Lyrik als 'naturnahe Volkslieder' und trotz der bewußten Selbststilisierung als 'authentischer Volksdichter' läßt Hebel keinen Zweifel an der hochgradigen Kunsthaftigkeit seiner Mundartdichtung, der er auf originelle Weise bisher unbekannte literarische Applikationsfelder eröffnet.

Wie exemplarisch gezeigt wurde, löst Hebel sein Verständnis dialektaler Poesie auch dichterisch ein. Der experimentelle Status der *Alemannischen Gedichte* ist indes ohne Einsicht auch in Hebels dichtungstheoretische Ansätze nicht immer leicht zu erkennen. Immer wieder meinte man daher, traditionelle Wertungsschemata auf Hebel zurückführen zu können. Insbesondere Klaus Groth und Martin Heidegger

---

[1] Die einschlägige Hebelforschung ist der Versuchung, Kategorien Herderscher sowie romantischer Provenienz auf Hebels Werk anzuwenden, immer wieder erlegen. Dessen eigene poetologischen Aussagen wurden meist völlig übergangen.
Vgl. bereits Schön (1920/21): "Aber vergessen wir nicht, die Wurzeln seiner Poesie ruhen in seinem Heimatgefühl und seinem Gemüthe. (...) Dieser echt süddeutsche Geist sprach nun am Beginn des 19. Jahrhunderts zu seinem Volke (...)." (S. 30)
Zentner (1965): "Die wurzeltiefe Verbundenheit mit der Heimatmundart, mit dem in dieser sich bekundenden Lebensgefühl durchsättigt die Alemannischen Gedichte mit jenem erquickenden Hauch von Frische, Würze, Kraft und Gesundheit, die gleich einem Jungbrunnen jeden labt, den es verlangt, die Lippen anzulegen." (S. 94)
Boesch (1980): "Poesie ist für Hebel ein Neubeginn, hier kam er zu sich selber, hier stieß er vor in eigenstes Sprachland, wo persönliche Entfaltung möglich war; Poesie ist für ihn – um mit der Romantik zu reden – die Muttersprache des Menschen, und Muttersprache, das ist für ihn der Dialekt. Hier erfüllt sich für ihn, den Pfarrer, auch die Befreiung aus der zeitgenössischen Aufklärung." (S. 22)

erarbeiteten ihre Thesen zu Mundartdichtung wesentlich durch Rückgriff auf Kategorien, die sie in der Dichtung des Badener prototypisch vertreten sehen wollten.

## 2.5 Ausblick

### 2.5.1 Klaus Groth

Klaus Groth (1819–1899), bekannt durch seine zwischen 1852 und 1857 mehrfach erweiterte Gedichtsammlung *Quickborn. Volksleben in plattdeutschen Gedichten in dithmarscher Mundart* und neben Fritz Reuter der bedeutendste plattdeutsche Dichter, stellt sein Werk ausdrücklich in die Tradition Johann Peter Hebels.[1] Ausführlich reflektiert Groth seine literarische Entscheidung, in Mundart zu dichten, in Form von Artikeln und Aufsätzen,[2] die er vor allem in den 1850–70er Jahren verfaßte. Er bezieht sich explizit auf Bewertungsmuster und Funktionszuschreibungen der Dialektliteratur, wie sie um 1800 formuliert wurden. Wir zeichnen diese Einflüsse nach und zeigen die spezifischen Anverwandlungen Klaus Groths auf. Um Nachweise wirkungsgeschichtlicher Rezeptionslinien im Sinne einer Einflußforschung kann es hier hingegen im einzelnen nicht gehen.

Klaus Groth greift in seinen Plädoyers für den Dialekt immer wieder auf Argumentationsmuster zurück, die dem ausgehenden 18. Jahrhundert entstammen (vgl. Bodmer und Wieland). In der Manier aufklärerischer Sprachforscher sucht er den ausschließlichen Herrschaftsanspruch der Hochsprache abzuwehren:

> Die Einheit war also teuer erkauft. Denn unsere Buchsprache blieb blaß und vornehm, weit mehr entfernt vom Volksmunde als z.B. das Englische.[3]

Der vermeintlichen Sterilität der deutschen Standardsprache[4] stellt Groth die naturwüchsige Lebendigkeit der Mundarten,[5] insbesondere des Plattdeutschen

---

[1] Bezugnahmen Klaus Groths zu Hebel sind dokumentiert in Kähler-Timm (1977), vgl. ferner Rühsen (1930), S. 13, S. 58f.; Fringeli (1969). Hertell (1983) bezeichnet gar die "literaturtheoretischen Überlegungen Klaus Groths [als] eine Weiterentwicklung der Hebelschen Gedanken." (S. 420)

[2] Gesammelt in Groth (1961).

[3] Ebd., S. 184 (*Die Mundart als Kunstmittel und die deutsche Schriftsprache*). Vgl. auch Jäger (1964), S. 41.

[4] Groth (1961): "Unser hochdeutsches Sprachgefühl ist betäubt und verschroben." (S. 118: *21. Brief über Hochdeutsch und Plattdeutsch*)

[5] Groth (1961): "Es ist überall ein Wunder, daß ein Baum wird, daß eine Sprache entsteht, es ist ein noch größeres Wunder, daß jede Sprache durch unkultivierte Naturmenschen geschaffen ist und lebendig erhalten wird. Die Kultur kann nur beschneiden." (S. 106: *17. Brief über Hochdeutsch und Plattdeutsch*)
An anderer Stelle bekräftigt er: "Diese Vorzüge verdankt die Plattdeutsche Sprache, wie wir gesehen, zum Teil dem Umstande, daß sie nicht durch Bücher gefesselt, ihr Leben in Wald und Feld, auf Strand und Meer als eigentlich gesprochene Sprache fortführt. Denn sie ist eben *nicht gestorben, auch nicht im Sterben, sondern recht eigentlich lebendig*, das ist sogar ihr

gegenüber, in welchen allein noch 'authentisches' Sprachgefühl habe überleben können. Nicht nur in den Wertungskriterien, sondern auch durch die häufige Verwendung organologischer Metaphern schließt Groth an Gedankenfiguren Herders an:

> Dann kommen die vulgären Mundarten wieder über die kristallene Oberfläche der Schriftsprache empor und vernichten, wie die Wasser des Frühlings, die Bruckstücke überwundener Bildung. Sobald eine Sprache sich fesselt durch Sprache und Kultur, sobald sie die Fähigkeit sich zu ändern verliert durch Grammatik und Regel, führt sie statt des natürlichen Lebens ein künstliches Dasein. Sie mag darum noch lange Zeit fortexistieren, aber während sie der Stamm zu sein scheint, ist sie nur noch ein verdorrter Zweig, allmählich sinkend vom lebenden Wurzelstock.[1]

Das Bild der 'nährenden Wurzel', dessen sich Groth in seinen kritischen Schriften leitmotivisch bedient,[2] verdeutlicht die Aufforderung, die Hochsprache durch Beiträge aus den vitalen Lokalmundarten zu bereichern, denn "(...) die Mundart ist unerschöpflich für die Schriftsprachen."[3] Auch hier kann sich Klaus Groth auf aufklärerische Positionen stützen.[4] Weit davon entfernt, im mittleren 19. Jahrhundert eine Gefahr für die mühsam erreichte Spracheinheit zu bedeuten[5], könne den einzelnen deutschen Dialektliteraturen nach der politischen Einigung vielmehr die Funktion erwachsen, die verschiedenen Regionaltraditionen zu einem kulturellen Austausch zu motivieren und dadurch nationalintegrativ zu wirken:

> Im Gegenteil, wie wir die Alemannen haben lieben gelernt, weil Hebel sie uns liebenswürdig in ihrer eigenen Sprache geschildert, so wird das Umgekehrte auch der Fall, und die Dialektschriftsteller werden die sein, welche die deutschen Stämme einander nähern, weil sie sie in ihren Tugenden einander bekanntmachen.[6]

Neben der positiven gesamtgesellschaftlichen Aufgabe, die Dialektliteratur erfüllen könne, wirkten sich mundartinhärente Tugenden zudem auch auf individualpsychologischer Ebene günstig aus. Die "ethische Wirkung"[7] des schichtenübergreifenden Dialektgebrauchs ergänzt sich bestens mit überkommenen

---

besonderer Charakter (kursiv im Orig., F.G.)." (ebd., S. 124: *22. Brief über Hochdeutsch und Plattdeutsch*)

[1] Ebd., S. 200 (*I. H. Voss und seine plattdeutsche Buchsprache*).
[2] Vgl. ebd., S. 83f., 142, 149, 153, 166, 201.
[3] Ebd., S. 110 (*17. Brief über Hochdeutsch und Plattdeutsch*).
[4] Vgl. vorliegende Arbeit, Kap. 2.2.
[5] Vgl. Groth (1961): "Es ist daher uns Deutschen eine Notwendigkeit, (...) die mundartige (!) Literatur zu kultivieren, um ein fröhliches Gegengewicht zu gewinnen. Denn die Spracheinheit kann uns dadurch nicht mehr abhanden kommen." (S. 185: *Die Mundart als Kunstmittel und die deutsche Schriftsprache*) Vgl. auch ebd.: S. 205, 219, 237.
[6] Ebd., S. 206 (*Die Politik und die Mundarten*). Der Text erschien erstmals 1873.
[7] Ebd., S. 234 (*Die neuplattdeutsche Literatur*).

Werthaltungen gegenüber Mundart. Groth spricht der Mundart die Leistung zu, "unsere Herzen [fähig zu] erhalten für Einfalt und Treue."[1] Klaus Groth ontologisiert überkommene Kategorien, die vom dialektalen Medium eine 'natürliche Ursprünglichkeit' erwarten. Er überdehnt sie jedoch in ihren Möglichkeiten, wenn er von Wunschattributen einer Sprachform moralisch-charakterliche Eigenschaften ihrer Sprecher ableitet.

Besonders beklagt Groth das traditionell thematisch beschränkte Applikationsfeld von Mundartliteratur:

> Denn es ist zum Lachen oder zum Weinen für jemand, der sein Leben daran gesetzt hat, zu lesen, wie man ihm sagt: was er in seiner Mundart zu schreiben habe und wie, und genau angegeben, *was* beileibe nicht und *wie* gar nicht!²

Solche definitorischen Einschränkungen führt Groth auf die Hebel-Rezension Goethes zurück:[3]

> Goethe war (...) nicht frei von dem Vorurteil, das seit Opitz unserer Buchsprache so vielen Schaden getan. Er flüchtete sich in der Beurteilung Hebels hinter einen selbstgemachten Begriff, den der "Volkspoesie". Hebels Gedichte gehörten nach ihm in diese Kategorie. Er wacht mit einiger vornehmer Ängstlichkeit darüber, daß er nicht diese Grenzen verläßt. Wenn er (Hebel) es nun getan hätte?[4]

Johann Peter Hebel, dessen poetologischer Ansatz eine Integration auch der Kategorien impliziert, die man um 1800 dem Volkslied zuzuschreiben pflegte, hätte die inhaltlichen Restriktionen, die Goethe durch Rückgriff auf eigene ästhetische Kriterien der 'Volks- und Naturdichtung' aufgestellt hat, zwar nicht entscheidend durchbrechen wollen. Wertungsschemata indes, die auf Elemente der Poetik Goethes zurückgehen und sich auf das dichterische Werk Hebels scheinbar widerstandslos anwenden ließen, sollten tatsächlich bis heute die Einstellung gegenüber Dialektliteratur dominieren.

Die spätestens seit Goethe dominante Einschränkung der Mundartdichtung auf ein bäuerlich-ländliches Themenspektrum und auf die Darstellung vormodernen Milieus

---

[1] Ebd., S. 94 (*10. Brief über Hochdeutsch und Plattdeutsch*).
[2] Ebd., S. 178 (*Die Mundart als Kunstmittel und die deutsche Schriftsprache*).
[3] Bisweilen äußert Groth harsche Kritik an Goethes, wie er meint, vorurteilsbeladenem Hebelbild. Vgl. ebd.: "Goethe konnte sowenig die rechte Dignität und Reinigkeit der Haupt- und Heldensprache vergessen als all die anderen. (...) Hätte Hebel in einer fremden Sprache geschrieben, Serbisch meinetwegen oder Finnisch, so würde Goethe ihn, wie Burns, unbedingt schlechthin für einen der größten Dichter anerkannt haben. Es ist nur das Vorurteil gegen das, was man mit verächtlichem Nebenbegriff seit Opitz als "Mundart" bezeichnet hat, daß Goethe sich einen Begriff der "Volkspoesie" zurechtmacht, in welcher das "Fabula docet" der Kern sei." (S. 194f.: *Hebel auf dem Parnaß*) Vgl. Teske (1936), S. 185f.
[4] Ebd., S. 191f (*Volkspoesie*) (Zusatz von Groth, F.G.).

sowie die Notwendigkeit, sich auf ursprünglich-naive Aussagen in entsprechendem Sprachgestus zu bescheiden, stellt Groth für das Plattdeutsche grundsätzlich in Frage:

> *Fähig ist die plattdeutsche Sprache zu allem* – wie sollte sie nicht, die die tiefsten Töne der Menschenbrust in Liebe, Leid und Tod – nicht etwa im "Quickborn", sondern alle Tage ausspricht. (...) Fähig ist das Plattdeutsche zu allem, man kann sich über Wissenschaft und Religion darin unterhalten. Wenn andere behaupten: nein, – was kann ich dafür, das sie nicht Plattdeutsch können?[1]

Die wissenschaftliche und religiöse Option der Dialektapplikation sei in der Praxis zwar nachrangig,[2] doch für genuin poetische Zwecke sei die plattdeutsche Sprache geradezu prädestiniert. Klaus Groth beobachtet, daß auch in der hochdeutschen Dichtung dialektale Elemente "meistens als der edlere, poetischere Ausdruck gebraucht werden, gegenüber dem gewöhnlichen hochdeutschen Ausdrucke des gemeinen täglichen Lebens".[3] Dies führt er auf ein spezifisch "etymologisches Bewußtsein" zurück, welches "dem deutschen Volksgeiste durch seine mundartenreiche Ursprache (...) tief innewohnt."[4] Groth kombiniert hier die bereits von Bodmer und später Hebel formulierte Annahme, die deutschen Lokalmundarten stünden vergangenen Sprachepochen besonders nahe,[5] mit dem bereits bei Herders sprachphilosophischen Überlegungen zentralen Begriff des 'Volksgeists', in dem sich eine Einzelsprache widerspiegele.[6] Daraus zieht er die Schlußfolgerung, die

---

[1] Ebd., S. 92 (*9. Brief über Hochdeutsch und Plattdeutsch*).
Batt (1961) kritisiert die Ausweitung dialektaler Literatur auf hochsprachliche Literaturreservate. Er bedient sich bei seiner Kritik wiederum verabsolutierter ästhetischer Kategorien, die um 1800 entworfen worden sind. Den Gedichten Groths, so Batt, fehle "jene spezifisch mundartliche Auffassungsart, wie wir sie etwa in Hebels oder Brinkmans Gedichten finden, deren Inhalt durch die Gedankenwelt der einfachen, Mundart sprechenden Menschen des vorigen Jahrhunderts wie durch ein Prisma gebrochen scheint. (...) Andererseits aber erweist sich das Plattdeutsche für subtile Gedankenlyrik (...) als ungeeignet, weil hier das Denken und Empfinden des intellektuellen Dichters unverhüllt hervorbricht und eine der Mundart unangemessene, komplizierte Einkleidung verlangt." (S. 108)

[2] Vgl. Groth (1961): "Sie [scil.: die Plattdeutschen Schriftsteller, F.G.] wollen nicht plattdeutsch philosophieren, plattdeutsch dozieren, plattdeutsche Kompendien, Konversationslexika, literarisch-kritische Journale schreiben." (S. 90: *9. Brief über Hochdeutsch und Plattdeutsch*)

[3] Ebd., S. 86 (*7. Brief über Hochdeutsch und Plattdeutsch*).

[4] Ebd., S. 227 (*Schwestersprachen*).

[5] Vgl. ebd.: "(...) das Plattdeutsche ist nämlich in gewisser Beziehung die deutsche Sprache aus einer älteren Zeit." (S. 170: *Plattdeutsch – eine Sprache*) Vgl. hierzu Wells (1990), S. 387.

[6] Vgl. auch Groth (1961): "Man sieht, wie tief der Charakter eingreift ins Geistesleben des Volkes, tiefer als man es bis dahin zu denken vermag. Alle Eigenschaften eines Volkes spiegeln sich in seiner Sprache, sie mögen sich darin zunächst offenbart haben; zugleich aber ist, wenigstens späterhin, der Charakter der Sprache ein mächtiger Faktor für den Volkscharakter geworden: dies ist unleugbar." (S. 224: *Schwestersprachen*)

deutsche Hochsprache habe gerade durch die Unterlage ihrer dialektalen Varianten einen privilegierten Zugriff auf altes, poetisch anverwandelbares Sprachgut. Dies sei, so Groth, zugleich ein Vorzug, den die deutsche Sprache anderen Nationalsprachen voraushabe, die seit langem zentral reglementiert wurden.[1]

> (...) dies Wunder war möglich bei der Dezentralisierung Deutschlands, bei der Selbständigkeit seiner Stämme und Mundarten, die bis dahin noch lange nicht in die Schriftsprache aufgesogen sind und die ihr, der Schriftsprache, immerfort als "feeder", als Zuführer natürlicher Anschauung, lebendig zur Seite flossen.[2]

Die ausgesprochene Hochschätzung Groths für Johann Peter Hebel entspringt schließlich nicht zuletzt der ästhetischen Leistung, "reine Poesie" geschaffen zu haben, indem er die Potentialität authentischen dialektalen Sprachreservoirs ausgeschöpft habe.

> Was Hebel geschrieben, ist durch und durch Poesie, Poesie von reinstem Golde. (...) Mit sicherem Griff nimmt er dazu die Sprache eines Stammes, da in ihr sich die ähnliche Anschauung des glücklichen Volkscharakters wie im Spiegel jahrhundertelanger Erfahrung konzentriert abgebildet.[3]

Seine Auffassung von Mundartdichtung als höchster elementarer Sprachausdruck, der aus den tiefsten Quellen schöpfen läßt, veranlasst Groth dazu, gegenläufige Dialektverwendung, wie sie etwa sein mecklenburger Kollege Fritz Reuter zur gleichen Zeit betreibt, als geradezu blasphemisch zu geißeln. Der Dialektpoesie komme, so Groths Position, eine veredelnde Aufgabe zu, wohingegen eine grobrealistische Darstellung im Stile Reuters, "die übereifrig Natur sucht, der die natürliche Sprechweise wie die natürlichen Verrichtungen der Menschen gleich wichtig sind, die in ihrer Art eine Düngerbegeisterung hat wie sonst nur die philosophischen Materialisten",[4] jedem poetisch-stilistischen Ehrgeiz entrate. Durch die Reduktion auf Pöbelniveau verzichte Fritz Reuter auf die globale Aussagekraft von Mundartlyrik, die ihr eigentlich zu Gebote stünde. Um die ästhetische Sendung, die 'ideale' Mundartdichtung leisten könnte, abzusichern, um ihr einen privilegierten

---

Groth rezipiert hier die Weiterentwicklung des Herderschen Volksgeistbegriffs in der Sprachwissenschaft bis zur Mitte des 19. Jahrhunderts. Wichtige Zwischenstufen v.a. bei Jacob Grimm und Wilhelm von Humbold können im Rahmen dieser Studie nicht ausgeführt werden. Groth beruft sich des öfteren auf seine Vorläufer, vgl. Groth (1961), S. 91, 180, 191.

[1] Vgl. ebd.: "Der Franzose hat kein angeborenes etymologisches Sprachgefühl. Er denkt nur an die Sache, die ihm das Wort bezeichnet, ihm ist das Wort kein Bild." (S. 172: *Plattdeutsch – eine Sprache*)
[2] Ebd., S. 225 (*Schwestersprachen*).
[3] Ebd., S. 195 (*Hebel auf dem Parnaß*).
[4] Ebd., S. 133 (*25. Brief über Hochdeutsch und Plattdeutsch*).

Platz auf dem "Parnaß" zu garantieren, degradiert Groth Fritz Reuter in überzogener Weise.[1]
Seiner kategorischen Forderung an einen Mundartdichter, stets "den Willen und die Neigung [zu] haben, das Edle zu sehen,"[2] vermag indes auch Groth, wie er selbst zugesteht, nicht immer mühelos nachzukommen:

> Meine Muttersprache ist mein Heiligtum. Sie können mir ihr Lob nicht zu laut singen, ich stimme immer ein. Aber dem Publikum darf man nicht alles sagen, wenn man etwas wirken will. Fürs Plattdeutsche handelt es sich zunächst darum, den Adel der Sprache, die Noblesse, zu retten. Darauf steure ich immer los, alles andere ist klar von selbst. Ich habe sogar deshalb meine Neigung zum Grobkomischen unterdrückt und im "Quickborn" weniger davon gegeben, als ich möchte.[3]

Unvermerkt unterwirft sich Groth doch wieder einer definitorischen Einschränkung von Dialektliteratur. Auch wenn die "ideale Richtung, die sie nicht verlassen darf"[4] vermeintlich eigenen Wertungskriterien entspringt, unterbietet Groth dadurch seine emanzipatorischen Forderungen.[5] Die planmäßige, puristisch anmutende Reinigung des vorgegebenen dialektalen Sprachmaterials zu hehren poetischen Zwecken versperrt, ausschließlich angewandt, eine volle Ausschöpfung des Potentials von Dialektliteratur.[6]

Zusammenfassung

Klaus Groth greift zur Formulierung seiner Wertung von Mundartdichtung auf Positionen zurück, wie sie seit dem Ende des 18. Jahrhunderts formuliert wurden. Dabei kommt zunächst das Argument einer 'naturwüchsig-authentischen' Ausdrucksfähigkeit der Lokaldialekte gegenüber einer sterilen und erstarrten

---

[1] Fritz Reuter hat sich daraufhin 1858 in einer ausführlichen Gegendarstellung gegen die zahlreichen Vorwürfe von Seiten Klaus Groths gewehrt, vgl. Reuter (1904). Vgl. hierzu ausführlich Batt (1958).
[2] Groth (1961), S. 133 (*25. Brief über Hochdeutsch und Plattdeutsch*). Vgl. Teske (1936), S. 189.
[3] Groth (1963), S. 94 (An Eduard Hobein, Nr. 72, 1. Nov. 1860). Vgl. Teske (1936), S. 187.
[4] Groth (1961), S. 132 (*25. Brief über Hochdeutsch und Plattdeutsch*).
[5] Vgl. Wells (1990): "Die für nd. Dialektdichtung geeigneten Themen blieben begrenzt, da Groth gegen Entlehnung war, die für einen geistigen, fachlichen und philosophischen Wortschatz hätte sorgen können. Und seine Gestalten gehören stattdessen einer idealisierten, einfachen Gesellschaft an mit einer Technik, die auf Landwirtschaft oder Fischfang basierte, und mit einem begrenzten abstrakten Wortschatz, den sie hauptsächlich aus der Bibel bezogen." (S. 387f.)
[6] Vgl. Wells (1990): "In mancher Hinsicht war Groth ein verspäteter Grammatiker der Aufklärung, der partout einen maßgebenden 'reinen Dialekt' für literarische Zwecke aufpolieren, veredeln und verbreiten wollte." (S. 386)
Vgl. auch Rühsen (1930), S. 18; Meier (1983), S. 446.

Schriftsprache zum Tragen. Groth schlägt daher vor, die Standardsprache durch mundartliche Elemente zu bereichern.

Die privilegierte Nähe dialektalen Vokabulars zu sprachlichen Urquellen, welche der deutschen Sprache ein 'etymologisches Bewußtsein' verleihen, begründet die Eignung der Mundarten zu 'reiner Poesie'. Dieses ästhetische Ideal sieht Klaus Groth auf der einen Seite von tradierten definitorischen Beschränkungen, die insbesondere von Goethe etabliert wurden, über Gebühr beeinträchtigt, auf der anderen Seite aber auch von Seiten einer realistisch-sozialkritisch orientierten Dialektliteratur eines Fritz Reuter gefährdet.[1] Groth versucht zwar, das poetische Applikationsspektrum zu erweitern, indem er herkömmliche Funktionszuschreibungen zurückweist; er restringiert jedoch wieder deren Möglichkeiten, wenn er jegliche 'materialistische' Mundartdichtung kategorisch ausschließt.

---

[1] Vgl. Wolff (1931), S. 170.

## 2.5.2 Martin Heidegger

Martin Heideggers (1889–1976) Verhältnis zu Sprache und Literatur wurde des öfteren, zumeist in interdisziplinärem Zugriff, untersucht.[1] Im Bereich der Literaturwissenschaft konzentriert sich das Forschungsinteresse bislang vorrangig auf seine Interpretationsansätze zu Friedrich Hölderlin[2] und Rainer Maria Rilke.[3] Obschon der Freiburger Philosoph dem Werk Johann Peter Hebels zwischen 1954 und 1964 insgesamt fünf Aufsätze gewidmet hat,[4] liegen zu der Rezeption des Mundartdichters durch Heidegger, so weit wir sehen, bislang lediglich zwei Spezialstudien vor.[5] Gerade diese Schriften Heideggers verdeutlichen jedoch anschaulich Aspekte seiner Sprachreflexion, da sie ein breiteres Publikum ansprechen, weswegen Heidegger sich weitgehend der ihm eigenen existential-philosophischen Terminologie enthält.

Im folgenden wird Heideggers Einstellung und Funktionszuschreibung von Mundart und Mundartliteratur skizziert. Obschon wir von einem umfassenderen Einbezug des Gesamtwerks absehen, sei gleichwohl der Kontext angezeigt, in dem die Aufsätze zu Hebel zu verorten sind.

Die Texte Heideggers durchzieht das Grundmotiv der Ablehnung moderner Technik und Zivilisation. Unterlegt mit scharfer Zeitkritik hebt er im Gegenzug das 'Einfache', 'volkshaft Bäuerliche' als Wert hervor. Der allgemeinen Bedrohung durch Modernisierung könne, so Heidegger, allein noch durch die Kraft der Dichtung Einhalt geboten werden. Dabei spielen Heimatbewußtsein, Rückgriff auf den Dialekt sowie insbesondere Dialektdichtung eine hervorragende Rolle.

Leitmotivartig warnt Heidegger davor, daß "sich (...) mit den Mitteln der Technik ein Angriff auf das Leben und Wesen des Menschen vorbereitet."[6]

> In allen Bereichen des Daseins wird der Mensch immer enger umstellt von den Kräften der technischen Apparaturen und der Automaten. Die Mächte, die den Menschen überall und stündlich in irgendeiner Gestalt von technischen Anlagen und Einrichtungen beanspruchen, fesseln, fortziehen und bedrängen – diese Mächte sind längst über den Willen und die Entscheidungsfähigkeit des Menschen hinausgewachsen, weil sie nicht vom Menschen gemacht sind.[7]

---

[1] Vgl. Apel (1975); Spanos (1976); Ruprecht (1949).
[2] Vgl. Buddeberg (1952); Allemann (1954); Schrimpf (1957); Wahl (1952).
[3] Vgl. Buddeberg (1953).
[4] Heidegger (1999): *Johann Peter Hebel*, 1954; Heidegger (1983c): *Die Sprache Johann Peter Hebels*, 1955; Heidegger (1983d): *Hebel – Der Hausfreund*, 1957; Heidegger (1983e): *Sprache und Heimat*, 1960; Heidegger (1964): *Gespräch mit Hebel*, 1964.
[5] Vgl. Minder (1966a); Jeffner (1982).
[6] Heidegger (1969), S. 25.
[7] Ebd., S. 24f.

Die radikal antimodernistische Zeitkritik erstreckt sich auch auf sprachlich-literarische Phänomene. "Illustrierte Zeitungen" etwa verkörpern für Heidegger kulturelle Dekadenz;[1] immer wieder beklagt er die dominante "Vorstellung von der Sprache als einem Instrument der Information."[2] Seine Skepsis gegenüber technischem Fortschritt läßt ihn befürchten, "daß jetzt im Zusammenhang mit der Konstruktion des Elektronengehirns nicht nur Rechenmaschinen, sondern auch Denk- und Übersetzungsmaschinen gebaut werden."[3]
Als wirksames Gegengewicht zu derlei zivilisatorischen Bedrohungen beruft sich Heidegger auf die "unerschöpfliche Kraft des Einfachen",[4] welche er insbesondere im Bereich des Ländlich-Bäuerlichen auch heute noch weitgehend unversehrt aufzufinden meint. Dort seien Kräftereservoirs bewahrt, die der rettenden Erschließung harrten:

> Wohl verringert sich rasch die Zahl derer, die noch das Einfache als ihr erworbenes Eigentum kennen. Aber die Wenigen werden überall die Bleibenden sein. Sie vermögen einst aus der sanften Gewalt des Feldweges die Riesenkräfte der Atomenergie überdauern, (...).[5]

Doch selbst dieses ländliche Refugium sieht er durch das moderne Leben zunehmend beeinträchtigt,[6] Technik bedrohe die Menschheit radikal:

> Die eigentliche Bedrohung hat den Menschen bereits in seinem Wesen angegangen. Die Herrschaft des Ge-stells droht mit der Möglichkeit, daß dem Menschen versagt sein könnte, in ein ursprünglicheres Entbergen einzukehren und so den Zuspruch einer anfänglicheren Wahrheit zu erfahren.[7]

---

[1] Heidegger (1964), S. 52; vgl. auch Heidegger (1969), S. 21.
[2] Heidegger (1983d), S. 148.
[3] Ebd., S. 148f.
[4] Heidegger (1983b), S. 90.
[5] Ebd., S. 89.
[6] Heidegger (1978): "Das Erdreich entbirgt sich jetzt als Kohlenrevier, der Boden als Erzlagerstätte. Anders erscheint das Feld, das der Bauer vormals bestellte, wobei bestellen noch hieß: hegen und pflegen." (S. 18)
Minder (1966a), der die Hebelschriften Heideggers auf ihre ideologischen Wurzeln hin überprüft, verwirft die Position des Philosophen als "Überbewertung von Mundart und Muttersprache" (S. 225) und bemerkt süffisant zu Heideggers Vorstellung von Ländlichkeit: "Mit den Farben einer Buntpostkarte und dem Schmalz des Dreimäderlhauses wird das Landleben zur zeitlos gültigen, ewig unveränderten Lebensform umstilisiert – zu einer heroischen Idylle mit Mutterlaut, Männermut und urtümlichem Brauchtum, wie es nie existiert hat, (...)." (S. 215) Vgl. auch ebd., S. 257f.
Zu Minders Heideggerkritik vgl. auch Bieberstein (1970), S. 456ff.
[7] Heidegger (1978), S. 32. Vgl. hierzu auch Heidegger (1976): "Das Wesen der Technik sehe ich in dem, was ich das "Ge-stell" nenne, ein oft verlachter und vielleicht ungeschickter Ausdruck. Das Walten des Ge-stells besagt: Der Mensch ist gestellt, beansprucht und herausgefordert von

Heidegger sieht sich umso mehr in einer Defensivhaltung gegenüber den Anfeindungen der Gegenwart, als er sein eigenes Philosophieren als eine der bäuerlichen Sphäre affine Tätigkeit begreift:

> Und die philosophische Arbeit verläuft nicht als abseitige Beschäftigung eines Sonderlings. Sie gehört mitten hinein in die Arbeit der Bauern. (...) Meine ganze Arbeit (...) ist von der Welt dieser Berge und ihrer Bauern getragen und geführt.[1]

Heidegger sieht einen schmalen Weg der Rettung in der Wiedererweckung und Fruchtbarmachung der 'ursprünglichen Funktion' von Kunst. 'Τεχνη', nämlich, der griechische Begriff für 'Kunst', so argumentiert Heidegger mit Hilfe der ihm eigenen etymologisierenden Rückschlußmethode,[2] umfasse in seiner Grundbedeutung "auch die ποιησις der schönen Künste."[3] Insofern, folgert er, seien die Künste "einerseits mit dem Wesen der Technik verwandt und andererseits von ihm doch grundverschieden."[4] Ein korrigierender Eingriff in das überhandnehmende "Wesen der Technik" könne mithin nur noch mit Hilfe eines ihm wesensursprünglichen Mediums, der Kunst, bewerkstelligt werden:

> Sollten die schönen Künste in das dichterische Entbergen gerufen sein? Sollte das Entbergen sie anfänglicher in den Anspruch nehmen, damit sie so an ihrem Teil das Wachstum des Rettenden eigens hegen, Blick und Zutrauen in das Gewährende neu wecken und stiften?[5]

Der Dichtung als Teil der "schönen Künste" kommt im Denken Heideggers eine zentrale Stellung bei der Bewahrung des von Zivilisation und moderner Technik bedrohten 'eigentlichen' Wesens des Menschen zu:

> Das Dichten ist das Grundvermögen des menschlichen Wohnens. Aber der Mensch vermag das Dichten jeweils nur noch in dem Maße, wie sein Wesen dem vereignet ist,

---

einer Macht, die im Wesen der Technik offenbar wird und die er selbst nicht beherrscht." (S. 209)

[1] Heidegger (1983a), S. 10f. Vgl. dazu kritisch Minder (1966a), S. 233.

[2] Zu der Schlußmethode Heideggers, die nach der 'eigentlichen', ursprünglichen Bedeutung der Wörter fragt, um so Wesensaussagen zu treffen, vgl. Allemann (1954), S. 104ff.; Apel (1975), S. 57; kritisch Fetscher (1992), S. 31f.
Vgl. auch Minders (1966a) satirische Charakterisierung der Etymologisierungen Heideggers, die sich in den Hebelschriften besonders häufig findet: "In seiner Prosa umkreist er (...) mit endlosen Litaneien das Problem Sprache, Denken, Dichten und Sein und will durch etymologisches Abschälen der Worthülsen zum Urwort mit der gleichen fixen Energie vordringen, die hintersinnige Waldbauern an das Austüfteln eines perpetuum mobile setzen." (S. 226)

[3] Heidegger (1978), S. 38.

[4] Ebd., S. 39.

[5] Ebd. Vgl. hierzu auch Buddeberg (1952), S. 300.

was selber den Menschen mag und darum sein Wesen braucht. Je nach dem Maß dieser Vereignung ist das Dichten eigentlich oder uneigentlich.[1]

Hölderlins Metapher des "dichterisch Wohnens"[2] dient Heidegger zum Anlaß für eine Kette von Etymologisierungen, die ihn schließlich zu einer Ontologisierung des Begriffs 'Wohnen' führen:

> Das Wohnen aber ist *der Grundzug* des Seins, demgemäß die Sterblichen sind.[3]

Der "Hausfreund Hebel" habe es sich nun als 'wahrer' Dichter, so Heidegger, zum Ziele gemacht, zurück zu einem "ursprünglicheren Wohnen des Menschen" zu leiten.[4]

> "Hausfreund" – das ist der weitvorausblickende und zugleich verschleiernde Name für das Wesen dessen, den wir sonst einen Dichter nennen.[5]

In einem weiteren Schritt bringt Heidegger den existentiell überhöhten Begriff des 'Wohnens' mit der 'Heimat' in engste Verbindung. Medium der alliterierend vermittelten Heimaterfahrung sei die Sprache:

> Das dichterische Sagen bringt erst anfänglich die Hut und Hege, den Hort und die Huld für eine bodenständige Ortschaft hervor, die Aufenthalt im irdischen Unterwegs der wohnenden Menschen sein kann. Die Sprache ist kraft ihres dichtenden Wesens, als verborgendste und darum am weitesten auslangendste, das inständig schenkende Hervorbringen der Heimat.[6]

Die vorzüglichste Form der Sprache, die zugleich heimatverbunden und universell sei und daher das "dichtende Wesen" einer Muttersprache am deutlichsten zu repräsentieren vermöge, lokalisiert Heidegger in der Mundart:

> Im Dialekt wurzelt das Sprachwesen. In ihm wurzelt auch, wenn die Mundart die Sprache der Mutter ist, das Heimische des Zuhaus, die Heimat. Die Mundart ist nicht nur die Sprache der Mutter, sondern zugleich und zuvor die Mutter der Sprache.[7]

---

[1] Heidegger (1978b), S. 197.
[2] Vgl. Hölderlin (1992): "Voll Verdienst, doch dichterisch, wohnet der Mensch auf dieser Erde." (S. 479) Der Wortlaut, so der Hg. J. Schmidt, ist nicht mehr zuverlässig zu belegen (vgl. ebd., S. 1095).
[3] Heidegger (1978a), S. 155 (kursiv im Orig., F.G.). Vgl. hierzu auch Ruprecht (1949), S. 133.
[4] Heidegger (1964), S. 63.
[5] Ebd., S. 59.
[6] Heidegger (1983e), S. 180. Vgl. hierzu auch Allemann (1954), S. 103; Schrimpf (1957), S. 314. Zustimmend Bollnow (1984), S. 29, der sich auch sonst in seinem Heimatkonzept der Terminologie und den Grundgedanken Heideggers anschließt.
[7] Heidegger (1983e), S. 156.

Mit der Kombination von Mundart und Heimat steht Heidegger in einer literarisch-kulturellen Tradition, die in ihren Ursprung in Zivilisationsängsten hat.[1] So wurde das "Schreckbild Stadt" schon früh zu einem Topos der neueren deutschen Literaturgeschichte.[2] Die Verwendung des Dialekts wird dabei als "zivilisationsfeindliches Symptom" gewertet.[3] Bis heute wird Mundart häufig mit Heimatsehnsüchten gleichgesetzt,[4] Mundart- und Heimatliteratur zur Suche verlorengeglaubter Identitäten instrumentalisiert.[5]
Trotz deutlicher Parallelen etwa zu Heimatkunst-Bewegungen um 1900[6] argumentiert Heidegger auf einem dezidiert (existential)philosophischen Niveau,

---

Heidegger bedient sich mehrfach der bekannten Wurzel- und Quellmetapher, um die Funktion des Dialekts zu veranschaulichen. Wurzel: Heidegger (1983e), S. 158; Quelle: Heidegger (1983c), S. 124; (1983d), S. 133f.; (1999), S. 204.
Minder (1966a) vermutet hier eine Affinität Heideggerscher Ansätze zu völkischem Denken: "Quelle, Kraftquelle, Jungbrunnen: das ist ein Grundbegriff dieses Stils und bildet gewissermaßen das männliche Gegenstück zum anderen Grundbegriff der Wurzel, des weiblich-passiv mit dem Boden verflochtenen, jener "Einwurzelung", die Heidegger am Nazismus nicht laut genug rühmen konnte." (S. 219)

[1] Vgl. Greverus (1972), S. 276, 284ff.; Meier (1983), S. 439f.; Hertell (1983), S. 419; Bausinger (1984), S. 14f.; Bausinger (1986), S. 95.
[2] Vgl. Sengle (1963); Greverus (1972), S. 273.
[3] Sengle (1963), S. 626.
[4] Vgl. bereits Schön (1920/21): "Um die Wende des 19. und 20. Jahrhunderts und am Beginn des 20. Jahrhunderts befindet sich die deutsche Mundartdichtung in herrlicher Blüte. (...) Nun (...) ist sie ihrem eigentlichen Wesen wieder zurückgegeben, **Heimatdichtung** (Herv. im Orig., F.G.) zu sein." (S. 11)
Prominent vertrat diese Position der Sprachwissenschaftler Weisgerber (1966): "Mundart ist die sprachliche Erschließung der Heimat. Daß Mundart und Heimat aufs engste zusammengehören, ist eine alte Einsicht. (...) Vielmehr steht Mundart als mitgestaltende Größe im geistigen Aufbau der Heimat selbst darin." (S. 7)
Vgl. dazu Greverus (1979): "Sprache gewinnt als "Muttersprache" in diesem Konzept des positiven Heimat-Stereotyps einen hohen Stellenwert. Muttersprache ist dabei immer die – als gemeinsam betrachtete – Sprache des zur "Heimat" deklarierten Territoriums. (...) Damit schränkt sich der Aussagebereich von heimatbezogener Mundartdichtung ein. Ihr wesentliches Charakteristikum in Deutschland wird der moralisierend beschaulich-heitere Ton. Mundartdichtung ist Zufriedenheitslehre und Bejahung des kleinen irdischen Satisfaktionsraums und der bestehenden Ordnung." (S. 70)
Vgl. auch Greverus (1972), S. 31; Bredow (1981), S. 35; Bosch (1975); Roth (1993).
[5] Hein (1980); Wickham (1988); allgemeiner Mecklenburg (1987). Zum Zusammenhang von Heimat und Identität vgl. Greverus (1972), S. 32; Bausinger (1980); Bosch (1980); unter existialistischen Vorzeichen auch Bollnow (1984).
[6] Vgl. Bausinger (1980): "Ende des 19. Jahrhunderts aber entwickelt sich Heimat immer mehr zum Gegenbild, zum Kontrastprogramm. Um 1890 entsteht die eigentliche "Heimatbewegung": Wörter wie Heimatkunst, Heimatroman, Heimatschutz, Heimatkunde nehmen damals ihren Ausgang; Heimatvereinigungen werden allenthalben gegründet. Die Wendung gegen die Stadt – und gemeint ist jetzt die industriell geprägte Großstadt –, gegen die Zivilisation und Industrie

wenn er Sprache und Dichtung eine Schlüsselfunktion bei der Wiederannäherung an verschüttete Urbezüge 'menschlichen Daseins' zuweist und dem Dialekt eine hervorragende Rolle bei der Erschließung tiefster Quellen der 'Eigentlichkeit' zuspricht. Ideengeschichtlich stellt die Position Heideggers eine Anverwandlung von bereits in der Aufklärung angelegten Wertungsmustern dar, die eine Bereicherung und Verjüngung der Hochsprache durch Beiträge aus den Mundarten anvisieren. Die Hochschätzung der Muttersprache, angeregt durch Herdersche Kategorien, weitergeführt in Form 'romantisch' orientierter Ansätze, die den Quell verlorener 'Ursprünglichkeit' und Sicherheit in den gleichfalls vom Untergang bedrohten Mundarten verorten, amalgamieren bei Heidegger mit antimodernistischen Untergangsängsten des frühen 20. Jahrhunderts.[1] Diese Geisteshaltung ist zeitrepräsentativ: nicht wenige Intellektuelle beteiligten sich damals an Konstruktionen von vermeintlich heilen Refugien vor den Bedrohungen einer überhandnehmenden modernen Zivilisation.[2]

Einen solchen Zufluchtsort erkennt Heidegger zu der "Weltstunde unseres Weltalters", in welcher "die angestammten überlieferten Bezüge zwischen Sprache, Muttersprache und Heimat schon aus den Fugen"[3] seien, in der Mundartdichtung. Sie erlaube eine ästhetische Rekonstruktion ursprünglicher Zusammenhänge, indem durch Ausschöpfung des "Bezugs des Dialekts zur Ursprache"[4] verlorene

---

wird aggressiv. Heimat wird immer stärker mit der Vorstellung des Bäuerlichen verknüpft, wobei keineswegs immer die Stille und Weite des Landes maßgeblich ist, sondern oft genug die bäuerliche "Verwurzelung", die Bindung an den Boden, die selbst noch in den Formen elementaren bäuerlichen Starrsinns gefeiert wird." (S. 18) Vgl. auch Bausinger (1984), S. 17ff. Vgl. ferner Berlinger (1983), S. 249f.; Fetscher (1992), S. 17.

[1] Vgl. Greverus (1972), S. 337.

[2] Symptomatisch für die Weltuntergangsstimmung und den Geschichtspessimismus Anfang des 20. Jahrhunderts, die letztlich hinter den Äußerungen Heideggers steht, ist Oswald Spenglers 1918/22 erschienenes Hauptwerk *Der Untergang des Abendlandes*; ein Großteil der Intellektuellen der Zeit zeigt sich durch Spengler beeinflußt.
Die Nähe zu Rückzugstendenzen im Rahmen auch des literarischen Regionalismus in den 70er Jahren ist ferner nicht zu übersehen, vgl. auch Köstlin (1990), S. 163f.

[3] Heidegger (1983e), S. 156. Vgl. auch Heidegger (1976): "Nach unserer menschlichen Erfahrung und Geschichte, soweit ich jedenfalls orientiert bin, weiß ich, daß alles Wesentliche und Große nur daraus entstanden ist, daß der Mensch eine Heimat hatte und in einer Überlieferung verwurzelt war. Die heutige Literatur zum Beispiel ist weitgehend destruktiv." (S. 209)
Vgl. hierzu Greverus (1972), S. 301.

[4] Heidegger (1983e), S. 176. Heideggers Verständnis von "Ursprache" übersteigt in seiner transzendenten Orientierung die sprachgeschichtliche Nähe zu alten germanischen Sprachstufen, deren man im 18. und 19. Jahrhundert immer wieder mittels der Mundart habhaft zu werden glaubte. Auch ein Teil der Hebelforschung ist freilich von ähnlich überdehnten Wunschattribuierungen gegenüber der Mundart nicht frei, vgl. etwa Gäng (1960): "Hebel hörte und sprach diese Mundart von Kindheit an, wuchs in einem seelischen Wortbad auf, das ihn in

Lebenskontextualität wiedereingeholt und gleichzeitig nach vorne weitergedacht werden könne:

> Wir heutigen können freilich nicht mehr in die von Hebel vor anderthalb Jahrhunderten erfahrene Welt zurück, weder in das unversehrte Ländliche jener Zeit, noch zu ihrem beschränkten Wissen von der Natur. (...) Wir können vorausblicken auf das, wohin Johann Peter Hebel winkt, wenn er den Dichter als den Hausfreund denkt, der das Haus der Welt für das Wohnen der Menschen zur Sprache bringt.[1]

Heidegger argumentiert hier im Rahmen eines triadischen Geschichtsmodells: Einer dekadenten Gegenwart stellt er den idealen Zustand des "unversehrt Ländlichen jener Zeit" gegenüber, auf deren Einholung Dialektdichtung auf einer höheren, ästhetischen Stufe "vorausblicken" lasse. Mit dem Versuch, vergangene Totalitätsbezüge ästhetisch zu rekonstruieren, steht er in einer Tradition, die von Friedrich Schillers *Ästhetischer Erziehung des Menschen* (1795) und den Fragmenten des Novalis ausgeht.[2] "Echte und große Mundartdichtung", so Heidegger, könne im Medium der Kunst dazu beitragen, "das Sichverbergende als ein solches zum Vorschein" zu bringen.[3] Die *Alemannischen Gedichte* evozierten insofern in ihrer ästhetischen Gestalt das "Wesenhafte"[4] des Menschseins, Johann Peter Hebel überschreite die Qualität eines "bloßen Dialekt- und Heimatdichters. Hebel ist ein weltweiter Dichter."[5]


Zusammenfassung

Heidegger weist der Dialektdichtung in einer von Technik und moderner Zivilisation bedrohten Welt die Aufgabe zu, verschüttete Zusammenhänge von Sprache, Mundart und Heimat ästhetisch zu rekonstruieren. Zu dieser Leistung sei 'echte' Mundartdichtung deshalb in privilegierter Weise fähig, da sie zum einen aufgrund ihres inhaltlichen Heimatbezugs den Kontakt zu unversehrt bäuerlich-ländlichem Ambiente wahre, zum anderen über Zugriff auf Sprachmaterial verfüge, welches der 'Ursprache' noch nahe stehe. Damit sei dialektale Literatur befähigt, das 'eigentliche Wesen' des Menschseins unverstellt zum Ausdruck zu bringen.
Bei seinem Ansatz, Mundartdichtung zur Künderin elementarer Urwerte allgemeinmenschlicher Dimension zu erheben, greift Heidegger direkt auf Goethes

---

sicheren Bahnen entwickelte, ihn für sein ganzes Leben gegen alle Anfechtungen der Zivilisation feite (...)." (S. 9f.) Vgl. dazu kritisch Minder (1966a), S. 254.
[1] Heidegger (1983d), S. 147.
[2] Vgl. Grosser (1991), insb. S. 28-43 (Schiller), S. 55-164 (Novalis). Bei diesem spielt das auch bei Heidegger anklingende triadische Schema bereits eine wichtige Rolle.
[3] Heidegger (1983e), S. 176.
[4] Vgl. ebd., S. 171; auch Heidegger (1964), S. 60.
[5] Heidegger (1983d), S. 135.

Rezension der *Alemannischen Gedichte* zurück und wertet dessen Formulierung, Hebel "verbauere das Universum",[1] in dem Sinne aus, daß gerade die thematisch strenge Restriktion eine existentialistisch verstandene Universalisierung ermöglicht, die Voraussetzung für grundsätzliche und 'wesenhafte' Aussagen sei:[2]

> Und weil diese Gedichte im Bodenständigen gewurzelt sind, deshalb reichen sie ins Weite und übersteigen alle anscheinend durch den Dialekt gegebenen Beschränkungen.[3]

Heidegger führt Bewertungsmuster fort, die um 1800 ausgebildet worden sind, indem er sie transformiert und in ein eigenes philosophisches Wertesystem einbaut. Inhaltliche Einschränkungen im Themenspektrum werden scheinbar auf einer höheren Stufe aufgehoben, gelten im Kern jedoch weiter.[4]

---

[1] Goethe (1988b), S. 582. Vgl. vorliegende Arbeit, Kap. 2.3.3.
[2] Heidegger (1983d), S. 145.
[3] Heidegger (1983c), S. 125.
[4] Minder (1966a) sieht in der Heideggerschen Integration früherer Denkfiguren, die u.a. von Hebel formuliert wurden, "eine Art Schwarzwälder Version des deutschen Expressionismus" (S. 259) und bedauert, daß der "Badener Hebel (...) auf radikale Weise vom schwäbischen Philosophen verschlungen, verdaut und verheideggert worden" sei. (S. 264)

## 3. Italien

### 3.1 Voraussetzungen

#### 3.1.1 Sprachgeschichte

Unsere Untersuchungen zu Bewertungsschemata von Dialektliteratur in Italien setzen kurz nach der zweiten Hälfte des 18. Jahrhunderts mit dem Aufsatz *Al padre D. Onofrio Branda* (1760) von Giuseppe Parini ein und erstrecken sich bis in die 30/40er Jahre des 19. Jahrhunderts mit der *Introduzione* von Giuseppe Gioachino Belli zu seinen Sonetten im 'Romanesco'. Es würde den Rahmen der vorliegenden Arbeit sprengen, würden wir versuchen, diesen Zeitraum detailliert nachzuzeichnen. Dies ist indes in zahlreichen Monographien bereits geleistet worden. Über die Einzelheiten des Verlaufs der 'Questione della lingua' seit Dante informiert die gleichnamige Studie von Maurizio Vitale.[1] Die beiden letzten Kapitel seines Standardwerkes schildern ausführlich den sprachhistorischen Hintergrund der Epoche der Aufklärungszeit sowie der Romantik. Thematisch weitgreifender ist die auch für unser Thema hilfreiche *Storia della lingua italiana* von Bruno Migliorini,[2] ein Referenzwerk zur italienischen Sprachgeschichte, welches nach Jahrhunderten unterteilt regelmäßig die Grunddichotomie von Hochsprache und Lokaldialekten berücksichtigt. Unter den sprachhistorischen Studien, die sich speziell dem 18. Jahrhundert widmen, seien die Abhandlung *Aspetti della crisi linguistica del Settecento* von Alfredo Schiaffini[3] sowie die Monographie *Critica e linguistica del Settecento* von Mario Puppo hervorgehoben[4]. Puppo ist zudem mit einer Reihe von weiteren einschlägigen Spezialuntersuchungen zur Sprachgeschichte um 1800 hervorgetreten.[5]
Speziell den Sprachdiskussionen des 18. Jahrhundert widmet sich Vitale in seiner Studie *Proposizioni teoriche e indicazioni pratiche nelle discussioni linguistiche del Settecento*,[6] ferner erläutert er die Problematik der Bewertung der Lokaldialekte um 1800 in einer Spezialstudie am Beispiel des Ugo Foscolo.[7] Einen Gesamtüberblick über sprachlich-kulturelle Wechselwirkungen in der ersten Hälfte des 19. Jahrhunderts bietet schließlich Maria Corti.[8] Die beiden Bände *Il settecento* von Tina

---

[1] Vitale (1960).
[2] Migliorini (1960).
[3] Schiaffini (1950).
[4] Puppo (1975).
[5] Puppo (1957); Puppo (1973); Puppo (1975a).
[6] Vitale (1988).
[7] Vitale (1988a).
[8] Corti (1969a).

Matarrese[1] sowie *Il primo Ottocento* von Luca Serianni[2] stellen den neueren Forschungsstand für die Zeit um 1800 dar.

Wir heben im folgenden anhand der einschlägigen Sekundärquellen die zentralen Problemkreise heraus, die den Hintergrund unserer Detailuntersuchungen bilden.

Ein wachsendes Bedürfnis nach sprachlichen Reformen etabliert sich als Konstante in der Sprachreflexion des 18. Jahrhunderts. Kulturelle Neuerungen im philosophischen, naturwissenschaftlichen und wirtschaftlichen Bereich lassen sprachpuristische Orientierungen, die sich zum Ziel gesetzt haben, durch alle Zeitläufte und Veränderungen der gesellschaftlichen Realität hindurch die italienische Sprache wesentlich auf den Stand des 14. Jahrhunderts in ihrer florentinischen Form einzuschränken, in zunehmendem Maße als unzulänglich erscheinen:

> I fermenti novatori e antitradizionali inducono i letterati illuministi al ripudio, in maniera diversa e più o meno moderata, della lingua letteraria tradizionale, come strumento espressivo inadeguato a soddisfare ai bisogni concreti e attuali della cultura.[3]

Die spätestens seit Pietro Bembos Programmschrift *Prose della volgar lingua* (1525) nahezu unverändert tradierte literarische Hochsprache drohte in Künstlichkeit und Lebensferne zu erstarren. Sogar für den Gebrauch als reine Schriftsprache erschien sie zunehmend als zu rigide und realitätsfern, da sie auf "tradizioni esclusivamente intellettuali" beruhte.[4] Selbst in Deutschland, so Giacomo Devoto, sei Allgemeinverständlichkeit und Akzeptanz einer Standardnorm des Deutschen seit der Bibelübersetzung Martin Luthers im allgemeinen hergestellt;[5] in Italien verharrten die Schriftsteller hingegen noch bis ins späte 19. Jahrhundert hinein in einer "cerchia linguistica più elevata e chiusa".[6] Für das beginnende 19. Jahrhundert konstatiert Migliorini daher, das Italienische sei "ancora una lingua essenzialmente scritta e, fuori dell'Italia centrale, pochissimo parlata."[7] Die Dichter und Literaten um 1800 sind daher zweisprachig, auch wenn sie sich in ihren Werken meist

---

[1] Matarrese (1995).
[2] Serianni (1989)
[3] Vitale (1960), S. 98; vgl. auch Durante (1981), S. 226; Coletti (1993), S. 106; Matarrese (1995), S. 135; ferner Bellosi / Savini (1980), S. 14f.; Folena (1983), S. 14.
[4] Devoto (1956), S. 146.
[5] Ebd.: "In Germania, dopo i tentativi di una lingua cancelleresca, essa [scil.: l'unificazione linguistica, F.G.] è stata la conseguenza della riforma protestante, con la traduzione della Bibbia in una lingua comune, con l'eco di predicazioni e polemiche in una lingua accettata da tutti." (S. 145)
[6] Ebd.
[7] Migliorini (1960), S. 592.

ausschließlich des toskanischen Idioms bedienen.[1] Diese sprachliche 'Schizophrenie' ist ihnen selbst nur zu deutlich bewußt. Giuseppe Parini etwa spricht in einer seiner theoretischen Schriften einräumend von einer rein geschichtlich begründeten Übernahme des toskanischen Dialekts in allen Teilen Italiens, "nella quali parlavansi allora e tuttora si parlano diversi dialetti."[2] Melchiorre Cesarotti spitzt die krasse Unzulänglichkeit der Lexikographie seiner Zeit zu, welche die tatsächliche Sprachverwendung zunehmend ignoriere und in puristischer Exklusivität erstarrt sei, indem er sich vorstellt, ein Fremder bediene sich auf einer Italienreise des Vokabulars der 'Accademia della Crusca':

> E bene: scorre la Romagna, il regno de Napoli, il Friuli, la Lombardia, ode la loquela incognita, consulta l'interprete; egli è muto. Passa in Toscana: oh qui no che non troverá enigmi; (...) essa è la sede della lingua è li diede il suo nome: si mescola col popolo che parla d'arti, di mestieri, di faccende comuni: segna molte voci che lo colpirono; giunto alla sua stanza si mette al suo testo, cerca le ignote: qual sorpresa! le cerca indarno (...).[3]

Ähnliche Beobachtungen über die völlig unzureichende Ausdrucksfähigkeit der traditionellen Schriftsprache für Erfordernisse des modernen, alltäglichen Lebens finden sich bei einer Vielzahl von Schriftstellern der Zeit.[4]
Bis weit ins 19. Jahrhundert hinein ist die überwältigende Mehrheit der italienischen Bevölkerung nahezu ausschließlich monolingual.[5] Ein Sprachniveau, welches man heute als 'überregionale Umgangssprache' bezeichnen würde, steht als Zwischenglied zwischen literarischer Hochsprache und den Lokaldialekten in den meisten Teilen Italiens bis ins 20. Jahrhundert weitgehend nicht zur Verfügung.[6]

---

[1] Vgl. DeMauro (1970): "Nei decenni che precedettero l'unità, in tutta la penisola ai dialetti, soprattutto alle loro varianti illustri elaboratesi nei maggiori centri urbani, competeva una piena dignità sociale: usati dagli strati popolari, lo erano altresí dai ceti più colti, dalle aristocrazie e perfino dai letterati, non soltanto nella vita privata, ma spesso anche nella vita pubblica e in occasioni solenni. (...) Alle soglie dell'unità, praticamente assente dall'uso parlato, l'italiano era (...) minacciato persino nel suo dominio dell'uso scritto." (S. 32f.)

[2] Parini (1951), S. 532.

[3] Cesarotti (1969), S. 108.

[4] Ausführlich dokumentiert in der Vorrede zu Brevini (1999), S. XXVII-C; vgl. ergänzend die zahlreichen sprachkritischen Bemerkungen bei Ugo Foscolo, gesammelt in Vitale (1988a).

[5] Vgl. Bellosi / Savini (1980): "Tuttavia l'affermazione in campo nazionale del fiorentino a livello scritto, letterario e amministrativo, non intaccó se non in minima parte l'uso parlato delle moltissime varietà dialettali. (...) fuori della Toscana e di Roma i dialetti continuavano ad essere vitali presso tutte le classi sociali, non solo nella vita privata, ma anche nella vita pubblica." (S. 14)

[6] Vgl. Durante (1981): "Mancava insomma una lingua di tono medio che si sostituisse al dialetto come strumento di conversazione." (S. 225)

Um diesen sprachlich-kulturellen Mißstand zu beheben, werden bereits in der zweiten Hälfte des 18. Jahrhundert Vorschläge diskutiert, die zum einen für eine Verjüngung und Erweiterung der etablierten toskanischen Hochsprache des 14. Jahrhunderts eintreten. Neben der Aktualisierung durch moderne Sprachelemente sucht man insbesondere durch den Einbezug dialektaler Elemente eine sprachliche Bereicherung:

> Il ripudio della legittimità delle sole forme lessicali di Firenze e di Toscana è pressoché generale, nonostante le iniziali opposizioni degli ambienti cruscanti e filofiorentini. D'altra parte (...), il riconoscimento diffuso della dignità dei dialetti inducono con crescente convinzione (...) a segnalare nelle parlate di tutte le parti d'Italia una possibile fonte di integrazione e di vivicamento della lingua letteraria.[1]

Maria Corti bezeichnet die Sprachdiskussion um 1800 als "lotta contro il predominio fiorentino",[2] welche sich bereits im 18. Jahrhundert angebahnt habe. Der Absolutheitsanspruch des toskanischen Dialekts sei immer entschiedener in Frage gestellt worden. Die Forderung nach einer auffrischenden, belebenden Bereicherung der Hochsprache durch den Beitrag der Dialekte sollte zu einer Konstante bei der Aufwertung der Lokalmundarten seit der 2. Hälfte des 18. Jahrhunderts werden; nach 1800 wurde dieser zentrale Gedanke in der Romantik erweitert und mitunter politisch aufgeladen.[3] Die zunehmend unvertretbare Inkompatibilität zwischen dem Bedürfnis, aktuelle "Realität" adäquat darzustellen, und weitgehend unzulänglichen Ausdrucksmitteln, die eine klassizistisch konservierte Sprache bot, mußte als nationaler Mißstand dringlich angegangen werden.[4] Erst die Kombination politisch-sozialer Zielsetzungen mit sprachlichen Neuerungsbedürfnissen führt indes Anfang des 19. Jahrhunderts zu breitenwirksamer Bemühung um Reformen.[5] Auftrieb erhält die Diskussion durch die sozialen Erschütterungen der französischen Revolution.[6]

---

[1] Vitale (1988), S. 376f.
[2] Corti (1969a), S. 166. Vgl. auch Durante (1981), S. 223ff.
[3] Vgl. Corti (1969a), S. 173f.; vgl. auch Coletti (1993), S. 210f.; Devoto (1980), S. 294; Vitale (1988), S. 362f.; Folena (1983), S. 14; Puppo (1975), S. 12f.
[4] Vgl. Corti (1969a), S. 173f.; Bosco (1949), S. 603; den Unterschied zu Deutschland unterstreicht Bronzini (1994), S. 33.
[5] Vgl. Vitale (1960): "(...) il Romanticismo, con la sua vocazione *democratica* e realistica, con i suoi fini di educazione morale e insieme con le sue implicite tendenze politiche, prepara e matura le condizioni culturali per un totale rivolgimento della concezione linguistica." (S. 161)
[6] Vgl. Durante (1981): "Con l'età rivoluzionaria e napoleonica (1796–1815) si apre una fase nuova, che imprime l'impulso iniziale alle vicende sociali e linguistiche dell'Ottocento e del Novecento. La presa di coscienza dei diritti e della libertà del 'cittadino', il rifiuto delle riforme dettate dall'alto e la scelta conseguente dell'azione di massa, il sentimento nazionale che affratella le classi al di là dei contrasti interni, il trasferimento del potere politico dell'aristocrazia alla borghesia (...)." (S. 233)

Auch im literarischen Bereich macht sich Anfang des 19. Jahrhunderts ein Bedürfnis nach Ausdrucksmöglichkeiten breit, um das neue, 'romantische' Weltgefühl wiederzugeben.[1] Man sucht verstärkt nach "espressioni vive, concrete, tecnicamente precise";[2] ein Rückgriff auf unausgeschöpftes Reservoir dialektalen Sprachmaterials bleibt nicht mehr nur theoretisches Desiderat, sondern wird auch literarisch verwirklicht:

> Per tutto l'Ottocento, si assiste dunque, oltre che alla sempre maggiore dignità artistica dei dialetti, a sempre rinnovati tentativi d'infrangere la lingua poetica statica, cristallizzata, di arricchirla con apporti dialettali (...).[3]

Die Überzeugung vieler Romantiker, "solo la poesia dialettale sia in grado di agganciare davvero e da vicino le prime percepibili manifestazioni parlate della lingua nazionale",[4] die sie auch in zahlreichen Schriften öffentlich zu erkennen geben, führt auch auf breiter gesellschaftlicher Basis zu einer Aufwertung von Dialekt und Dialektliteratur.[5]
Auf der Suche nach sprachlicher 'Natürlichkeit' und 'Ursprünglichkeit' entdeckt man die 'poesia popolare':[6] Im Volksgesang erkennt man die höchste Manifestierung eines ästhetischen Ideals. Der Leitspruch auch der italienischen Romantik heißt daher immer wieder: "La vera poesia è dunque popolare o al popolo si deve riferire."[7] Doch trotz gelegentlicher Überschneidungen in der Klassifizierung von Dialektliteratur und Volksdichtung kommt es in Italien doch nie zu einer so weitgehenden Konvergenz, wie dies im deutschen Sprachraum allenthalben zu beobachten ist. Die lange Tradition artifizieller Dialektdichtung, insbesondere seit der Barockzeit, läßt auch während der Epoche der Romantik die von Benedetto Croce später explizit formulierte grundsätzliche Verschiedenheit der beiden Dichtungsbereiche nie aus den Augen verlieren.[8]

---

[1] Vgl. Durante (1981): "Irrompe in Italia l'ideologia romantica che esalta la genuità dei sentimenti e di tutto ciò che è conforme a natura, e quindi contesta la tradizione e il formalismo." (S. 227) Vgl. auch Puppo (1973), S. 18f.
[2] Puppo (1973), S. 128.
[3] Bosco (1949), S. 630. Vgl. auch Migliorini (1960), S. 590.
[4] Coletti (1993), S. 242.
[5] Vgl. Durante (1981), S. 230.
[6] Vgl. Puppo (1975a): "Se si cerca l'espressione concreta e viva è più facile che la si possa trovare sulla bocca del popolo che non su quella dell'uomo colto e raffinato. Ciò risponde anche al principio della superiorità dell'anima e della poesia popolare, principio che viene esteso anche alla lingua." (S. 130)
[7] Bosco (1949), S. 605.
[8] Zum Verhältnis zwischen Dialektliteratur und Volksdichtung in Italien ausführlich und unter historischem Blickpunkt vgl. Bronzini (1994). Zur italienischen Volksdichtung vgl. auch Santoli (1950). Zu Croces Differenzierung vgl. vorliegende Arbeit, Kap. 3.5.

## 3.1.2 Dialektliteratur

Dialektliteratur in der italienischen Literaturgeschichte wurde lange Zeit, nicht zuletzt aufgrund der auch in Italien deutlich nationalteleologisch geprägten Geschichtsschreibung als Randphänomen betrachtet.[1] Trotz der wesentlichen Bedeutung des Beitrages der Mundartdichtung für das Verständnis auch der Literatur in der Hochsprache[2] fehlt es bislang an einer umfassenden Geschichte der dialektalen Literatur(en). Zu einer breiten Aufwertung der Mundartdichtung auch im Bereich der Literaturwissenschaft kommt es zwar im Zuge einer kulturellen Rückbesinnung auf die regionalen Traditionen Italiens in den 60er und 70er Jahren. Bereits 1951 plädiert Carlo Dionisotti für eine Überprüfung und Relativierung der "presunta continuità unitaria della storia d'Italia",[3] einer nationalteleologischen Geschichtskonstruktion, wie sie insbesondere von der Literaturgeschichtsschreibung im Gefolge Francesco De Sanctis' etabliert worden war, die narrativ auf die kulturelle, aber insbesondere auf die politisch-soziale Einigung Italien ausgerichtet war.[4] Dionisotti betont im Gegenzug die Heterogenität gerade auch der literarischen Entwicklung des Landes, welche sich sehr deutlich bereits im 17. Jahrhundert manifestiert habe. Symptomatisch für die bemerkenswerte kulturelle

---

[1] De Mauro (1987) überprüft eine Reihe einschlägiger italienischer Literaturgeschichten auf den Stellenwert, den sie der Literatur in den einzelnen Lokaldialekten einräumen und kommt zu dem Schluß: "Manuali e sintesi storiche della nostra letteratura specie in rapporto ad anni a noi prossimi, ignorano gran parte e, a volte, quasi tutta la vasta e varia produzione letteraria italiana che nei secoli e nel presente si affidi non all'italiano, ma ad uno dei molti dialetti (...)." (S. 123, Anm. 1)

[2] Vgl. DeMauro (1987): "(...) è angusta la comprensione degli stessi scrittori in italiano se non si tiene conto della parte che per ciascuno di essi ha avuto ed ancora ha il rapporto con la realtà dei dialetti." (S. 124).
Contini (1970) spricht gar von einem "fatto elementare che l'italiana è sostanzialmente l'unica grande letteratura nazionale la cui produzione dialettale faccia visceralmente, inscindibilmente corpo col restante patrimonio." (S. 611)

[3] Dionisotti (1967, erstmals 1951), S. 24.
Vgl. auch Stussi (1996): "L'attenzione era pressoché tutta rivolta a dare consistenza anche documentaria al filone tosco-italiano, in un'Italia dove lo strumento esclusivo della comunicazione era, per la stragrande maggioranza, il dialetto e tale sarebbe rimasto, in sostanza, fino al secondo dopoguerra." (S. 10)
DeMauro (1987): "L'italiano, piuttosto, non il dialetto, era usato per una scelta ideologica, per una volontà di riconoscersi e costruirsi come comunità nazionale." (S. 130)

[4] Das Hauptwerk von DeSanctis, die *"Storia della letteratura italiana"*, erscheint erstmals 1870/71 und gibt ein bis heute einflußreiches teleologisches Muster der Geschichtsschreibung vor.

Eigenständigkeit der Regionen sei insbesondere die überbordende Reichhaltigkeit dialektaler Literatur der Zeit.[1]
Dionisotti gilt als Anreger einer allgemeinen Intensivierung und kulturellen Aufwertung lokaler Traditionen in Italien;[2] ein Kongreß zu *Culture regionali e letteratura nazionale* (1970) dokumentiert Konsequenzen für die Interpretation von Mundartliteratur.[3] Vor allem Alfredo Stussi weist immer wieder auf die Bedeutung der Mundartliteratur im Rahmen einer regional orientierten Literaturgeschichtsschreibung hin.[4] 1986 entwerfen Walter Binni und Natalino Sapegno eine nach Regionen untergliederte Literaturgeschichte, die allerdings mangels einschlägiger Vorarbeiten insbesondere im Bereich der dialektalen Literaturen noch recht schematisch ausfällt.[5]

Im folgenden seien zunächst die einschlägigen Studien zur Mundartdichtung Italiens vorgestellt, die einen generellen Überblick über die Entwicklung dialektaler Literatur geben. Im Anschluß weisen wir auf Untersuchungen hin, die in je unterschiedlicher Schwerpunktsetzung wichtige Teilaspekte der Problematik hervorheben.[6]
Einige der frühesten übergreifend angelegten Studien entstammen der Romanistik aus dem deutschen Sprachraum. 1941 präsentiert der österreichische Linguist Friedrich Schürr einen auf italienisch verfassten Artikel zu *Poesia dialettale e letteratura nazionale*.[7] Der Aufsatz zeigt deutlich, was er der bereits vier Jahre zuvor veröffentlichten Studie *Die mundartliche Kunstdichtung Italiens und ihr Verhältnis zur Literatur in der Hochsprache* (1937) von Theodor W. Elwert[8] zu verdanken hat, einem Artikel, der bis heute auch in Italien als Referenzpunkt für Arbeiten zur italienischen Dialektdichtung gelten darf. Elwert, der zudem durch sprachliche Untersuchungen zu Belli hervorgetreten ist,[9] hat seine materialreiche Überblicksdarstellung, die von der Barockzeit bis zum Ende des 19. Jahrhunderts reicht, 1970 anläßlich des Kongresses *Culture regionali e letteratura nazionale* durch eine gesamteuropäische Umschau ergänzt.[10] In beiden Aufsätzen illustriert er kenntnisreich die Ausnahmestellung der italienischen Dialektliteratur, die in ihrem

---

[1] Vgl. Dionisotti (1967): "(...) fiorisce ovunque nel Seicento, a paragone della letteratura nazionale, la poesia e letteratura dialettale, e consegue, così a Napoli come a Bologna, risultati sorprendenti e duraturi." (S. 40)
[2] Vgl. Stussi (1982), S. 26; auch Stussi (1982a), S. 57.
[3] *Culture regionali e letteratura nazionale*, Bari 1970, vgl. darin: Dionisotti (1970); Isella (1970); Sansone (1970); Nilsson-Ehle (1970).
[4] Stussi (1972); Stussi (1979); Stussi (1982).
[5] Binni / Sapegno (1968).
[6] Vgl. auch den Forschungsüberblick bis 1970 von Coletti (1977).
[7] Schürr (1968, erstmals 1941).
[8] Elwert (1967), erstmals 1937).
[9] Elwert (1970); Elwert (1986).
[10] Jetzt: Elwert (1975).

künstlerischen und ästhetischen Reichtum die mundartliche Literatur des deutschen Sprachraums bei weitem übertreffe, obschon dort ähnliche regionale und politische Umstände immerhin gegeben wären.

1948 erscheint als Beitrag zu dem Sammelband *Letterature comparate* der grundlegende Aufsatz *Relazione fra la letteratura italiana e le letterature dialettali* von Mario Sansone,[1] einem Schüler Benedetto Croces.[2] Sansone dienen die Thesen und Kategorien Croces zur Mundartdichtung sowie insbesondere dessen Annahme einer integrativen Funktion der Lokalliteraturen im Rahmen der nationalsprachlichen Literaturgeschichte als Unterlage für einen umfassenden Überblick über die Geschichte der Mundartdichtung sowie über deren Funktionszuschreibung im Verlaufe der einzelnen Epochen. Auch Ettore Bonora beruft sich noch 1970 auf die Prämissen Croces und erweitert deren Applikationsfeld auf den gesamten Zeitraum der italienischen Literaturgeschichte von Dante bis Pasolini.[3] 1981 sucht Bonora die Gültigkeit der Ideen Benedetto Croces speziell für die Zeit des Verismus bis zur unmittelbaren Gegenwart zu belegen.[4]

1980 bietet der Dialektologe Manlio Cortelazzo in monographischer Form einen detaillierten, nach Jahrhunderten unterteilten Überblick über das Verhältnis von Dialekt und Hochsprache vom Vulgärlatein bis zum 18. Jahrhundert.[5] Neben linguistischen Aspekten dokumentiert er die geschichtliche Entwicklung der Mundartliteratur sowie der Bewertungsmuster und Funktionsattribuierungen von Dialekt und dialektaler Literatur.

Ivano Paccagnella bettet das Phänomen der Mundartdichtung in den Komplex der literarischen Mehrsprachigkeit ('plurilingualismo letterario') ein, einer Konstante in der italienischen Literaturgeschichte.[6] 1994 bietet er auf der Grundlage seiner früheren Studien und unter umfassendem Einbezug der bisher erschienenen Sekundärliteratur zu Mundartverwendung in der Literatur einen Überblick über den *Uso letterario dei dialetti* vom Trecento an.[7]

Im Jahre 1993 fand in Salerno ein Kongreß im Zeichen einer erneuten Aufwertung des regionalen Elements in der Literaturgeschichte statt. Hier sind Einzelbeiträge zur Mundartdichtung mehrerer Regionen zusammengestellt.[8] Vorarbeiten für eine umfassendere Geschichtsschreibung der italienischen Dialektdichtung sind somit

---

[1] Sansone (1949)
[2] Zu Croces Mundarttheorien vgl. vorliegende Arbeit, Kap. 3.5.
[3] Bonora (1970)
[4] Bonora (1981). Spätestens in den 70er Jahren werden heftige Widersprüche gegen den allzu rigiden Schematismus der Thesen Benedetto Croces laut. So weist Bandini (1979, S. 169ff) etwa die ästhetischen Kategorien einer "poesia" bzw. "non-poesia" auch für die Erforschung der Geschichte der Dialektliteratur als wenig hilfreich zurück.
[5] Cortelazzo (1980).
[6] Paccagnella (1983); Paccagnella (1994a). Vgl. bereits zuvor Segre (1979).
[7] Paccagnella (1994).
[8] *Lingua e dialetto nella tradizione letteraria italiana*, Rom 1996, vgl. darin: Stussi (1996).

bereits geleistet worden, neuerdings hat eine kanadische Arbeit umfängliche bibliographische Grundlagen dazu geschaffen.[1]
Auf Wertungsschemata gegenüber Dialektliteratur mit einem Schwerpunkt auf die Zeit um 1800 geht Franco Brevini in einem Handbuchartikel ein.[2] Ihm ist zudem jüngst eine dreibändige kommentierte Anthologie italienischer Dialektpoesie zu verdanken. Seine eigenen Vorarbeiten zu Bewertungsmustern erweitert Brevini dort in einem ausführlichen Vorwort, welches zugleich eine hilfreiche Quellensammlung darstellt.[3]
In einer ausführlichen Einleitung in die 1952 erstmals erschienene Ausgabe *Poesia dialettale del Novecento* fügt Pier Paolo Pasolini die Mundartpoesie des 20. Jahrhunderts in die Geschichte der Dialektliteratur ein und zeigt eine Vielzahl von Wirkungslinien auf.[4] Die Epochen von der Renaissance bis zur Gegenwart deckt eine Anthologie von Spagnoletti / Vivaldi ab.[5] Reich an kommentiertem theoretischen Material sind ferner die Ausgaben dialektaler Dichtung von Chiesa / Tesio [6] sowie von Domenico Astengo.[7]

Neben den aufgeführten einschlägigen Sammelbänden und Überblicksdarstellungen zur Mundartdichtung waren noch Einzelstudien spezielleren Zuschnitts zu berücksichtigen.
Giorgio Bárberi Squarotti weist in dem Aufsatz *Not With a Bang But a Whimper* (1957) auf die radikal neue Situation der Dialektlyrik der Nachkriegszeit hin, die sich aufgrund eines geschwundenen soziolinguistischen Rückhalts der Dialekte mittlerweile zu einer exotischen Evasionsliteratur eskapistischen Zuschnitts gewandelt habe.[8] Seine Studie *Lingua comune ed espressionismo dialettale* (1958) bestätigt dies und betont zudem den durchgehend expressionistischen Gehalt italienischer Dialektliteratur, womit sich eines der etablierten Bewertungselemente von Mundartdichtung relativiert: zur Verwendung von Dialekt in der Literatur, so konstatiert Bárberi Squarotti, greife ein Schriftsteller heute weniger, um die Hochsprache und die Literatur in ihr zu erweitern oder zu bereichern, als vielmehr aufgrund eigener ästhetischer Ausdrucksbedürfnisse.[9] Damit trifft er sich mit der Position Gianfranco Continis, der in seiner *Introduzione alla 'Cognizione del dolore'* von Carlo Emilio Gadda eine makrohistorische Linie der literarischen Verwendung von Mundart zu expressiven Zwecken vorzeichnet.[10] Contini verfolgt

---

[1] Haller (1999).
[2] Brevini (1995).
[3] Brevini (1999), Bd. I, S. XXVII-C.
[4] Dell'Arco / Pasolini (1995), Vorwort von Pasolini: S. XXIII-CXXVIII.
[5] Spagnoletti / Vivaldi (1991).
[6] Chiesa / Tesio (1978).
[7] Astengo (1976).
[8] Bárberi Squarotti (1961).
[9] Vgl. Bárberi Squarotti (1961a).
[10] Vgl. Contini (1970a).

auch sonst, das zeigen Studien aus seinem gesamten Forscherleben, aufmerksam die Entwicklung der italienischen Dialektliteratur.[1]
Eine Sammelausgabe zu dem Thema *L'espressivismo linguistico nella letteratura italiana*[2] vertieft 1984 die Anregungen Continis und Bárberi Squarottis. Dante Isella illustriert dort die expressiv-stilistische Verwendung von Mundart im lombardischen Raum,[3] Cesare Segre überprüft die Verwertbarkeit der Thesen Continis für den modernen Roman.[4] Alfredo Stussi betont denn auch in einem Forschungsüberlick zur Dialektverwendung in der italienischen Literaturgeschichte den grundsätzlich kunsthaften Stilcharakter von Mundart:

> (...) una volta assunto come strumento della scrittura letteraria, il dialetto diventa, poco o tanto, un prodotto sulla cui naturalezza l'esperienza insegna che è meglio non farsi illusioni.[5]

Bewertungsschemata und Funktionszuschreibungen von Mundartdichtung wurden im italienischen Bereich gleichwohl nur in Einzelfällen thematisiert. Im Zentrum der Studien steht das Verhältnis der Dialektdichtung zur Literatur in Hochsprache sowie ihre geschichtliche Entwicklung. Eine monographische Untersuchung, die Einstellungen und Werthaltungen in ihrem zeit- und literaturgeschichtlichen Kontext offenlegte, liegt nicht vor. Die vorliegende Arbeit sucht anhand einer Analyse von Textstellen zentraler Autoren wie Parini, Cesarotti, Porta und Belli, die von 1760 bis in die 40er Jahre des 19. Jahrhundert reichen, hierzu einen Beitrag zu leisten.

---

Contini verwendet den Begriff "espressionismo", den er in seiner engeren Verwendung als moderne Epochenbezeichnung anerkennt, neben dem allgemeineren "espressivismo" (vgl. Contini 1988a).
Zu Gadda als Dialektdichter vgl. ferner Contini (1988b).

[1] Vgl. auch: Contini (1986): *Al limite della poesia dialettale*, 1943;
Contini (1970): *Pretesto novecentesco sull'ottocentista Giovanni Faldella*, 1947;
Contini (1954): *Dialetto e poesia in Italia*, 1954;
Contini (1988): *La poesia rusticale come caso di bilingualismo*, 1968;
Contini (1988c): *Novità del più antico poeta milanese*, 1979/81.

[2] *L'espressionismo linguistico nella letteratura italiana. Atti dei convegni dei lincei*, Rom 1985.

[3] Isella (1985).

[4] Segre (1985).

[5] Stussi (1996), S. 3.

## 3.2 Aufklärerische Positionen

### 3.2.1 Giuseppe Parini

Anfang der zweiten Hälfte des 18. Jahrhunderts entfacht ein öffentlicher Briefwechsel zwischen dem Barnabiterpriester Paolo Onofrio Branda (1710–1776) und dem jungen Giuseppe Parini (1729–1799) eine sprachlich-kulturelle Auseinandersetzung, die breite Schichten der literarischen Öffentlichkeit Mailands erfaßt.[1] Zwar geht es Branda in seinem provokativen *Dialogo sulla lingua toscana* in erster Linie um eine Bekräftigung des traditionellen Standpunktes, die toskanische Sprache sei als für alle Regionen Italiens maßgebliche Standardnorm zu akzeptieren. Da er jedoch im einzelnen zu Abschätzigkeiten gegenüber dem Lokalidiom seiner eigenen Vaterstadt Mailand greift, fühlen sich nicht wenige Vertreter der lombardischen Kultur, die schließlich Ende des 18. Jahrhunderts als Brennpunkt für ganz Italien gelten durfte, in ihrer Ehre angegriffen.
Wir konzentrieren uns in der vorliegenden Arbeit auf den Beitrag Giuseppe Parinis von 1760, in welchem er Angriffe gegen den Mailänder Lokaldialekt von Seiten Brandas abzuweisen sucht.[2] Hier nämlich formuliert Parini, von dem wir ergänzend auch weitere Werke heranziehen, Positionen, welche zu festen Bezugspunkten bei der Wertung von Dialektliteratur werden sollten.

Parini, 1729 in Bosisio, einem Vorort Mailands geboren, wird 1740 Schüler im Barnabiterkolleg von Sant'Alessandro in Mailand, an der Branda damals lehrte. Nach Beendigung seiner Studien tritt Parini 1752 mit der Publikation der Gedichtsammlung *Alcune poesie di Ripano Eupilino* an die Öffentlichkeit. Das Werk enthält vorwiegend zeittypische Adaptionen griechisch-römischer Klassiker und bleibt sowohl sprachlich als auch thematisch im Rahmen des vorherrschenden klassizistischen Geschmacks. Gleichwohl öffnen ihm seine ersten Gedichte den Zutritt zu der angesehenen 'Accademia dei Trasformati', in die er 1753

---

[1] Zu der Öffentlichkeitswirkung des Streits vgl. Alessandro Manzoni (2000) um 1816: "Le idee circolanti in quel tempo erano sí poco importanti che questo fece una gran sensazione. La tassa sul Tè in America l'esiglio del parlamento di Parigi nel 178[ ] non suscitarono in quelle parti tanto incendio nei popoli quanto quei Dialoghi fecero in Milano fra i letterati. La città si divise in due partiti e la cosa andò a segno che gli scolari stessi vi presero parte. (...) s'insultavano si minacciavano nelle strade e si assalirono perfino in truppa, a segno che dovette accorrere la forza a separarli." (S. 6.)
Eine zusammenfassende Rekonstruktion des Verlaufs der Debatte hat Salinari 1944 vorgelegt, jetzt in: Salinari (1975). Vgl. auch Bonora (1970), S. 284ff.; Cortelazzo (1980), S. 93f.; Petronio (1987), S. 16ff.; Mauri (1988), S. 895ff. et passim.

[2] Vgl. Parini, Giuseppe: *Al Padre D. Onofrio Branda milanese C.R. di S. Paolo e professore della Rettorica nella Università di S. Alessandro*, Milano 1760, zitiert nach Parini (1913), S. 35-75.

aufgenommen wird.[1] Im dritten Jahr seiner Mitgliedschaft (1756) kommt Parini die Aufgabe zu, das literarische Sprachideal der 'Accademia' öffentlich darzulegen.[2] Bereits in dieser frühen sprachkritischen Schrift[3] lehnt Parini deutlich eine übertrieben preziöse Schreibweise ab,[4] eine Stilhaltung, die sich zudem allzu einseitig von "troppo zelo della boccaccesca eloquenza" habe leiten lasse.[5] Einen sprachlichen Absolutheitsanspruch der 'Tre corone' lehnt Parini im Einklang mit dem Programm der Accademia strikt ab.[6] Ein sprachreformerischer Impetus manifestiert sich auch in den späteren Werken Parinis und steht insbesondere hinter der Schrift gegen Branda.

1760 tritt Parini in betont aufklärerischem Duktus[7] der "ingiuria alla nostra nazione", den "tanti odiosi paragoni tra la Lombardia e la Toscana"[8] seines ehemaligen Lehrers Branda entgegen. Dieser habe, so referiert Parini, auf beleidigende wie überflüssige Weise die Mailänder Mundart in ihrer mündlichen wie schriftlichen Verwendung verunglimpft:

> (...) accusanvi di avere immeritatamente biasimato la lingua milanese e chiunque la usa, non solo posponendola alla Toscana (di che niuno si dorrebbe), ma quel ch'è assai peggio, caricandola, egualmente che tutte le altre cose nostre, di mille ingiurie grossolane e plebee, e lo stesso faccendo indistintamente di tutti coloro che o per

---

[1] Vgl. Bonora (1973), S. 762ff.; vgl. auch Petronio (1987), S. 5.
Die Bedeutung der 'Accademia dei Trasformati' für die Kulturgeschichte Italiens sowie für Parinis Werdegang im besonderen hat Giosué Carducci (1942) beschrieben (Vgl. S. 125-152).
Vgl. auch Petronio (1987): "(...) [L'Accademia dei Trasformati] esercitò una vivace influenza benefica, e contribuì in larga parte, a Milano, a quel rinnovamento del gusto che caratterizzò la seconda metà del Settecento." (S. 14)

[2] Zum Sprachideal der 'Trasformati' vgl. Bruni (1992), S. 114f.

[3] Vgl. Parini, *Lettera intorno al libro intitolato "I pregiudizi delle umane lettere"* (1756), zitiert nach Parini (1913), S. 3-31.

[4] Vgl. Parini (1913): "Egli stima, siccome cred'io, che 'l gusto della nostra lingua consista soltanto in un ben tornito periodo, che per tortuose vie si ravvolga in sé stesso a guisa d'un labirinto, o in un zibaldoncello di rancide voci e di affettate maniere di dire, (...)." (S. 6)

[5] Ebd., S. 5.

[6] Vgl. ebd.: "(...) né il Boccaccio né il Petrarca né tutti questi altri chiarissimi lumi della toscana lingua ardiron giammai di mostrar per maestre altrui le opere loro (...)." (S. 17)

[7] Wiederholt appelliert Parini an den "uso della ragione" (vgl. Parini (1913), S. 36, vgl. auch S. 75); seine eigene Argumentationsweise ziele darauf ab, daß die Wahrheit "sensibile, e come a dire a galla" (S. 40) bleibe, um eine gegenseitige Aufklärung zu erreichen ("cercar d'illuminarci vicendevolmente", S. 75). Branda wirft er undurchsichtige Strategien vor, die einer klaren Darstellung zuwiderliefen: er mache sich dadurch einer "maniera sofistica" (S. 39) schuldig und führe den Leser in "labirinti delle dubbie parole e delle sofisticherie" (S. 44). Brandas Vorgehensweise verstoße gegen die cartesianische Maxime der Deutlichkeit (*clare et distincte*), da er sich einer "oscurità dello scrivere" bediene (S. 56, vgl. auch S. 46: "[non] parlate mai da senno")

[8] Ebd., S. 38.

necessità la parlano, o per diporto o per qualunque altro fine scrivonla e l'adoperano in versi.[1]

Bevor er die kulturelle Leistung der Dialektdichter Mailänder Mundart im einzelnen zu rehabilitieren sucht, schaltet Parini noch einige Betrachtungen allgemeiner Art vor. Zunächst faßt er einen Passus aus Brandas Schrift zusammen, der besonders beleidigend wirkte:

> (...) voi rimproveraste i Lombardi, perché nel loro paese parlino continuamente la loro lingua; e diceste ch'essa troppo pute di unto. Altrove cred'io che voi abbiate voluto dire (...), che la nostra, più che ogni altra lingua, abbia grande relazione colla cucina e colle stoviglie.[2]

Die von Branda angedeutete diaphasische Verwendung des Lokaldialekts in allen Lebensbereichen ("continuamente") trifft als soziolinguistische Tatsache zwar zu. Doch konnte die pauschale Charakterisierung des Dialekts als 'Küchensprache' als unzutreffende, ja ungerechte Verallgemeinerung aufgefaßt werden, da ja die Mailänder Mundart auch in diastratischer Diffusion, und zwar bis in die höchsten Schichten der Stadt, natürliche Verwendung fand.[3] Die Mitglieder der 'Accademia' wie Carlantonio Tanzi, Domenico Borsieri und Giuseppe Parini verstanden die verächtlichen Bemerkungen Brandas als persönlichen Angriff: alle drei unterstützten ja öffentlich die Aufwertung des Dialektes zur Literaturtauglichkeit und waren in unterschiedlichem Maße auch durch eigene Mundartdichtungen hervorgetreten.[4] Daneben bittet sich Parini Respekt auch gegenüber wissenschaftlicher Beschäftigung mit den Lokaltraditionen sowie dem Mailänder Dialekt aus[5] und weist Brandas Versuche zurück, die Forschungen der "dotti della nostra patria"[6] lächerlich zu machen, indem er sie als "sciocchi e vili" degradiere.[7] Parini gesteht seinem Widersacher hypothetisch zu, er habe die Geringschätzung der Mailänder Mundart eigentlich nur auf die niedrigste soziale Schicht bezogen sehen wollen:

---

[1] Ebd., S. 39.
[2] Ebd., S. 50.
[3] Vgl. DeMauro (1970), S. 32; Marucci / Stella (1998) bezeichnen die Mailänder Gesellschaft um 1800 als "una comunità civilmente dialettofona, e culturalmente europea." (S. 976)
[4] Die Mundartgedichte von Giuseppe Parini sind abgedruckt in Parini (1968), S. 797, 817, 859f., 895. Zur Bedeutung der Dialektliteratur im Kreise der 'Trasformati' vgl. Petronio (1987): "(...) i 'Trasformati' (...) propugnarono una lirica popolaresca, moraleggiante e satirico-civile, ebbero simpatia per la poesia giocosa e dialettale." (S. 14)
Zu Tanzi und Balestrieri vgl. unten.
[5] Vgl. Parini (1913): "Perció molti grande fama si sono acquistati, cosí nelle universali lingue come ne' particolari dialetti, (...); per lasciar quegl'infiniti, che scritte hanno cose degne di lode, sì oratorie come poetiche, non solo nelle lingue più universali, ma eziandio ne' vari dialetti, o perduti o tuttora veglianti." (S. 61f)
[6] Ebd., S. 61.
[7] Ebd., S. 69.

Ma via, sia pur vero che voi abbiate biasimato solamente il linguaggio della plebe nostra, (...). Tenete però in così piccolo conto questa lingua, che meriti d'esser chiamata, anche in presenza di chi la parla, lingua d'oca, lingua sgraziata, goffa, fetente, unta, lercia, scipita, disadatta?[1]

Branda greift freilich zu einer derart massiven verbalen Verunglimpfung der Mailänder Volkssprache ('Sprache der Gänse, plumpe Sprache, unbeholfen, stinkend, schmierig, schmutzig, geistlos, unpassend'), um den Toskanischen Dialekt in ein umso reineres Licht zu stellen.[2] Parini wehrt sich jedoch schon gegen die Unterstellung, die Sprache des einfachen Mailänder Volkes sei in besonderem Maße verkommen und der Verachtung würdig:

> Questo linguaggio anzi della plebe (...) è il vero e più puro linguaggio milanese e quello per conseguenza che meno dovrebbe meritarsi le vostre derisioni.[3]

An späterer Stelle lobt Parini den Volksdialekt als "il più naturale e il più puro ed incorrotto",[4] wobei er sich bereits der bis in die Romantik geläufigen Dichotomie von 'arte' und 'natura' bedient, um die privilegierte Sprachqualität des einfachen Volksdialektes gegenüber der verkünstelten Hochsprache herauszustellen.

> (...) ma quando in individuo parlasi di qualque dialetto proprio d'una terra, come a dire napoletano o bolognese, parlata spezialmente dal popolo, mantenutasi lungo tempo e formata non già dall'arte, ma originata dalla natura.[5]

Gleichwohl haben derartige Aufwertungen des 'natürlich Volkshaften' gegenüber dem 'unnatürlich Künstlichen' noch keinen stilbildenden Eigenwert, wie dies seit Herders Anregungen im deutschen Sprachraum zu beobachten ist; volkssprachliche Elemente gelten Parini noch nicht als Möglichkeit, eine allgemein akzeptierte Nationalsprache systematisch auszugestalten. Er bedient sich Rousseauistischer Anklänge vielmehr dazu, genuin aufklärerische Postulate argumentativ vorzubereiten.[6] So schließt er unmittelbar an die zitierte Stelle eine sprachphilosophische Überlegung an, die auf einem Egalitätspostulat aufklärerischen Zuschnitts beruht:

---

[1] Ebd., S. 54.
[2] Salinari (1975), der eine ausgewogene Charakterisierung der Persönlichkeit Brandas versucht, will gar Konvergenzen mit dem sprachlichen Programm Alessandro Manzonis erkennen: "(...) egli tentò in piccolo e con le sue forze, che invero erano fiacche, quello che più tardi tentò ed effettuò in grande il Manzoni." (S. 215)
[3] Parini (1913), S. 54.
[4] Ebd., S. 55.
[5] Ebd.
[6] Vgl. auch Bonora (1970), S. 284.

> Le lingue, come voi medesimo a me potete insegnare, sono tutte indifferenti per riguardo alla intrinseca bruttezza o beltà loro. Le voci, onde ciascuna è composta, sono state somministrate agli uomini dalla necessità di spiegare e comunicarsi vicendevolmente i pensieri dello animo loro; e la Natura, a misura che negli uomini sono cresciute le idee, ha dato loro segni da poterle esprimere al di fuori: onde nasce che ciascuna lingua è abbastanza perfetta, qualora non manchino ad essa quelle voci che si richieggono a potere spiegare ciascuna idea di colui che la parla.[1]

Die grundsätzliche Gleichwertigkeit aller Sprachäußerungen leitet Parini aus ihrer natürlichen Herkunft ab. Das allen Menschen gegebene Bedürfnis, miteinander zu kommunizieren, wird von der Natur zunächst unterschiedslos befriedigt, so daß ein gradueller Qualitätsunterschied in der Ausdrucksfähigkeit einzelner Sprachformen ursprünglich und als Charaktereigenschaft auszuschließen sei. Die Wertdifferenzierung entstehe erst in einem zweiten Schritt durch kulturelle Überformung und historisch bedingte Hierarchisierung der Einzelsprachen. Parini führt qualitative Abstufungen der einzelnen Idiome zum einen auf die jeweilige Reichhaltigkeit an Vokabular und Synonymik, zum anderen auf die tatsächliche Verbreitung in der Gesamtbevölkerung zurück. Die dokumentierbare Akzeptanz auch unter den Schriftstellern einer Sprache leite sich aber nicht zuletzt aus geographischen, politischen wie gesellschaftlich-sozialen Umständen ab und tue als solche der grundsätzlichen Gleichwertigkeit aller Sprachformen nachträglich keinen Abbruch:

> Ció che fa creder superiore una lingua ad un'altra si è la maggiore abbondanza de' vocaboli proprii d'una sola cosa, i quali servono alla diversità degli stili; ed oltre a questo la maggiore universalità di essa lingua, nata da varii accidenti naturali, politici e morali, la quale serve alla maggior copia degli scrittori.[2]

Vor dem Hintergrund dieser grundlegenden Positionierung kann Parini gegen Ende seiner Streitschrift speziell auf die Mundartdichtung seiner Heimatstadt eingehen. Er führt deren zentrale Charaktereigenschaften auf allgemeine Regionaleigentümlichkeiten der Mailänder Bevölkerung zurück, unter denen er wiederholt die "semplicità" und "schiettezza dello animo" hervorhebt, Charakterzüge, die sich auch im Dialekt widerspiegelten.[3] Er leitet daraus eine besondere Fähigkeit gerade der Mailänder Dialektliteratur ab, sich derjenigen

---

[1] Parini (1913), S. 54.
[2] Ebd.
[3] Vgl. ebd.: "Questa medesima schiettezza e semplicità, che i forestieri riconoscono come singolarmente propria della nostra nazione, è paruto di trovar nella nostra lingua milanese a coloro de' nostri che posti sonosi ad esaminarne la natura." (S. 71)
Parini formuliert Positionen, die in der Romantik zentral werden sollten, wenn er von einer direkten Korrespondenz, ja einer ursächlichen Verbindung des jeweiligen 'Volkscharakters' mit der 'Volkssprache' spricht. Vgl. auch ebd.: "Il carattere principale del nostro dialetto è, s'io mal non mi appongo, lo stesso che quello della nostra nazione; anzi è da questo originato." (S. 71)

Stileigenschaften zu befleißigen, die ja nicht zuletzt die 'Accademia dei Trasformati' immer wieder als vorbildhaft gepriesen hat:

> Certa cosa è che la nostra lingua è sembrata loro spezialmente inchinata ad esprimer le cose tali e quali sono, senza aver grande bisogno in qualunque argomento di sostenerla con tropi e traslati ed altre maniere artifiziose del dire, che nate sono, o dalla mancanza dell'espressioni proprie e naturali, o dall'arte di sorprendere il cuore ferendo l'immaginazione.[1]

Parini plädiert hier für einen konkreten und sachgemäßen Schreibstil, frei von metaphernüberladenen Künstlichkeiten des Barock und Manierismus, die dem beschriebenen Gegenstand äußerlich bleiben müssen. Das Ideal einer betont realistischen Diktion konkretisiert Parini bezeichnenderweise anhand des Mailänder Lokaldialekts.[2] Die toskanische Hochsprache könne durch die Übernahme nicht nur dialektalen Vokabulars, sondern auch durch die Orientierung am natürlichen Sprachduktus der Mundarten bereichert werden.

Schließlich belegt Parini anhand der Hauptexponenten der Mailänder Mundartdichtung die empfohlenen literarisch-stilistischen Tugenden. Lobend äußert sich Parini zu zwei Mitgliedern der 'Accademia', mit denen er in freundschaftlichem Kontakt stand. Entsprechend den Wertungskategorien, die er zuvor für den Mailänder Dialekt exponiert hat, bescheinigt er Domenico Balestrieri (1714–1780) eine "leggiadra e semplice naturalezza de' suoi versi."[3] Auch in einem Mundartsonett, das er anläßlich seines Todes verfaßte, bezeugt ihm Parini eine außergewöhnliche Kunstfertigkeit in der poetischen Behandlung des Lokalidioms. Dichten in der Mundart empfehle sich keineswegs als voraussetzungsloser Zeitvertreib für junge Aspiranten, sondern erfordere ernsthafte sprachlich-literarische Ausbildung und Übung:

> (...) Meneghin, ch' el la savuda fà
> rid e fà piang con tanta grazia che
> l'è ben diffizel de podell rivà.
>   Anca lu pien de merit e de lod
> adess l'è mort; e quel bravo istrument
> l'è restaa là in ca' soa tacaa su a on ciod.
>   Ragazz del temp d'adess trop insolent,
> lasseel stà dove l'è; no ve fée god,
> ché per sonall no basta a boffagh dent. (V. 6-14)
> ( (...) Meneghino [il Balestrieri] che lo ha saputo far ridere e piangere con tanta grazia che sarà ben difficile uguagliarlo. Anche Meneghino, carico di virtù e di elogi, se n'è

---

[1] Ebd.
[2] Vgl. Petronio (1987), S. 19f.; Mezzanzanica (1990), S. 60f.; Bonora (1973), S. 763.
[3] Parini (1913), S.72. Zum dialektalen Werk von Domenico Balestrieri vgl. in Auszügen Maier (1959), S. 393-425 (a cura di D. Isella) sowie Carducci (1942), S. 103-119 et passim.

andato or ora, e l'eccellente strumento è rimasto là, nella sua casa appeso ad un chiodo. Voi, ragazzi d'oggigiorno, cosí screanzati, procurate di lasciarlo là dove stà; non fatevi schernire, ché per suonarlo non è certo sufficiente soffiarvi dentro.[1]

Besonders am Herzen lag Parini auch die Dichtung von Carlantonio Tanzi (1710–1762), dem er eine außergewöhnliche Fähigkeit zuschreibt, den Leser direkt zu ergreifen.[2] Parini beglaubigt der mundartlichen Dichtung Tanzis die ästhetische Leistung, tiefgefühlte Empfindungen unmittelbar und ohne sprachliche Verstellungen zu übermitteln. Dies gelinge gerade durch die literarische Verwendung des Lokaldialekts, der zum Ausdruck 'authentischen Seelengehalts' ganz hervorragend geeignet sei:

> (...) richiedendo l'argomento una certa semplicità e un certo soave affetto, ch'io non saprei spiegare, sembra che questa [scil.: la lingua milanese, F.G.] essere a ció maravigliosamente adatta, o, per dir meglio, sembrano i Milanesi particolarmente atti a sentirlo e ad esprimerlo nel loro dialetto.[3]

Bei den dialektalen Werken von Carlo Maria Maggi (1630–1699) schließlich hebt Parini besonders die volksaufklärerische Wirkung des früheren Mitglieds der 'Accademia dei Trasformati' hervor:

> (...) non isdegnò, (...) di servirsi del nostro dialetto nelle migliori sue commedie, da lui scritte non tanto per proprio trattenimento, quanto per istruzione e per vantaggio grandissimo de' suoi concittadini; (...).[4]

Der volkspädagogische Impetus stellt eine Konstante in der Bewertung von Mundartdichtung seit der Aufklärung dar. Um aber das Ziel einer moralischen Besserung zu erreichen, dies betont Parini, dürfe der Dialektdichter sich in seinem Werk nie vollkommen dem tatsächlichen Sprach- und Kulturniveau derjenigen Schichten hingeben, die literarisch darin zum Tragen kommen.[5] Die dichterische Leistung eines Maggi liege schließlich nicht zuletzt darin, daß er trotz der

---

[1] Parini (1951), S. 384 (Übersetzung und Zusatz von L. Caretti).
[2] Vgl. Parini (1913): "(...) che scuote ed agita l'animo di chiunque legge, e lo riempie d'un salutare orrore. (...) non li potrete legger senza capriccio." (S. 73)
Die Wirkmächtigkeit von Tanzi hebt Parini erneut in seinem Vorwort zu der Ausgabe *Alcune poesie milanesi e toscane di Carl'Antonio Tanzi* von 1766 hervor (vgl. Parini (1913), S. 125-131): "Egli sapeva che la vera Poesia dee penetrarci nel cuore, dee risvegliare i sentimenti, dee muover gli affetti. Egli sapeva che ogni popolo ha passioni; che queste le esprime nel suo linguaggio." (S. 127)
Zum dialektalen Werk von Carlantonio Tanzi vgl. in Auszügen Maier (1959), S. 427-437 (a cura di D. Isella) sowie ferner Carducci (1942), S. 83-94 et passim.
[3] Parini (1913), S. 73.
[4] Ebd., S. 72.
[5] Dies sollte später Giuseppe Gioachino Belli tun, der von jeder pädagogischen Wirkungsintention absieht, vgl. vorliegende Arbeit, Kap. 3.4.

Erweiterung des Dramenpersonals auch auf niedere Bürger- bzw. Volksschichten eine moralisch veredelnde Wirkung zu erzielen vermochte. Maggi habe nämlich auf thematischen wie sprachlichen Realismus, etwa zu stilistischen Zwecken, zum Vorteil der moralischen Gesamtwirkung verzichtet:

> (...) egli ha fatto dire, a queste persone volgari, cose onde le più civili si pregherebbero, e che colle loro piacevolezze, non mai fredde o impulite, ha mescolato gli ammaestramenti più serii ed importanti.[1]

Die kulturbildende Funktion von Mundartdichtung steht für Parini unter all den Vorzügen, die er im weiteren noch hervorhebt, an hervorragender Stelle. Poesie in derjenigen Sprache, die zum einen zwar regional beschränkt, aber schichtenübergreifend gesprochen wird, und zum anderen idealtypisch die Charakterzüge ihrer Benutzer wiederzugeben vermag, trage, so seine These, entscheidend zur allgemeinen zivilisatorisch-kulturellen Hebung bei:

> Anzi acquisterebbero lode i nostri Milanesi, i quali hanno saputo volgere il loro dialetto e i loro versi in esso scritti a un sí lodevole e vantaggioso fine, quanto si è quello di ammaestrare e di correggere i costumi della loro patria, servendosi, meglio che in tutte le altre lingue non si fa, della poesia.[2]

\* \*

Die Werthaltung Parinis gegenüber Mundartdichtung bot sich unter drei Gesichtspunkten dar. Zum einen gesteht er der Literatur im Lokaldialekt ein großes Maß an Natürlichkeit des Ausdrucks zu. Sie sei daher zu realistisch orientierter Darstellung in besonderer Weise geeignet. In engem Zusammenhang hiermit sieht er die Fähigkeit der Mundart, auch inhaltlich 'authentisch' zu wirken. Ein unverstelltes Sprechen, ein Vermitteln 'echter' Gefühle sei bei Tanzi zu überzeugenden ästhetischen Resultaten gelangt. Nicht zuletzt, das zeige die Dichtung von Maggi, vermöge Dialektliteratur eine aufklärerisch-pädagogische Aufgabe zu erfüllen. In ihrer somit auch moralisch-zivilisatorischen Funktion entfalte Mundartdichtung einen gesamtgesellschaftlichen Nutzwert, der rein literarästhetische Zielsetzungen übersteige.

Trotz der Wertschätzung dialektal verfaßter Literatur hat sich Parini selbst in seinem Gesamtwerk, abgesehen von einzelnen Gedichten in Mundart, ausschließlich der toskanischen Literatursprache bedient. Eine isolierte Analyse der Streitschrift gegen Branda läßt leicht übersehen, daß Parini den Primat der italienischen Hochsprache praktisch weiterhin anerkennt. Hatte er doch bereits dort erklärt:

---

[1] Parini (1913), S. 72.
[2] Ebd., S. 74.

> Ognun conosce abbastanza quanta sia ora la superiorità della lingua toscana sopra la nostra; e ciascuna delle più colte persone desidera anzi di saper bene scrivere in essa che nella nostra milanese.[1]

Parini schlägt ein pragmatisches Vorgehen vor, das dem Gemeinnutzen zuträglich sei, wenn er unbeschadet der prinzipiellen Gleichwertigkeit aller Sprachen und Dialekte die primäre Verwendung des toskanischen Idioms empfiehlt:

> (...) siccome noi dobbiamo studiare di accomodarci nelle oneste cose all'uso del nostro secolo e del nostro paese, così anche delle lingue noi non dobbiamo già apprendere o adoperare quella che più ne piace, ma quella che più al nostro tempo e alla nostra patria conviene.[2]

In einer Reihe von Vorlesungen zu dem Thema *Dei principi generali e particolari delle Belle Lettere applicati alle Belle Arti* (1773–75)[3] rekurriert Parini auf diesen Kompromiß und führt die sprachliche Vorherrschaft des Toskanischen auf geschichtlich zu begründende Ursachen zurück. Parini vertritt hier explizit konservative bis klassizistische Positionen. Als Hauptzweck aller Bemühungen um sprachliche Probleme nennt er die Bewahrung der "conformità e l'unità della lingua", welche bereits bei einer Vermengung der toskanischen Dialekte untereinander zu einer "corruzione" der klassischen Schriftsprache führen würde, welche ausschließlich auf dem Lokaldialekt der Stadt Florenz basieren solle.[4] Ganz im Sinne Pietro Bembos, dessen sprachnormierende Bemühungen er ausgiebig würdigt,[5] fordert Parini:

> (...) nel fatto della lingua, si studino e s'imitino gli scrittori toscani di quel tempo nel quale essi hanno usato più gentilmente, più puramente e più regolarmente la loro lingua.[6]

In diesem Lichte bleibt die Produktion von Mundartdichtung doch ein randständiges Interesse Parinis. Deren ästhetischer Wert könne, so sein Vorschlag, gleichwohl für eine Reformierung der traditionellen Schriftsprache nutzbar gemacht werden.

---

[1] Ebd., S. 59.
[2] Ebd., S. 60.
[3] Vgl. Parini (1913), S. 181-302.
[4] Ebd., S. 298.
[5] Ebd., S. 273ff.
[6] Ebd., S. 298.

## 3.2.2 Melchiorre Cesarotti

Melchiorre Cesarotti (1730–1808) weist in seinem Hauptwerk *Saggio sulla filosofia delle lingue* (1800)[1] auf die bereichernde Funktion von mundartlichen Elementen im Rahmen einer Reform der italienischen Schriftsprache hin. Seine Argumentation bewegt sich auf sprachgeschichtlich-linguistischer Ebene; zu Mundartliteratur im besonderen äußert er sich nicht. Gleichwohl vermag Cesarotti für unsere Betrachtungen einen wertvollen Beitrag zu leisten, insofern seine breitenwirksame Abhandlung einen nachhaltigen Einfluß auf die Aufwertung von Mundart und somit indirekt auch von Mundartdichtung ausgeübt hat.

Der Abhandlung Cesarottis wird heute im Rahmen der Jahrhunderte währenden 'Questione della lingua' ein ähnlicher Stellenwert eingeräumt wie den *Prose della volgar lingua* (1525) von Pietro Bembo.[2] Cesarotti kommt das Verdienst zu, in den drei Ausgaben 1785, 1788 (als *Saggio sopra la lingua italiana*), und schließlich 1800 unter dem endgültigen Titel *Saggio sulla filosofia delle lingue applicato alla Lingua Italiana con varie note due Rischiaramenti e una Lettera* aufklärerische Sprachpositionen prägnant formuliert zu haben, die im Laufe des 18. Jahrhunderts in Italien intensiv diskutiert und unter 'romantischen' Vorzeichen Anfang des 19. Jahrhunderts weitergeführt wurden.[3] Er nimmt eine entschieden reformorientierte Position ein und erklärt eine sprachliche Anpassung an die veränderten Zeitumstände als längst fällig und unabdingbar. Die Notwendigkeit einer Erweiterung der italienischen Schriftsprache in stilistischer Hinsicht stellt sich Cesarotti ganz konkret, als er im Winter 1762/63 die *Ossian-Gesänge* ins Italienische zu übersetzen beginnt, die der Schotte John Macpherson gerade erst (1760) publiziert hatte.[4] In einer persönlichen Vorrede zu der zweiten Auflage seiner

---

[1] Zitiert aus Cesarotti (1969).
[2] Vgl. Puppo: Vorrede zu Cesarotti (1969), S. 12. Vgl. auch Puppo (1975), S. 73-111; Marazzini (1999), S. 134-143.
[3] Vgl. Simone (1997): "(...) il *Saggio* di Cesarotti è una *summa* delle questioni che circolavano a fine secolo soprattutto tra Italia e Francia, in fatto di linguaggio e di applicazioni alle lingue (...)." (S. 41)
Puppo: Vorwort zu Cesarotti (1969): "Il *Saggio sulla filosofia delle lingue* è non soltanto l'opera italiana forse più complessa e geniale intorno ai problemi del linguaggio, ma un documento fondamentale della situazione culturale e degli orientamenti del gusto in Italia nell'età di trapasso fra illuminismo e romanticismo." (S. 11) Vgl. auch Binni (1959a), S. 204; Vitale (1960), S. 140ff.
Einen zusammenfassenden Überblick über die zentralen Beiträge zur 'Questione della lingua' im 18. Jahrhundert bietet Puppo (1957).
[4] Vgl. Cesarotti (1976), S. 3. Vgl. dazu Bigi: Vorwort zu Cesarotti (1976): "Appunto attraverso questa esperienza egli aveva potuto rendersi conto non solo dell'incapacità della vecchia lingua letteraria italiana, codificata dalla Crusca e dei grammatici, a esprimere i nuovi concetti filosofico-scientifici e i nuovi sentimenti, ma anche della inadeguatezza della stessa lingua

italienischen Fassung 1772 weist Cesarotti ausdrücklich auf die Absicht hin, mit seiner Übersetzung die italienische Dichtungssprache sowohl formal als auch hinsichtlich ihrer inhaltlichen Ausdrucksfähigkeit zu bereichern:

> Io so bene che alcune di queste locuzioni non sarebbero sofferte in una poesia che fosse originariamente italiana, ma oso altresì lusingarmi che abbia a trovarsene più d'una, che possa forse aggiungere qualche tinta non infelice al colorito della nostra favella poetica, e qualche nuovo atteggiamento al suo stile. Questo è il capo per cui specialmente può rendersi utile una traduzione di questo genere, e questo è l'oggetto ch'io mi sono principalmente proposto.[1]

Durch Übersetzung geeigneter fremdsprachiger Werke sei es möglich, ungenutzte Potentialitäten, die der italienischen Sprache innewohnen, freizulegen:

> Io non avea per istrumento della mia fatica che una lingua felice a dir vero, armoniosa, pieghevole forse più di qualunque altra, ma assai lontana (...) dall'aver ricevuto tutta la fecondità e tutte le attitudini di cui è capace, e per colpa de' suoi adoratori eccessivamente pusillanime.[2]

Der Widerstand extrem klassizistisch bis puristisch gesinnter 'Kleingeister' gegen jegliche exogene Sprachneuerungen sollte allerdings noch einige Jahrzehnte andauern. Im Jahre 1816 empfiehlt ja die Französin Mme DeStaël in ihrem Artikel *Sulla maniera e l'utilità delle traduzioni* in der Zeitschrift *'Biblioteca Italiana'* (Jan.) den Italienern, ihrer im Klassizismus erstarrten Literatur durch Übersetzungen aus dem englischen und deutschen Sprachraum neue Impulse zu geben, wodurch sie eine heftige Kontroverse zwischen Vertretern der 'Romantik' und klassizistisch orientierten Literaten auslöste.[3] Seine zukunftsweisende Aufforderung, die italienische Sprache durch Beiträge aus Übersetzungen planvoll zu bereichern, aber auch hinsichtlich ihrer Möglichkeiten sowie behebbarer Mängel auszuloten, wiederholt Cesarotti später im *'Saggio'*:

> Del resto per avvezzarsi a sentire squisitamente queste finezze, e per dar nuovi atteggiamenti e nuove ricchezze alla lingua, nulla gioverebbe maggiormente che l'instituire una serie di giudiziose traduzioni degli autori più celebri di tutte le lingue in tutti gli argomenti, e in tutti gli stili; (...). Questo è il solo mezzo di conoscere con esattezza l'abbondanza e la povertà rispettiva dell'idioma nostro, i suoi discapiti e i soccorsi che possono trarsi dalla sua fecondità dall'uso libero delle sue forze, o dall'accortezza nel giovarsi degli aiuti stranieri.[4]

---

degli scrittori illuministici a rendere certi inaspettati contenuti poetici più energicamente passionali e fantastici come appunto quelli di Ossian." (S. XVIIIf)

[1] Cesarotti (1976), S. 5. Vgl. dazu Binni (1959a), S. 184ff.
[2] Cesarotti (1976), S. 8.
[3] Vgl. Bezzola (1972), S. 119.
[4] Cesarotti (1969), S. 91.

Die Entdeckung der *Ossian-Gesänge* durch den Italiener finden zeitlich etwas früher statt als die Rezeption in Deutschland insbesondere durch Gerstenberg, Herder und Goethe; von dort aus sollte sie allerdings von überragender Bedeutung für die europäische Kulturgeschichte werden.[1] Cesarottis Bewertung der Ossiandichtung, welche sich bald als literarische 'Fälschung' John Macphersons erweisen sollte, weist einige Parallelen zu Konzepten Herders auf, ohne daß man deshalb vorderhand eine direkte Beeinflußung auf den Deutschen annehmen muß.[2] Den gesamteuropäischen, 'aufklärerischen' Hintergrund, der einschlägige Grundpositionen zum nationenübergreifenden Allgemeingut macht, sollte berücksichtigt werden. Noch während seiner Übersetzungsbemühungen richtet Cesarotti einen auf französisch verfaßten Brief an Macpherson,[3] in dem er den Eindruck, den der "schottische Naturdichter" unter Zuhilfenahme bekannter Rousseauistischer Kategorien beschreibt:

> [Ossian] fait voir par son exemple combien la poésie de nature et de sentiment est au dessus de la poésie de réflexion et d'esprit, qui semble être le partage des modernes. Mais s'il démontre la superiorité de la poésie ancienne, il fait aussi sentir les défauts des anciens poètes mieux que tous les critiques. L'Écosse nous a montré un Homère qui ne sommeille ni ne babille, qui n'est jamais ni grossier ni traînant, toujours grand, toujours simple, rapide, précis, égal et varié.[4]

Cesarotti stellt hier die "poésie de nature" wegen ihrer Fähigkeiten zu direktem Gefühlsausdruck und unverstellter Direktheit auf einen höheren Rang als die 'Gedanken- und Witzdichtung', wie wenige Jahre später die deutschen Vertretern des literarischen Sturm und Drang die vorherrschende akademische Poesie unter Ausnutzung einer ähnlichen Dichotomie verächtlich bezeichnen sollten. Die ihren Ursprüngen noch nicht entfremdete Literatur verortet Cesarotti in ferner Vergangenheit, bezeichnenderweise nicht in der Antike, sondern im Mittelalter, in dem Macpherson seine *Ossian-Gesänge* angesiedelt hat. Mit der Ablösung Homers als Muster für hohe Dichtung bei gleichzeitiger Aufwertung der mittelalterlichen

---

[1] Vgl. Grewe (1982).
[2] Zu dem lebendigen Interesse Cesarottis für die germanisch-nordeuropäischen Literaturen vgl. immerhin Binni (1959a): "Mentre il Cesarotti traduceva l'*Ossian* (...) egli manteneva una nutrita corrispondenza letteraria che verteva proprio sulla relazione fra la letteratura italiana e quella straniera del nord, (...). Il Cesarotti aveva in quel momento una infatuazione per la letteratura nordica, (...)." (S. 172)
[3] Des Englischen war Cesarotti damals noch nicht mächtig, er hatte die Sprache erst anläßlich seiner Übersetzung erlernen müssen. Vgl. Cesarotti (1976): "(...) tuttoché allora io non fossi atto ad eseguirla [scil.: la traduzione, F.G.] da me, avendo appena qualche tintura della lingua inglese." (S. 6)
[4] Zitiert nach Bigi, in: Cesarotti (1976), S. XII. Vgl. auch Binni (1959), S. 166f.

Poesie[1] fügt sich Cesarotti in einen Paradigmenwechsel, der im deutschen Sprachbereich bereits im Sturm und Drang, in Italien mit schwächerer Breitenwirkung während der Romantik dominant wurde.[2] Auch Ansätze eines 'Genie-Gedankens', wie er in Deutschland populär wurde, finden sich bereits in Cesarottis Sprachkonzept. Gemäß der Grundthese des *'Saggio'*, allzu rigide Sprachfesseln seien zu lockern, da sie dichterische Leistungen sonst zu hemmen drohten,[3] beschwört er im Schlußkapitel des dritten Teils die Notwendigkeit, daß eine Dichterpersönlichkeit in einem radikalen Befreiungsschlag der Sprache neue ästhetische Bahnen weise. Dabei könne sich der Poet vom Volksgenius tragen lassen, der sich seiner als Ventil bediene:

> (...) molti sentono i ceppi, ma non v'è chi ardisca spezzarli: alfine uno scrittore più animoso, spinto imperiosamente dal genio, presenta i suoi pensamenti con un colorito più vivace e più fresco, nuovo forse negli scritti, non già nello spirito della nazione che ne vagheggia l'idea: allora essendo la materia preparata da lungo tempo, la scintilla desta un incendio; il genio della nazione scoppia con forza, e trionfa sul despotismo della scuola.[4]

Eines der Hauptmotive des *'Saggio'* ist die Bemühung um die Bereicherung der italienischen Hochsprache durch Integration dialektaler Elemente. Zunächst entwirft Cesarotti im ersten Teil eine Reihe von grundlegenden Thesen, auf denen er die weiterführende Argumentation aufbaut. Im Zentrum steht von Beginn an die Zurückweisung einer kompromißlos sprachpuristischen Haltung, die jeglicher Veränderung, ja Beeinflußung von außen gegenüber feindlich gestimmt sei und sich in einer absurden Fixierung auf *eine* Sprachepoche und *einen* Lokaldialekt versteife.

> (...) si confonde colla lingua il dialetto dominante nella nazione, e si credono tutti gli altri indegni di confluire all'incremento ed abbellimento di essa: si suppone che tutte le lingue siano reciprocamente insociabili, che il loro massimo pregio sia la purità, che qualunque tintura di peregrinità le imbastardisca e corrompa: si fissa la perfezione d'ogni lingua ad un'epoca particolare per lo più remota, dalla quale quanto più si scosta, tanto più si degrada, (...).[5]

Derartigen Vorurteilen im einzelnen zu begegnen, nimmt er sich in aufklärerischer Manier vor, indem er grundsätzlich die Entthronung falscher Autoritäten und Lehrmeinungen im Sinne einer Bekämpfung der 'praeiudicia auctoritatis' in Angriff

---

[1] Vgl. Cesarotti (1976): "(...) credetti che Ossian allora uscito mi desse opportuna occasione, (...) di convincer i giovani e i men prevenuti, con questo esempio, che Omero non era né l'unico né il perfetto neppur nel suo genere, (...)." (S. 13)
[2] Zu der vorbereitenden Funktion Cesarottis für die romantische Bewegung in Italien vgl. Binni (1959), S. 203; Bigi, in: Cesarotti (1967), S. VII; Puppo (1973), S. 13; Puppo (1975), S. 73.
[3] Vgl. Puppo, in: Cesarotti (1969), S. 14.
[4] Cesarotti (1969), S. 96.
[5] Ebd., S. 19.

nimmt. Gleich die Eingangsthese Cesarottis schließt an Parinis sprachliches Egalitätspostulat an, demzufolge grundsätzlich und vor historischer Hierarchisierung ein Idiom als jedem anderen gleichwertig anzunehmen sei. Qualitäten und Mängel seien allen Sprachen gleichermaßen ursprünglich:

> Niuna lingua originariamente non è né elegante né barbara, niuna non è pienamente e assolutamente superiore ad una altra: poiché tutte nascono allo stesso modo, cominciano rozze e meschine, procedono con gli stessi metodi nella formazione e propagazione dei vocaboli, tutte hanno imperfezioni e pregi dello stesso genere, tutte servono ugualmente agli usi comuni della nazion che le parla, tutte son piacevoli agli orecchi del popolo per cui son fatte, tutte sono suscettibili di coltura e di aggiustatezza, (...).[1]

Cesarotti unterlegt seiner Argumentation ein organologisch-prozessuales Grundmuster ("nascono ... cominciano ... procedono ... nella formazione e propagazione"), welches er starren puristischen Sprachmodellen entgegenstellt; zugleich veranschaulicht er in der Bildlichkeit des Wachsens und Wandels seine Forderung, eine natürliche organische Erweiterung des Sprachhaushaltes durchzuführen. Anschließend beschreibt Cesarotti, wie sich die Auswirkung der Dominanz eines Lokaldialekts über die anderen nachteilig auswirke: die untergeordneten Idiome verkämen zu reinen 'Pöbelsprachen', die die Fähigkeit verlören, aus ihrem ursprünglichen Reichtum Beiträge zum "erario della lingua nazionale"[2] zu leisten. Insbesondere im Bereich des Vokabulars böten die einzelnen Dialekte "una quantità di termini e di espressioni necessarie, opportune, felici, energiche",[3] welche sich durch Treffsicherheit und Ausdrucksstärke auszeichneten.[4] Die Hochsprache sei umgekehrt stets der Gefahr anheimgegeben, einem "gusto fattizio e capriccioso" zu unterliegen, sobald sie der Rückbindung an den natürlichen Sprachgebrauch verlustig gegangen sei.[5] Mängel des herrschenden Dialekts würden verabsolutiert und zur ungerechtfertigten Sprachautorität erhoben.

Hypothetisch fragt Cesarotti, ob es der italienischen Sprache und Literatur nicht zuträglicher gewesen wäre, statt einer frühzeitigen Hierarchisierung und Fixierung auf nur einen Dialekt zunächst nach griechischem Vorbild der Literatur auch in den einzelnen Lokaldialekten freien Lauf zu lassen. Die Mundarten selbst stünden dann heute auf einem höheren Niveau und Schriftsteller nicht-toskanischer Herkunft hätten sich, frei von ungerechten Sprachhindernissen, zu gleichberechtigten Größen der italienischen Nationalliteratur entwickeln können:

---

[1] Ebd., S. 20.
[2] Ebd., S. 23.
[3] Ebd.
[4] Vgl. ebd.
[5] Die Vorherrschaft eines Dialekts beeinträchtige "il senso natural delle orecchie." (ebd.)

> Cosicché sarebbe forse da desiderare che, siccome appresso i Greci, tutti i dialetti principali fossero riputati ugualmente nobili, e si maneggiassero ugualmente dagli scrittori. In tal guisa sarebbero essi tutti a poco a poco divenuti più regolari e più colti, la nazione avrebbe avuto una maggior copia di scrittori illustri, giacché più d'uno riesce eccellente nel proprio idioma vernacolo, che si trova imbarazzato e si mostra appena mediocre in un dialetto non suo.[1]

Um dem Erstarrungszustand der toskanischen Literatursprache abzuhelfen, schlägt Cesarotti im dritten Teil seiner Abhandlung Optionen der Wortschatzerweiterung vor. Neben endogenen Erweiterungen durch Derivation[2] und Komposition[3] rät er zu Rückgriffen auf die alten Kultursprachen Latein[4] und Griechisch,[5] aber auch zu Adoptionen aus modernen Fremdsprachen, speziell für zeitgenössische Themenbereiche aus dem Französischen.[6] Einen bedeutenden Beitrag könnten zudem die "dialetti nazionali" leisten. Hier zieht Cesarotti erneut das aufklärerische Gleichheitspostulat heran; den geschichtlich begründeten Primat eines Lokaldialekts stellt er damit nicht in Abrede, wehrt sich jedoch gegen die Usurpation einer absoluten Herrschaft:

> Può permettersi al dialetto dominante la primaria sopra gli altri, non la tirannide. Tutti i dialetti non sono forse fratelli? non son figli della stessa madre? non hanno la stessa origine? non portano l'importanza comune della famiglia? non contribuirono tutti ne' primi tempi alla formazion della lingua? Perché ora non avranno il diritto e la facoltà d'arricchirla?[7]

Der Auffrischungs- und Bereicherungsgedanke nimmt seit der Aufklärung einen zentralen Stellenwert bei der Bewertung von Dialekt und Dialektdichtung ein. Bei Cesarotti bezieht sich die Beitragsfunktion noch primär auf sprachliche Erneuerungsprozesse; ein Transfer auf literarische Zusammenhänge liegt jedoch nahe.
Einer Implementierung von Mundartvokabular in die Hochsprache hat ein Reinigungs- und Adaptionsvorgang vorauszugehen: durch Analogieschlüsse sollen dialektale Elemente nach pragmatischen Gesichtspunkten in das toskanische Sprachsystem übertragen werden:

---

[1] Ebd.
[2] Ebd.: "Sempre un verbo potrà generare i suoi verbali, sempre da un adiettivo potrà dedursi il sostantivo astratto, o dalla sostanza generale il nome adiettivo che ne partecipa." (S. 76)
[3] Ebd.: "l'accoppiamento di due vocaboli noti" (S. 77)
[4] Ebd.: "Madre dell'italiana ella ha un titolo legittimo di soccorrer ai bisogni della figlia." (S. 80)
[5] Ebd., S. 81ff.
[6] Ebd.: "(...) se la lingua francesa ha dei termini appropriati ad alcune idee necessarie che in Italia mancan di nome, (...) per quale strano e ridicolo aborrimento ricuserem di accettarle?" (S. 83)
[7] Ebd., S. 78.

> (...) quando si trascelgano con giudizio, quando si raddrizzino e s'acconcino alla foggia già convenuta, secondo l'analogia delle forme; quando infine siano ben construtti, ben derivati, espressivi, noti o intelligibili a tutta l'Italia (...).[1]

Indem Cesarotti einer Sprachform, die sich strikt auf das Vokabular nur einer Region beschränkt, eine Absage erteilt, nimmt er sprachpolitische Positionen des späteren 19. Jahrhunderts vorweg. Anders nämlich als noch der Mailänder Alessandro Manzoni, der für die Auflage seines Romans *I promessi sposi* von 1840 den regionalsprachlich gefärbten Text Wort für Wort ins zeitgenössische Florentinisch übersetzt ("sciacquare i panni in Arno"), also im Rahmen seiner Sprachreform wiederum *ein* Lokalidiom 'verabsolutiert', fordert etwa Graziado Isaia Ascoli (1829–1907) später wieder eine Integration auch nicht-toskanischer Sprachelemente.[2] Cesarotti tritt gleichfalls bereits dafür ein, die "lingua nazionale" durch Beiträge *mehrerer* Dialekte zu aktualisieren:

> Or se i dialetti italici non furono nella loro totalità nobilitati dagli scrittori, molti però dei loro vocaboli trovandosi sparsi nelle loro opere, sono già divenuti abbastanza nobili, ed entrarono a formar il corpo di quella lingua comune di tutti gli uomini colti d'Italia, che non credono lorda e schifosa ogni parola che non sia purgata nell'Arno.[3]

\* \*

Sowohl Parini als auch Cesarotti bereiten mit ihren Vorschlägen und Thesen unter aufklärerischen Vorzeichen den Boden für eine Aufwertung des Dialektalen um 1800. Denkfiguren, die in Werken der beiden programmatisch formuliert werden, sind, wie wir im folgenden zu zeigen versuchen, in Wertmustern zu Mundartliteratur bis heute nachzuweisen. Den zeitlich nächsten und zugleich literarisch fruchtbarsten Beitrag zu der Diskussion um dialektale Literatur leistet Carlo Porta, dessen Werk bereits der Romantik zugerechnet wird.

---

[1] Ebd., S. 79.
[2] Vgl. Grassi / Sobrero / Telmon (1998), S. 18f.; Vgl. auch Vitale (1960), S. 167ff.
[3] Cesarotti (1969), S. 79.

## 3.3 Carlo Porta

### 3.3.1 Literaturüberblick

Carlo Portas (1775–1821) herausragende Stellung nicht nur unter den Dialektdichtern Italiens, sondern auch für die italienische Literatur des 19. Jahrhunderts ist in der italianistischen Forschung unbestritten. Seit der ersten kritisch-kommentierten Ausgabe von 1955/56[1] hat das wissenschaftliche Interesse an dem Mailänder Dichter stetig zugenommen.[2] Erste maßgebliche Beiträge der neueren Forschung stammen von namhaften Dichtern. So erkennt bereits 1945 Giorgio Bassani[3] die wegweisende, ja gesamteuropäische Bedeutung des Romantikers Carlo Porta, der den Themenhaushalt der italienischen Literatur durch eine realistische Beschreibung auch der niedrigsten Klassen erweitert habe.[4] 1954 grenzt Eugenio Montale den Mailänder Mundartdichter deutlich von G. G. Belli ab,[5] der bis heute meist in engem Zusammenhang mit Porta untersucht wird. Wegweisend für die Porta-Philologie sind die Studien Dante Isellas, der den Dichter zum einen in größere regionale und zeitgeschichtliche Zusammenhänge stellt,[6] zum anderen als textkritischer Herausgeber des Gesamtwerks stilistische Einzelprobleme offenlegt.[7] Neben der neuesten textkritischen Edition, die auch der vorliegenden Arbeit zugrunde liegt,[8] bestellte Isella eine Ausgabe der Briefkorrespondenz Portas.[9]

---

[1] Porta (1955/56), besorgt von Dante Isella.
[2] Personalbibliographien finden sich in Lanza (1976), S. 65-69 (kommentiert); Isella (1988), S. 596-602; Bezzola, in: Porta (1997), S. 35-56 (kommentiert); Marucci / Stella (1998), S. 1023-1027; Isella, in: Porta (2000), S. XLVII-LX.
[3] Bassani (1998), erstmals in: *Il Mondo*, 6. Okt. 1945.
[4] Vgl. ebd.: "L'importanza del Porta nel quadro del romanticismo europeo è tutta da valutare. Perché se fu proprio la rivoluzione romantica a conferire fra l'altro un significato morale e sociale alla rappresentazione artistica della vita dei ceti più bassi, alla pittura realistica di una umanità inesplorata, qui in Italia il Porta fu il primo (...) che desse voce di poesia ai manifesti programmatici della nuova civiltà letteraria." (S. 1001)
[5] Montale (1976a), erstmals in: *Corriere della Sera*, 28. Okt. 1954.
Montales interessiertes, jedoch zugleich distanziertes Verhältnis zu Mundartdichtung wird in seinem 1953 verfaßten Artikel "La musa dialettale" deutlich (jetzt in: Montale 1976). In einem späteren Interview äußert sich Montale skeptisch bis ablehnend gegenüber Mundart und Mundartdichtung. So antwortet er auf die Frage, wie der Rückgang des Dialektgebrauchs in der jüngeren Generation zu werten sei: "Aumenta il numero dei poeti dialettali? C'è da rallegrarsene?" (Vgl. Della Monica (1981), S. 40)
[6] Vgl. Isella (1970); Isella (1984); Isella (1984d); mit biographisch-werkgeschichtlichem Bezug vgl. Isella (1988).
[7] Isella (1984b).
[8] Porta (2000).
[9] Porta (1967).

Eine Einbettung in den kulturellen Zusammenhang, aber auch in die Entwicklung der Dialektliteratur ganz Italiens in der ersten Hälfte des 19. Jahrhunderts bietet jüngst der Artikel von Marucci / Stella.[1]

Cesare Segre arbeitet in seiner Studie *Polemica linguistica ed espressionismo dialettale nella letteratura italiana*, welche die italienische Literaturgeschichte seit Dante abzudecken sucht, die Brückenfunktion Portas hin zu Manzonis breitenwirksamen Sprachneuerungen heraus:

> L'impegno etico, che negli innovatori illuministi rimaneva sfoggio e lusso delle classi più elevate, è portato nella dimensione nuova dell'uomo qualsiasi, del diseredato, del dominato (...): viene abbattuto ogni limite ai diritti di rappresentazione della poesia.[2]

Manzoni habe, so Segre, die thematische Öffnung allgemein durchgesetzt, allerdings unter Aufgabe des dialektalen Mediums. Porta erscheint so als wichtiger Wegbereiter eines umfassenden sprachlich-literarischen Epochenumbruchs:

> (...) il Manzoni riprende i tentativi del Goldoni e del Porta, ma li riprende al cospetto di una unità nazionale e ideale già conquistata. Alla luce della soluzione manzoniana, il ricorso ai dialetti appare come una fase interlocutoria nella ricerca di una lingua che sappia esprimere completamente la nuova realtà sociale e nazionale.[3]

Portas Wahl des Lokaldialekts als Sprache für seine Dichtung fügt sich in den kulturellen Rahmen der romantischen Bewegung in Mailand zu Beginn des 19. Jahrhunderts ein, die sich eine Reformierung der italienischen Sprache auf die Fahnen geschrieben hat.[4] Spätestens seit der zweiten Hälfte des 18. Jahrhunderts darf die Lombardei, mit ihrem 'Epizentrum' Mailand als die kulturelle Mitte Italiens gelten.[5] Die Aufwertungstendenzen von Mundart und Mundartdichtung, die wir oben anhand von Giuseppe Parini und Melchiorre Cesarotti exemplarisch herausgestellt haben, können also in den literarischen Kreisen Mailands des angehenden 19. Jahrhunderts als präsent gelten. Sie bilden den argumentativen

---

[1] Marucci / Stella (1998).
[2] Vgl. Segre (1974), S. 418.
[3] Ebd., S. 419f. Vgl. auch Sapegno (1968), S. 42; Mambretti (1983); Isella (1984c); Mauri (1988), S. 901f.
[4] Vgl. Sapegno (1968): "(...) nel quadro della rivoluzione romantica, antiletteraria, antiumanistica, popolare, la ribellione del Porta è quella che irrompe con minori cautele e compromessi, la più diritta e la più coraggiosa." (S. 40)
[5] Vgl. Sozzi (1983): "Il rinnovamento della prosa italiana fra Settecento e Ottocento ha i suoi fulcri in Lombardia (Accademia dei Pugni e "Caffé", "Trasformati" e Parini), nel Veneto (Carlo Gozzi e Cesarotti), in Piemonte (Baretti e Alfieri), ma il suo epicentro è Milano, la Milano rivoluzionaria e napoleonica." (S. 530)
Vgl. auch Portinari (1970); Isella (1970); Bezzola (1972), S. 120; Isella (1984); Mauri (1988); Serianni (1989), S. 80f.; Isella, in: Porta (2000), S. XIV-XX.

Hintergrund für das Verständnis der Werthaltung Carlo Portas sowie seiner Förderer und Gegner.[1]

Die Forschung hat poetologische Äußerungen Carlo Portas bislang nur beiläufig und meist zur Erläuterung seiner konkreten dichterischen Leistung behandelt. Die innovatorische Leistung seiner Poesie braucht daher nicht mehr im einzelnen nachgewiesen zu werden.[2] Wir versuchen vielmehr, die 'theoretische Lücke' zu füllen, indem wir die expliziten Ansätze Portas zu einer Bewertung und Funktionszuschreibung von Mundartdichtung in ihrem Zusammenhang nachzeichnen. Als Primärtexte stehen neben einem früh (1792) verfaßten Kalenderproömium *El lava piat del Meneghin ch'è mort* (Der Tellerwäscher Meneghino, der gestorben ist) sowie einem Einleitungsbrief zu seinen Gedichten, den er 1815 an seinen Sohn richtete, die *Dodes sonitt all'Abaa Don Giavan* (Zwölf Sonette gegen Pietro Giordani) zur Verfügung.

---

[1] Vgl. Portinari (1970): "Vista in questo contesto culturale (...) la poesia di Porta perderà subito, *ab initio*, l'aspetto di un fenomeno privatamente e provincialmente dialettale, ma nella storia troverà, coerentemente, proprio le giustificazioni della scelta." (S. 404)
Zu der Diskussion um die 'Questione della lingua', insbesondere um Dialekt und Dialektliteratur in den Zeitschriften der ersten Hälfte des 19. Jahrhunderts vgl. die Dokumentation von De Stefanis Ciccone (1971).

[2] Vgl. insb. Isella, in: Porta (2000), S. XIII-XLVI; auch Isella (1988); Barbarisi, in: Porta (1976), S. XV-XLIX.

## 3.3.2 Portas Wertung dialektaler Literatur

### 3.3.2.1 El lava piat del Meneghin ch'è mort

Für einen Kalender des Jahres 1793 mit dem Titel *El lava piat del Meneghin ch'è mort*, bezogen auf den Tod des damals populären Mundartdichters Domenico Borsieri,[1] verfaßt Carlo Porta insgesamt 17 dichterische Beiträge, 12 sind jeweils einem Monat gewidmet, dazu kommen 5 Einzelgedichte. Der gerade erst 17jährige schickt seinem Werk unter dem Pseudonym "Brighella", einer Standardfigur aus der 'Commedia dell' Arte', ein Leservorwort voraus ("A chi voeur legg"), in welchem er dem Vorwurf des Stilbruchs durch die Verwendung der Mundart zuvorzukommt:

> Torna a fà el Bosin! Torna a fà el Bosin! Senti, che me dis on vespee de Taccoin vecc, e noeuv. Torna a fà el Bosin, se però te see bon, villanon marcadett: Coss'ela sta boria de vorrè stan impari? De vorrè mes' cià coi nost fras della crusca de tri cribi i tò fasoron de verzee, che noo passen gnanca di boeugg della padella di maron?
> (Torna a fare il bosino! Torna a fare il bosino!, sento che mi dice un vespaio di taccuini vecchi e nuovi. Torna a fare il bosino, se pure ne sei capace, villanone maledetto: cos'è questa boria di volere starci alla pari? di voler mischiare con le nostre frasi di crusca da tre setacci i suoi fagioloni di Verziere che non passano neanche dai buchi della padella dei marroni?)[2]

Dem Unternehmen, einen "taccuino" vollständig im Lokaldialekt zu verfassen, treten die (fiktiven) Gegner mit einer Abwertung der Mundart als Literatursprache entgegen. Der Dichter, der sich eines Lokaldialektes innerhalb literarischer Formen bediene, für welche sich die toskanische Schriftsprache seit langem etabliert habe ("taccoin vecc, e noeuv"), solle sich seiner Herkunft als "bosin" (etwa: 'Bänkelsänger') besinnen; ja er verhalte sich wie ein Bauerntölpel, wenn er sich anmaße, ihm stilistisch nicht gemäße Themen zu besingen. Deutlich ist die Anspielung auf die sprachnormierende Tätigkeit der 'Accademia della Crusca' ("nost fras della crusca"), deren metaphorische Benennung als "Akademie der Kleie" Porta aufnimmt und ironisch weiterspielt. Das Vokabular der Mundart, so der Einwand von Seiten der Puristen, sei nicht hinreichend differenzierungsfähig, zu grobkörnig, ja von Bohnengröße ("cribi"). Als Sprachsieb, so wird die Metapher ausgeweitet, sei in diesem Falle nicht einmal eine 'Röstpfanne für Kastanien' brauchbar. Auf derartige Unterstellungen läßt Porta einen atemlosen Gegenangriff

---

[1] In: Porta (2000), S. 871-918. Zu dem Bezug des 'Meneghin' auf Domenico Borsieri vgl. Bezzola (1972), S. 21ff. Die Entdeckung des Kalenders sowie die Zuschreibung Portas als Verfasser erfolgte aufgrund zahlreicher biographischer wie werkgeschichtlicher Rückschlüsse erst 1960 durch Dante Isella, vgl. Porta (1960).

[2] Porta (2000), S. 871. Die ins Italienische sind aus der Ausgabe Isellas übernommen.

folgen, den der empörte Dialektdichter 'Brighella' in einem einzigen langen Syntagma vorbringt; die Argumente sind lediglich durch Semikola getrennt:

> Adasi i mee car sur Taccoin, adasi; parlee poch, e parlee ben. In fin di facc coss' hin i vost vertù: quatter bott, e respost tra Federigh, e Carlo Magn; tra Pluton, e Zeser, tra Catilina, e Zizeron; quatter fattarij copiaa sul fà dell'omm, e la donna, che andaven a Roma; on para de Commedi faa a vid de mett con che nomm se voeur; quatter zeremoni alla moda; in soma on piatt de menestra rescoldada, che 'l fee passà per fradell die Satir d'Orazi, (...).
> (Adagio, miei cari signori Taccuini, adagio; parlate poco e parlate bene. In fin dei fatti, cosa sono le vostre virtù? quattro botte e risposte tra Federico e Carlo Magno, tra Plutone e Cesare, tra Catilina e Cicerone; quattro storielle copiate, sul fare dell'uomo e della donna che andavano a Roma; un paio di commedie fatte a vite, da mettere con ogni nome che si vuole; quattro cerimonie alla moda, insomma un piatto di minestra riscaldata che fate passare per fratello della Satire di Orazio, (...).)[1]

Ironisch kann er die "sur Taccoin" zur sprachlichen Selbstdisziplin zurückrufen, nachdem sie selbst in ihrer erregten dreifachen Apostrophe zu Beginn sowie durch ihr unkontrolliertes Ausufern in kräftige Kulinarmetaphern gegen das klassizistische Stilpostulat eines gemäßigten Sprachduktus' verstoßen hätten ("parlee poch, e parlee ben"). Zugleich decouvriert er deren eigene literarische Produktion als sinnentleertes Spiel mit stereotypen Dialogversatzstücken ("quatter bott, e respost"), die den immer gleichen Figuren aus dem altbekannten Repertoire der Geschichte und Mythologie in den Mund gelegt würden. Die Handlungen seien in ihrer repetitiven Sterilität längst bekannt und rein mechanisch konstruiert ("faa a vid"), so daß das Personal ob seiner reinen Typenhaftigkeit und fehlenden Lebensnähe beliebig ersetzbar scheint ("de mett con che nomm se voeur"). Velleitäre Nachahmungsversuche antiker Satiren blieben gleichfalls ohne Würze ("on piatt de menestra rescoldada"). Entsprechend artifiziell wirke ihr Sprachstil, der aufgrund eines Übermaßes an übertriebenen Purismen stets ins Lächerliche umzukippen drohe:

> (...) tirand poeù da part el stil lecaa, che di voeult anch quell nol servv che a fass ridicol.
> ((...) lasciando poi da parte lo stile leccato che delle volte anch'esso non serve che a farsi ridicoli.)[2]

Derlei Künstlichkeiten suche, so kann man umgekehrt folgern, die Mundartdichtung zu vermeiden. Den Gegenattacken schließt 'Brighella' denn auch eine eigene positive Positionsbestimmung an:

> Ma soo ben che anca la nostra lengua buseccona no l'è el diaver, e la gh'ha anca lee el sò piasever, e la sommeja bona chì sul loeugh comè i verz sull'Ostaria.

---

[1] Ebd., S. 871f.
[2] Ebd., S. 872.

(Ma so bene che anche la nostra lingua buseccona non è il diavolo, ed anche lei ha il suo piacevole, e pare buona qui sul luogo come i cavoli all'osteria.)[1]

Der Kalenderdichter geht mit einem kulinarischen Vergleich auf die Metaphernfolge seiner Gegner ein[2] und erklärt sich bereit, das Applikationsfeld von Mundart auf Themen mit Lokalbezug zu restringieren; sein eigenes literarisches Unternehmen, die Gestaltung eines bescheidenen Hauskalenders, dürfte nach diesem Kriterium schließlich stilistisch legitimiert sein.

Da trotz des Teilzugeständnisses noch mit grundsätzlichen Einsprüchen von Seiten der strengen Kunstrichter zu rechnen sei, beruft er sich zur Bekräftigung seines Standpunktes auf den Mundartdichter Carlo Maria Maggi, der in der gebildeten Literatenschicht allgemein anerkannt war[3] und den er später in einem Sonett in einem Atemzug mit Balestrieri, Tanzi und Parini als einen der Großen der Mailänder Mundartdichtung preisen sollte.[4]

> Se no me credil, credill almanch alla bon'anema del Magg, ch'el dis:
> *Sta nostra lengua buseccona*
> *Se la sostentarem, la po anca lee*
> *Trattà coss de sustanzia, e fass onor;*
> *E i gambus del Verzee*
> *Poran passà in Parnass per cavol fior.*
> (Se non mi credete, credetelo almeno alla buonanima del Maggi, che dice: "Questa nostra lingua buseccona, se la sostenteremo, anch'essa potrà trattare cose di sostanza e farsi onore; e i cavoli cappucci del Verziere potranno passare in Parnasso per cavolfiori.")[5]

Carlo Maggi wird heute die literarhistorische Leistung zugeschrieben, Mundart zu dichterischen Zwecken nicht mehr ausschließlich als unterhaltendes Verfremdungsmittel verwendet, sondern ihr Applikationsspektrum entscheidend erweitert zu haben, indem er sich der ihr eigenen "forza di espressione naturale e immediata"[6] künstlerisch bedient habe. Dem Dialekt kommt in den Werken Maggis, der als Komödienautor und Lyriker hervortrat, die Aufgabe zu, als

---

[1] Ebd.
[2] "Busecchia" bezeichnet eine in Mailand beliebte Suppe mit Innereien, vgl. Battaglia (1962), S. 462, s.v. busecchia.
[3] Vgl. Isella, in: Maggi (1985): "(...) quel titolo di "padre della letteratura milanese" che al Maggi sarà attribuito già dalla prima generazione dei Trasformati, dal Balestrieri al Parini; e che gli sarà riconosciuto, più o meno esplicitamente, da tutta la tradizione che ne discende, da un Porta e da un Manzoni, da un Dossi o più giù da un Gadda (...)." (S. IX)
[4] Vgl. Porta (2000): "Varon, Magg, Balestrer, Tanz e Parin, / Cinqu omenoni proppi de spallera, / Gloria del lenguagg noster meneghin, (...)." (Varrone, Maggi, Balestrieri, Tanzi e Parini, cinque grandi uomini proprio da spalliera, gloria della nostra lingua meneghina, (...)." (S. 52f., Nr. 16, V. 1-3); vgl. auch ebd., Nr. 68[12], S. 401, V. 17.
[5] Porta (2000), S. 872f. (kursiv im Orig.). Vgl. auch Lanza (1976), S. 10.
[6] Isella, in: Maggi (1985), S. XI.

schichtenübergreifende Sprachform breite Teile der Bevölkerung, die bislang aus der höheren Literatur ausgeschlossen waren, authentisch zu repräsentieren. Das Bürgertum, welches in Norditalien seit der Mitte des 18. Jahrhunderts wirtschaftlich wie kulturell an Bedeutung gewann, vermochte sich in der Dichtung Maggis wiederzuerkennen. Da dem Mailänder Dialektpoeten eine breite Skala von sprachlichen Ausdrucksmöglichkeiten vom Volksdialekt über diverse Zwischenstufen bis hin zu einem reinen toskanischen Schriftitalienisch zur Verfügung steht, gelingt es ihm, umfassendere Wirklichkeitsspektren abzubilden, als dies einer streng monolingual-klassizistischen Stilhaltung zu der Zeit möglich gewesen wäre.[1]

Auch in den von Porta zitierten Versen wird wieder Gebrauch von kulinarischen Vergleichen gemacht, welche hier jedoch darauf abzielen, die veredelnde Wirkung von Mundartdichtung auf das dialektale Sprachmaterial selbst zu illustrieren. Bei Anhebung des thematischen Niveaus ("trattà coss de sustanzia") sei ein Eintritt in den literarischen Parnaß auch für einen Dialektdichter durchaus denkbar, wenn zuvor das noch rohe Vokabular ("i gambus del Verzee") verfeinert und kultiviert würde.

Den fiktiven Einwand, er, ein kleiner "bosin", wolle sich doch nicht ernsthaft mit anerkannten Größen wie Balestrieri und Maggi vergleichen, geschweige denn in eine Traditionslinie mit ihnen stellen, schiebt der Kalenderdichter kurzerhand beiseite:

> (...) el Magg, e el Ballestreri eran minga bosin come mì. A maraviglia, respondi, ma anca lor no avaran comenzaa dai Poemma, quand han ciapaa in man la penna. On Legnamee de prim lavorà nol pò fà ona Carrozza.
> (("(...) il Maggi e il Balestrieri non erano mica bosini come me. A meraviglia, rispondo, ma anche loro non avranno cominciato dai poemi, quando hanno preso in mano la penna. Un falegname al primo lavoro non può fare una carrozza.")[2]

Er befinde sich noch in der Ausbildungsphase; um ein größeres Dichtwerk ("Poemma") zu schreiben, bedürfe es langer handwerklicher Übung. Der Dichter des Almanachs erkennt ausdrücklich den hohen künstlerischen Rang an, den die beiden Vorgänger in ihren Werken erreicht hätten. Dichtung in Mundart, so hebt er wie bereits Parini hervor, setze, nicht anders als die in der etablierten Hochsprache, neben künstlerischer Begabung auch gründliche technische Vorbereitung voraus.

---

[1] Vgl. Isella, in: Maggi (1985) "(...) il linguaggio si precisa, sottolineando con la sua triplice varietà (milanese popolare, (...) milanese italianizzato, italiano) la struttura della società rappresentata in scena: che non è più il quadro di una società fittizia, esistente solo nei repertori dei guitti, ma lo specchio di una situazione precisa della società milanese, nel momento di trapasso da una mentalità neofeudale (...) a una mentalità borghese." (S. XII) Vgl. auch Bellosi / Savini (1980), S. 38ff.; Isella (1984a), S. 36f.; Mauri (1988), S. 879; Brevini (1995), S. 159.
[2] Porta (2000), S. 873.

Im Sinne einer literarischen 'Recusatio' erklärt er, seiner persönlichen Begabung entspräche eben eine bodenständige, lokalverhaftete Mundartpoesie, mit der er immerhin eine gewisse Wirkung zu erreichen vermöge:

> (...) che no podess arrivà a sto segn de piasè ai Dottor con di bei conzett, e di penser cribiaa; cercaroo almanch de piasè ai Sposett con di buffonarij, (...).
> ((...) che io non potessi arrivare a tal segno da piacere ai dottori con dei bei concetti e dei pensieri setacciati; cercherò almeno di piacere alle donnicciole con delle buffonerie, (...).)[1]

Weder in barockisierenden "conzett" wolle er sich ausdrücken, noch lasse er seine literarischen Ideen durch das Regelsieb der Konvention einschränken. Zielpublikum seiner bescheidenen Dialektproduktion seien vielmehr einfache und ungebildete Schichten, die er erheitern wolle. Die übertriebene Reduzierung der eigenen poetischen Fähigkeiten wird zum einen dadurch wieder gemildert, daß der Text in der literarischen Tradition der 'Recusatio' steht, wird aber ironisch vollends in Zweifel gezogen, wenn sich der Kalenderdichter in selbsterniedrigender Attitude die Aufgabe zuweist, den Herrn lediglich "alla bella mei con zifolo"[2] zu preisen. Indem ‚Brighella' die Degradierung, mit dem ihn seine Argumentationsgegner treffen wollen, derart ins Groteske überdehnt, entzieht er sich jeder Diskussionsbasis: mit einem Dichterling solchen Niveaus wollen sich die Herren Literaten doch wohl nicht ernsthaft befassen! In gewollt vulgärer Weise schließt er denn auch sein Vorwort durch ein Spotterzett ab:

> Deel de mia part a quell che forma i pitt,
> Che se l'Autor nol podarà basà
> El gh'ha tanta bontaa de basà i scritt.
>     El voster Servitor
>         Brighella
> (Datelo da parte mia a quel che forma i peti, ché se non potrà baciare l'Autore ha tanta bontà da baciarne gli scritti. Il vostro Servitore Brighella.)[3]

Porta stellt sich hier explizit in die komische Tradition der 'Commedia dell' Arte' und schließt im Sprachduktus an die satirisch-burleske Dichtung eines Pietro Aretino (1492–1556) an. Der Dialektdichtung steht damit ein Applikationsspektrum offen, welches von 'bürgerlicher' Wirklichkeitsbeschreibung eines Maggi bis zu derb-komischer Ausgestaltung 'niederer Themenbereiche' reicht. Die frühe Kalendervorrede präsentiert trotz der ironischen Selbstzurücknahme so bereits das

---

[1] Ebd., S. 873f.
[2] Ebd., S. 874 (alla bell'è meglio con lo zùfolo).
[3] Ebd., S. 875 (kursiv im Orig., F.G.).

umfangreiche Themen- und Ausdruckspotential, welches Porta der mundartlichen Literatur erschließen sollte.

### 3.3.2.2 Proömium 1814/15

1814/15 besorgt Carlo Porta eine eigenhändige Abschrift seiner Gedichte, der er eine Widmung an den damals erst 8jährigen Sohn voranstellt.[1] Gleich im Einleitungssatz spricht er den Sohn in der Manier Catulls als Empfänger seines 'kleinen, (unbedeutenden) Büchleins' an:

> A te Giuseppe figliuol mio carissimo ed amatissimo dedico, consagro e dono questo libercolo (...).[2]

Der Anschluß an das berühmte antike Vorbild wird noch im selben Satz durch eine Anspielung auf das Einleitungssonett Petrarcas zu seinem Canzoniere ergänzt, welcher auch unter dem von Petrarca selbst stammenden Titel "Rerum vulgarium fragmenta" geführt wird. Portas "vernacoli componimenti"[3] erheben, ähnlich wie die 'Bruchstücke von Sachen in der Volksmundart'[4] Petrarcas, nicht den Anspruch, der hochsprachlich-toskanischen Dichtung ehrgeizig Konkurrenz zu machen, ebensowenig wie Petrarcas Gedichte im 'Volgare' der lateinischen:[5]

> Io non pretendo in essi esibirti un modello di poesia da dovere, o poter imitare; (...).[6]

Mundartpoesie sei ihm ein privates Anliegen gewesen, eine willkommene Möglichkeit der Entspannung in der Mußezeit, "una strada sicura per sottrarmi alle di lui [scil: dell'ozio, F.G.] insidie e fuggirlo."[7] Ausdrücklich entschuldigt sich Porta auch für den oft lasziven Inhalt seiner Gedichte ("genere erotico")[8], die er seinem Sohn gleichwohl zu Verwahrung anempfiehlt.

---

[1] Porta (2000), S. 3f.
[2] Vgl. Porta (2000), S. 3. Vgl. Catull, c. 1,1: "Cui dono lepidum novum libellum (...)?"
[3] Porta (2000), S. 3.
[4] Porta (2000) spricht zudem davon, daß er seine einzelnen Gedichte, die er wie Petrarca ("res") als "cose" (!) bezeichnet, für die Abschrift zunächst wieder – wie Bruchstücke – hat einsammeln müssen: "(...) tutta quella parte dei miei vernacoli componimenti, che mi è avvenuto di poter raccostare sia coll'aiuto della memoria (...) sia coll'aiuto degli amici, che a me di buon grado ritornarono quanto delle cose mie era stato da loro in vari tempi raccolto." (ebd.)
[5] Vgl. Friedrich (1964), S. 173 et passim.
[6] Porta (2000), S.3.
[7] Ebd.
[8] Ebd.

Indem sich Porta in seiner Ansprache an zwei klassische proömiale Gedichte anlehnt, übernimmt er indirekt auch deren jeweilige Grundattitude, die im Falle Catulls einen dichterischen Bescheidenheitsgestus bei gleichzeitigem Bewußtsein der eigenen Leistung, im Falle Petrarcas darüber hinaus Verwahrung vor inadäquater Einordnung seiner volkssprachlichen Lyrik impliziert. Das Selbstbewußtsein, ein wirklicher Neuerer im Bereich der dialektalen Literatur zu sein, kann dem Mailänder daher trotz der ihm eigenen Zurückhaltung bei poetologischen Konzepten unterstellt werden.

Auch mit der präventiven Verteidigung gegenüber Stimmen, die von dem anzüglichen Gehalt einiger Verse auf die moralische Lebensführung des Dichters schließen, stellt sich Porta in eine lange, bereits in der Antike etablierte Tradition (Catull, Martial[1]).

> Se tuttavia però qualche accigliato ipocrita alzasse la voce contro tuo padre e gridasse: All'empio! Al libertino! Al lascivo!, dì francamente a costui che a favor di tuo Padre stava a' suoi giorni la pubblica opinione, ch'esso fu un intemerato amministratore (...).[2]

Giuseppe Gioachino Belli sollte sich später dieser Argumentationsfigur erneut bedienen.[3]

Wenn Porta als weiteres Motiv seiner Bemühungen, in der Lokalmundart zu dichten, ein dezidiert sprachexperimentelles Interesse herausstellt, seine "curiosità e brama (...) di provare se il dialetto nostro poteva esso pure far mostra di alcune di quelle veneri, che furono fin or credute intangibile patrimonio di linguaggi più generali ed accettati",[4] so schließt er inhaltlich an die Verse seines Vorbilds Carlo Maggi an, welche er gut 22 Jahre zuvor in seinem Kalenderproömium (1793) zitiert hatte. Indem Porta im Mailänder Dialekt Gegenstände dichterisch gestaltet, die bislang alleiniges Vorrecht der toskanischen Hochsprache waren, vermag er dessen Tauglichkeit zu höheren ästhetischen Aufgaben auszuloten. Der Übergang vom bescheidenen Kalenderdichter, der sich noch in Ausbildung befindet, zum experimentierenden Poeten, welcher sich an literarischen Höhen versucht ("veneri"), war nur durch planvolle technisch-instrumentelle Ausbildung im Umgang mit der Mundart zu leisten:

---

[1] Vgl. Catull, c. 16; Ovid, *Tristia* II, 353-356; Martial I, 4,8; XI, 15, 11-13; vgl. hierzu Syndikus (1984), S. 146f.
[2] Porta (2000), S. 4.
[3] Vgl. hierzu auch vorliegende Arbeit, Kap. 3.4.2.
[4] Porta (2000), S. 3f.

Ho io così fabbricato quell'appuntato coltello, che sarebbe mal affidato nelle mani dell'inesperto fanciullo, e tu lo custodirai, figlio mio, con gelosia, siccome custodiresti le altre armi non meno pericolose fabbricate dai Salomoni e dai Sanchez![1]

Die aggressive Waffenmetaphorik läßt an eine potentielle Gefährlichkeit von Mundartdichtung in zweierlei Richtung denken. Zum einen kann sie aufgrund ihrer sprachlichen Direktheit und Treffsicherheit zu satirischen, ja polemischen Zwecken instrumentalisiert werden. Porta sollte das selbst mehrmals vorführen.[2] Zum anderen können die nicht leicht handhabbaren Instrumente der Dialektdichtung auch gegen den Dichter selbst ausschlagen, wenn er sich nämlich mangels einer in langer Mühe erworbenen Meisterschaft vor vulgären und lächerlichen Peinlichkeiten in Form und Inhalt nicht zu feien vermag.

Carlo Porta selbst hat sich jedenfalls bereits früh um eine umfassende stilistische Beherrschung des Dialekts bemüht. Neben dem genauen Studium der Werke seiner Vorgänger Maggi und Balestrieri beginnt er wohl 1801, die '*Commedia*' Dante Alighieris in den Mailänder Dialekt zu übertragen.[3] Bis 1805 bearbeitet er, freilich recht frei,[4] den ersten Canto des '*Inferno*' vollständig, sowie Teile der unmittelbar folgenden zehn Canti, wobei er sich anstelle der Terzinenform Dantes der 'volkstümlicheren' Ottavarima-Strophe des Epos bedient,[5] bei der die ersten sechs Verse zwei Terzinen Dantes wiedergeben, das Schlußdistichon jeweils frei ausgefüllt werden kann. Diesem Schema folgt Porta wiederum nicht immer streng. Inhaltlich nimmt er sich die Freiheit, durch komisch-realistische, ja volkstümliche und parodistische Elemente den Text anachronistisch aufzulockern.[6] Die um 1800

---

[1] Ebd., S. 4. Vgl. den Handwerkervergleich im Proömium zum *Il lava piatt del Meneghin ch'è mort*, in: ebd., S. 873.
Vgl. auch den Anklang an Giuseppe Parinis Sonett *In morte di Balestrieri*, in welchem gleichfalls die jungen Anfänger vor einem tollkühnen und anmaßenden Umgang mit dem schwierigen Instrument der Mundart gewarnt werden (vgl. vorliegende Arbeit, Kap. 3.2.1).
[2] Vgl. etwa Nr. 65 (*Dodes sonitt all'Abaa Don Giavan*); Nr. 88 (*Il Romanticismo*).
[3] Vgl. hierzu und zur Datierung Bezzola (1972), S. 60ff.; Lanza (1976), S. 11ff.; Cortelazzo (1980), S. 115ff.; Isella (1988), S. 571ff.; Isella, in: Porta (2000), S. 939; Marucci / Stella (1998), S. 979;
Zu Mundartübersetzungen der Werke Dantes in Italien vgl. auch Stussi (1982a); Sansone (1975).
[4] Isella (1988) spricht gar von einem "travestimento" (S. 571). Vgl. auch Portinari (1970): "Non si può infatti parlare di traduzione in senso stretto, bensí di adattamento." (S. 405)
[5] Zu der Tradition der 'Ottava' in der Epik vgl. Elwert (1984), S. 103, 126f.
Zu der 'Volkstümlichkeit' dieser Versform vgl. Portinari (1970), S. 405; vgl. auch Isella (1988), S. 571f.
[6] So erklärt der Vergil Portas, er habe seine *Äneis* verbrennen wollen, da er sie nicht im Mailänder Dialekt habe verfaßen können. Vgl. Porta (2000): "E te diroo che voreva anch brusall / Per ghignon de no avell faa in meneghin." (e ti dirò che volevo anche bruciarlo per la rabbia di non averlo fatto in meneghino.) (S. 233, Nr. 50, V. 100f)

noch keineswegs selbstverständliche Wahl des Hauptwerkes von Dante als Übersetzungsvorlage[1] erklärt sich durch Portas Willen zu sprachexperimenteller Ausbildung. Die 'Comedia' Dante Alighieris, der selbst als Paradigma eines sprachschöpferischen Genies gilt, bietet sich einem Autor geradezu an, der sich sprachliche Innovation und Erweiterung zum Ziel gesetzt hat. Auch Dante mußte sich eine seinen künstlerischen Zielen adäquate Literatursprache erst erschaffen; insofern er sich bei seinen Bemühungen im wesentlichen auf den florentinischen Lokaldialekt stützte, stellt Dante eine Vorbildinstanz auch für dialektale Dichtung dar.[2]

***

Exkurs: Pietro Giordani / Pietro Borsieri

Im Februar 1816 erscheint in der Zeitschrift *Biblioteca Italiana* eine Rezension des ersten Teils einer auf 12 Bände angelegten Sammlung von Gedichten in Mailänder Mundart.[3] Verfasser des Artikels ist Pietro Giordani, der heute vor allem als Förderer Giacomo Leopardis bekannt ist.[4]
Giordani provoziert mit seinem Aufsatz, in dem er sich gegen die Publikation von Mundartliteratur ausspricht, scharfe Gegenreaktionen.[5] Auch Carlo Porta attackiert ihn in seinen *Dodes sonitt all'Abaa Don Giavan*, deren Interpretation eine Kenntnis der Argumente Giordanis voraussetzt.

Pietro Giordani, dem volkspädagogischen Anliegen der (Spät)aufklärung verpflichtet,[6] sieht in der Produktion von Mundartdichtung eine bedrohliche

---

[1] Während sich Torquato Tasso und Lodovico Ariosto seit langem eines großen Anklangs bei Dialektdichtern aus den verschiedenen Regionen Italiens erfreuten, setzen Übersetzungsbemühungen aus der Commedia erst mit Carlo Porta ein, vgl. Stussi (1982b), S. 711.

[2] Vgl. Portinari (1970), S. 405. Vgl. dagegen Bezzola (1972), der aufgrund der komischen Verzerrungen des Danteschen Urtextes durch Porta urteilt: "L'arte e la grandezza di Dante, tutto sommato, gli sfuggono, (...)." (S. 62)

[3] *Recensione di Pietro Giordani a: "Collezione delle migliori opere scritte in dialetto milanese. Opere di Domenico Balestrieri, volume primo in 18°, di pag. 324. Milano per Gio. Pirotta, presso A.F. Stella, 1816"*, in: Biblioteca italiana 1 (febb. 1816), S. 173-179; wir zitieren nach Porta (2000), S. 1051-1055.

[4] Zu der widersprüchlichen Persönlichkeit des Pietro Giordani vgl. die Studie von Timpanaro (1969), in welcher dieser die Züge des puristisch orientierten Antiromantikers mit dessen progressiv-aufklärerischer Grundhaltung zu einem überzeugenden Gesamtbild zu vereinigen sucht. Vgl. auch Timpanaro, in: Giordani (1961), S. IX-XXI.

[5] Vgl. De Stefanis Ciccone (1971), insb. S. 78-111. Vgl. auch Timpanaro (1969), S. 50; Corti (1969a), S. 175ff.; Marazzini (1999), S. 158ff.; Marucci / Stella (1998), S. 984f.

[6] Mauri betont die aufklärerische Haltung Giordanis, die in ihren Zielsetzungen Ähnlichkeiten mit Positionen Parinis aufweise: "Cosa scrisse in sostanza il Giordani? Scrisse, per esteso, né

Rückkehr zu provinziellen, ja reaktionären Positionen, welche dem Volke die mühsam zu erkämpfende Ausbildung zu "civiltà" eher versperre denn befördere:[1]

> (...) dunque è laudabil opera abbandonare i dialetti all'uso domestico, e con ogni studio propagare, facilitare, insinuare nella moltitudine la pratica della comune lingua nazionale, solo istrumento a mantenere e diffondere la civiltà.[2]

Mit dem Postulat, die toskanische Hochsprache im Sinne einer "lingua nazionale" als einigendes Kommunikationsmittel zu etablieren und zugleich die Lokaldialekte unter breiten Schichten der Bevölkerung zurückzudrängen, steht Giordani Anfang des 19. Jahrhunderts keineswegs alleine.[3] Insbesondere die politische Option, die Verwendung von Mundart durch Zentralinstanzen zu unterbinden, wurde in Italien bereits während der napoleonischen Besatzung um die Jahrhundertwende intensiv diskutiert, wobei die antidialektalen Feldzüge der französischen Jakobiner immer wieder als Vorbild dienten. So fordert Girolamo Bocalosi 1796/97 in seiner jakobinischen Programmschrift *Dell'educazione democratica da darsi al popolo italiano*[4], der spaltenden Wirkung der zahlreichen Lokalmundarten Italiens durch gezielte sprachunifikatorische Erziehungsmaßnahmen entgegenzuwirken:

> Alla lingua nazionale dunque si dia tutta la possibile consistenza, e se ne dilati in Italia l'impero procurando con sagge instituzioni che divenga comune e monda da que'parziali dialetti che spesso rendono un popolo vicino all'altro inintelligibile. Conviene di più osservare che l'amicizia tra gli abitanti d'una provincia e d'un altra vi è più stretta più che v'ha affinità tra le frasi, le parole e l'espressioni che usano; e osserviamo pure che le antipatie nazionali nascano in gran parte dalla diversità dei dialetti.[5]

Bocalosi billigt die effektiven sprachlichen Homogenisierungskampagnen Frankreichs[6] und erklärt die Hochsprache zum alleinigen Vehikel, um nationale

---

più, né meno, quello che già Parini aveva scritto in poche righe: rivendicò il primato della lingua nazionale. Ma lo fece con accenti assai diversi, con la preoccupazione di chi vedeva nella lingua l'unico strumento di unificazione culturale del popolo. E negò la "parità"." (S. 901) Vgl. auch Bezzola (1972), S. 274.

[1] Vgl. auch Timpanaro, in: Giordani (1961), S. X f.
[2] Porta (2000), S. 1052.
[3] Vgl. Serianni (1989), S. 80.
[4] Bocalosi (1964). In seiner Erziehungsschrift entwirft Bocalosi ein Programm, wie ein junger italienischer Staatsbürger in einer demokratischen Republik systematisch entsprechend den Werten der französischen Aufklärung aufgezogen werden könnte. Zu Bocalosi vgl. Dondi (1968).
[5] Bocalosi (1964), S. 158.
[6] Vgl. ebd.: "(...) per appressare possibilmente a un contatto d'animo i cittadini, la Repubblica francese ha mandato de' maestri di lingua nella Brettagna e nella Normandia ove il vandeismo e lo scioanismo avevano tentato di seppellire la libertà nascente del popolo." (S. 159)

Kohäsion zu erreichen, welche wiederum unabdingbare Voraussetzung für einen Aufschwung der Künste und Wissenschaften sei:

> La lingua nazionale è la sola che può bene impararsi e che serve anche alla maggior gloria della nazione e al di lei incremento, ad affezionar gli uomini, come ho detto, alla patria, concatenandosi pure a tuttociò il vantaggio e il lustro delle arti.[1]

Ähnlich argumentiert Giordani, wenn er zunächst die politische und kulturelle Aufsplitterung des Landes beklagt, welche eine 'Kirchturmpolitik' hervorgerufen und damit zu einem allgemeinen wechselseitigen Mißtrauen der einzelnen Regionen untereinander geführt habe:

> In tutte le città noi vediamo che il volgo (cioè il massimo numero) guarda come straniero ed ha in palese avversione quelli che non nacquero entro le stesse mura; né vuole né sa persuadersi che ci sia una Italia comune patria di tutti gl'Italiani, come una Spagna degli Spagnuoli e una Inghilterra degl'Inglesi.[2]

Der partikularistische 'Campanilismus' der Italiener sei auf das Fehlen einer diastratisch gebräuchlichen Sprachform zurückzuführen:

> Io non dubito che questo male (in grandissima parte, se non in tutto) provenga dal partecipare pochissimo o nulla della comune lingua.[3]

Weniger radikal als Bocalosi greift Giordani nicht auf das gängige Vorbild Frankreich zurück, sondern bezieht sich auf die politisch gespaltenen deutschen Staaten, die sich gleichwohl die Bezeichnung 'Nation' aufgrund ihrer sprachlichen Einheit zu Recht verdient hätten und sich daher auch – anders als die Italiener – einer florierenden Kultur rühmen dürften:

> Non accade già così al Prussiano in Baviera, né al Bavaro in Sassonia; tutti si reputano Tedeschi, né il Tedesco è straniero in alcuna parte della Germania. Così quella nazione fiorisce d'interno commercio, di scienze, d'ogni maniera di studi e di arti, di soavi

---

[1] Bocalosi (1964), S. 159.
Wie Rak (1984) nachweist, gingen paradoxerweise die tatsächlichen Bestrebungen während des "Regno di Napoli" in die entgegengesetzte Richtung. Das staatsbürgerlich-revolutionäre Ziel einer "maggiore penetrazione se non di una maggiore partecipazione (...) nella necessità di regolare l'opinione e i suoi imprevedibili orientamenti (...) e infine di permeare della nuova ideologia la totalità del corpo sociale" (S. 286) vermeinte man durch die auch offizielle Verwendung des Dialektes erreichen zu können: "L'uso del dialetto veniva raccomandato (...) per tutte le occasioni di pubblicazione o diffusione de documenti governativi. (...) L'uso del dialetto era ritenuto necessario per la particolare struttura sociale del regno e per il peso rilevante delle plebi urbane e del contado in un eventuale confronto militare e politico." (S. 284)

[2] Porta (2000), S. 1054.

[3] Ebd.

costumi e di molta reputazione appo le altre genti; perché ciascuno individuo ama e procura quanto può il bene e l'onore di tutta la nazione.[1]

Daß Giordani den sprachlich-kulturellen Zustand in Deutschland um 1800 allzu harmonisch zeichnet, erklärt sich aus einer imagologischen Spiegelfunktion, wobei das nördliche Land die Stelle eines projizierten Wunschbildes einer Nation einnimmt, die zum Wohle des zivilisatorischen Fortschritts zumindest sprachlich geeint sei.

Diesen Zustand möchte Giordani auch in Italien verwirklicht sehen. Allerdings greift er immer wieder zu Pauschalverurteilungen, besorgt, dieses Ziel rücke durch partikularistische Gegenbestrebungen, etwa in Form von Dialektliteratur, in die Ferne. Die einzige positive Wirkung, die Giordani der Mundartdichtung allenfalls noch zugesteht, beschränkt sich auf kurzfristige Erheiterung einfacher Gemüter mit Hilfe von Sprach- und Situationskomik:

> Se coloro che nell'idioma nativo poetarono, intesero a scherzare, e scherzando dilettar sé e gli amici uguali a loro di condizione e d'ingegno, non so quanto bisogni che si procacci agli scherzi quella universalità e perpetuità che io non credo che gli autori loro dovessero bramare: senza che dodici volumi di scherzi, cioè d'inezie e d'inutilità, sono troppi.[2]

Wäre bereits die vorwegnehmende Unterstellung provokativ genug, alle elf noch geplanten Bände enthielten einschließlich des vorliegenden von Domenico Borsieri nichts als unnütze ephemere Witzgedichte, so stellt Giordani in einem zweiten Argumentationsschritt das Vorhaben, niedere Schichten durch dialektale Scherze lediglich belustigen zu wollen, gar unter den Verdacht der gezielten Volksverdummung mit reaktionären Absichten:

> Ora quale utilità nel solo ridere? Poniamo che il ridere faccia per un momento dimenticare alla plebe le sue miserie, ma i buoni insegnamenti le gioverebbero a saperne gran parte rimediare, gran parte prevenire. In vece che gl'ingegni educati si abbassassero fino al plebeo (che è perdita degli ingegni senza guadagno della plebe), non sarebbe meglio procurare di alzar la mente degli idioti quanto è possibile?[3]

Das eigentliche aufklärerische Grundziel Pietro Giordanis, die soziale und kulturelle Situation des gewöhnlichen Volkes durch "buoni insegnamenti" zu verbessern, wird durch anmaßende Formulierungen ("idioti") konterkariert. Dabei plädiert Giordani in seinem pädagogischen Impetus nicht einmal für eine radikale Ausrottung alles Dialektalen im Schrifttum, er lobt und fordert vielmehr ausdrücklich eine

---

[1] Ebd., S. 1055.
[2] Ebd., S. 1052.
[3] Ebd. Vgl. hierzu auch Timpanaro (1969), S. 51.

flächendeckende Anfertigung von Idiotika, die dem Dialektsprecher beim Erlernen der Hochsprache hilfreich sein könnten:

> La cagione che fa dolermi per le importune stampe di queste scritture, alle quali propriamente conviene il nome di *volgari*, mi stringe per contrario a lodarmi assai di una utilissima e onoratissima fatica, la quale già non pochi hanno adoperata in comporre vocabolarii per condurre in diverse parti d'Italia il volgo dalla pratica del nativo idioma alla intelligenza e all'uso della comune lingua.[1]

Auf die gelegentliche Konsultation derartiger Mundartlexika seien alle sozialen Schichten, selbst Gewohnheitsschreiber der Bildungsschicht angewiesen. Das Zugeständnis eines Giordani, auch versierten Literaten läge die angeborene Mundart oft näher als die mühsam erlernte Sprache der "buone scritture", dokumentiert glaubhaft den diastratischen Gebrauch des Mailänder Dialekts:

> Né solamente a' poveri e idioti si gioverebbe; ma pure a moltissimi di noi che già fummo alle scuole e acquistammo prontezza d'intendere la lingua italiana; ma quando si venga a scriverla o parlarla, spesse volte ci si offrono più presto alla mente i vocaboli appresi nella consuetudine domestica, che i pochi studiati nelle buone scritture.[2]

Um Dialekt und Dialektliteratur argumentativ möglichst geschickt abzuwerten, schließt Giordani an die aufklärerische Egalitätsthese an, die eine grundsätzliche Wertneutralität der Dialekte untereinander postuliert. Er verschiebt jedoch die ursprüngliche Aussage, wie sie sich etwa bei Parini oder Cesarotti findet, rhetorisch geschickt durch eine Folge von kleinen semantischen Verschiebungen und Abwandlungen in ihr Gegenteil:

> Io già non li [scil.: i dialetti, F.G.] disprezzo, né antipongo l'uno all'altro: tutti li credo o belli o brutti quasi ugualmente; tutti sufficienti all'uso domestico; tutti inetti anzi nocivi alla civiltà e all'onore della nazione.[3]

Die qualitative Gleichheit aller Dialekte wendet Giordani auf eine Gleichwertigkeit lediglich im "uso domestico" an, anders als der ursprüngliche Kontext erwarten ließe, nach dem der tolerant gefärbte Beginn der Textstelle üblicherweise mit einer Abwägung des jeweiligen Ausdruckspotentials hätte fortgeführt werden müssen. Einmal von der gewohnten Argumentationsfolge abgebogen, steigert Giordani die abschätzigen Attribute über eine degradierende Klimax von "brutti", "inetti" bis zu "nocivi alla civiltà". Die etablierte aufklärerische Prämisse wird so unvermerkt auf die beabsichtigte These von der Minderwertigkeit der Mundarten gelenkt: Der Wert

---

[1] Porta (2000), S. 1053.
[2] Ebd.
[3] Ebd., S. 1051.

ihres Sprachmaterials sei gering, ihr Applikationsradius beschränkt, der Gebrauch somit wie bei Kleinmünzen minimalen Wertes auf Alltagsgeschäfte einzuschränken:

> I dialetti mi paiono somiglianti alla moneta di rame, la quale è pur necessaria al minuto popolo e alle minute contrattazioni. (...) Come il rame, quanto a sé, rinchiude entro una città e un poco di territorio il commercio delle cose venali, e lo ristrigne a quelle di cotidiano uso, ma di piccolissimo valore; (...).[1]

Giordani ruft mit der Rezension noch im selben Jahre 1816 eine Reihe von scharfen Gegenangriffen hervor. Wir betrachten eine Einlassung von Pietro Borsieri (1788–1852) in seinen *Avventure letterarie di un giorno*, in denen sich damals gängige Wertäußerungen zu Mundartdichtung exemplarisch äußern.[2] Borsieri veröffentlicht den Aufsatz im September 1816 als Beitrag zu dem Disput, den der Artikel *Sulla maniera e sull'utilità delle traduzioni* von Mme DeStaël in der ersten Ausgabe der *Biblioteca Italiana* (Jan. 1816) unter den führenden Literaten des Landes hervorgerufen hat.[3] Im zweiten Kapitel seiner *Avventure*, betitelt mit *La compera di un buon libro o Censura della 'Biblioteca italiana'*, bezieht sich Borsieri auf den Artikel von Pietro Giordani, ohne ihn direkt zu nennen:

> È poi bello verderli spiegare magnanimità in cose da nulla, e predicare, per esempio, con affettato amore di patria che tutti dobbiamo giovarci del vincolo comune della comune lingua nazionale, e che chi stampa o legge la collezione delle migliori poesie scritte in dialetto milanese fa un torto all'Italia, e impedisce o ritarda la diffusione dei lumi nel popolo.[4]

Borsieris eigene Haltung weicht in ihrer Stoßrichtung keineswegs grundsätzlich von dem, wie er meint, unehrlichen Anliegen Giordanis ab, der "lingua nazionale" zu Breitenwirkung zu verhelfen und dadurch das Bildungsniveau niederer Schichten zu heben. Dies bezeugt das folgende Teilzugeständnis:

> Tutti sappiamo per certo, che i dialetti non debbono venire a paragone dell'universal lingua d'Italia; e che sarebbe stoltezza scrivere in quelli un libro di lunga lena o destinato alla comune utilità. Ma dall'altro canto, chi non sa che i nostri vernacoli sono

---

[1] Ebd.
[2] Borsieri (1951).
[3] Um der in seinen Augen rückschrittlichen *Biblioteca Italiana*, die den österreichischen Befehlshabern allzu sehr verpflichtet sei, ein publizistisches Gegengewicht entgegenzustellen, firmiert Borsieri 1818 als Mitherausgeber des *Conciliatore*. 1822 wird er von der österreichischen Polizei wegen des Verdachtes liberaler Umtriebe festgenommen und 1824 zu 20 Jahren Festungshaft verurteilt. Nachdem ihn der neue Kaiser, Ferdinand I., 1836 begnadigt, zieht Borsieri rastlos zwischen Amerika, Frankreich und Belgien umher, um ab 1840 wieder in Mailand zu wirken. Vgl. Calcaterra, in: Borsieri (1951), S. 127ff.
[4] Ebd., S. 161f.

per la più parte tanto corrotti e distanti dal vero idioma, che il popolo ineducato nulla o presso che nulla intende nei libri; (...).[1]

Treffen sich die beiden daher zwar in ihrer volkspädagogischen Motivation, steht die von Borsieri favorisierte Methode doch derjenigen Giordanis diametral entgegen: anstelle des Versuchs, den Dialektsprecher auf das Niveau der Hochsprache heraufzuziehen, wobei dieser seine gewohnte Sprachform nach Möglichkeit restlos aufzugeben hätte, schlägt Borsieri als Vorgehensweise "il giovarsi di quel dialetto ch'ei parla ed intende" vor.[2] Der pädagogische Ansatz, sich zunächst das sprachliche Niveau des Dialektdichters zunutze zu machen, um ihm erst dann, in einem weiteren Schritt, die Hochsprache nahezulegen, ist gerade umgekehrt orientiert.

Eine weitere Autonomisierung und Erweiterung der Lokalmundarten in ihrer Applikationsreichweite, von Giordani noch als dem nationalen Gemeinwohl schädlich abgelehnt, begrüßt Borsieri ausdrücklich, da sich dadurch die Chance ergebe, "di correggere, di nobilitare i dialetti medesimi, e di condurli a poco (...) a un maggior grado di somiglianza colla pura favella, ampliandone così col soccorso del tempo e l'intelligenza e l'impero."[3] Eine derartige 'Veredelung' und schrittweise 'Annäherung' der Dialekte an die "pura favella" widerspricht freilich diametral den Thesen Giordanis. An der geradezu entgegengesetzten Werthaltung gegenüber Mundart und Mundartdichtung eines Giordani und eines Borsieri läßt sich der Epochenwandel von aufklärerisch orientierten Positionen, welche im literarischen Bereich oft dezidiert klassizistisch argumentieren, hin zu 'romantischen' Stellungnahmen ablesen, die eine freiere Gestaltung auch der Literatursprache anstreben.

Im Sinne der damals insbesondere in Deutschland populären Vorstellung eines 'Volksgeistes', der sich in den einzelnen Nationalsprachen bzw. -dialekten widerspiegele,[4] lehnt Borsieri gegen eine Einebnung der einzelnen Mundarten zugunsten einer einzigen übergreifenden Gesamtsprache ab, welche der lokalen Rückbindung zu entraten hätte. Vielmehr preist er die positive Möglichkeit, die

---

[1] Ebd., S. 162.
[2] Ebd. Vgl. hierzu Bonora (1970), S. 289.
[3] Borsieri (1951), S. 162.
Bonora (1981) führt diese Argumentation konsequent zu Ende, wenn er aus Borsieris Forderung nach einer progressiven "somiglianza" der Lokaldialekte mit der Hochsprache schließt, daß dieser Homogenisierungsprozeß in eine restlose Auflösung der Mundartvarianten münde: "Il romantico Borsieri, mentre difendeva la legittimità dell'iniziativa del Cherubini, si assumeva il compito di affossatore dei dialetti: anziché auspicare la fioritura di una nuova e sempre più rigorosa letteratura dialettale, augurava il progressivo snaturarsi dei dialetti e, di conseguenza, il dissolversi delle letterature dialettali." (S. 485)
[4] Vgl. Borsieri (1951): "I dialetti, del pari che le lingue, sono immagine fedelissima delle abitudini, dei costumi, delle idee e delle passioni predominanti dei popoli che li parlano." (S. 163)

kulturellen Varietäten und mentalen Ungleichzeitigkeiten Italiens mit Hilfe der jeweiligen Dialekte und ihrer Literaturen authentisch dokumentieren zu können:

> (...) un acuto osservatore potrebbe dai vari dialetti scritti d'Italia desumere una verissima storia delle parziali costumanze ed indoli italiane; (...).[1]

Eine Entfaltung spaltender Wirkung durch die partikularistische Kulturtradition zieht Borsieri nicht in Betracht; vielmehr hebt er gerade die integrative Kraft der Dialekte innerhalb eines Gesamtstaates hervor. Mundartdichtung trage zu einer inneren nationalen Einheit bei, die ein gegenseitiges Verstehen, oder doch zumindest Anerkennen trotz deutlicher kultureller Diversität voraussetzt. Ein Vergleich der verschiedenen Ausprägungen der Dialektliteraturen befördere ein wechselseitiges Kennenlernen. Eine Dokumentation der einzelnen Lokalliteraturen könne schließlich, so Borsieri weiter, "presentarci comparativamente la somma totale delle idee, dei pregiudizi, e delle passioni popolari; ed insegnarci a conoscere noi stessi più profondamente ch'ora non ci conosciamo."[2]

Die beiden konträren Wertungsmuster von Mundartdichtung, die jeweils die antagonistische bzw. integrative Funktion gegenüber der Nationalliteratur in den Vordergrund stellen, finden später bei Giuseppe Ferrari und Benedetto Croce erneut ihren Niederschlag.[3]

### 3.3.2.3 Dodes sonitt all'Abaa Don Giavan

Als direkte Reaktion auf Pietro Giordanis Rezension verfaßte Carlo Porta bis September 1816 seine *Dodes sonitt all'Abaa Don Giavan sora la soa dissertazion di Poesij Meneghinn stampada sul segond numer del Giornal intitolaa Bibliotecca Italiana*[4], zwölf Sonette, die jeweils von einem Motto in Form eines direkten Zitats aus dem Aufsatz Giordanis angeführt werden, sowie ein "sonett proemial", welches Pietro Giordani als komische Figur, betitelt mit "don Giavan", einführt:[5]

---

[1] Ebd.
[2] Ebd.
[3] Vgl. vorliegende Arbeit Kap. 3.5.
[4] Vgl. Porta (2000), S. 375-418, Nr. 68. Zur Entstehungsgeschichte vgl. Isella, in: Porta (2000), S. 947f. Zu dem Sonettenkranz vgl. auch Lanza (1976), S. 40f.; Barbarisi, in: Porta (1976), S. XL f.; Bezzola (1972), S. 274ff.; Mauri (1988), S. 900ff.; Brevini (1995), S. 174ff.; Isella, in: Porta (2000), S. XVIII ff.
[5] "Giavan" lehnt sich lautlich an "Giordani" an und bedeutet im Dialekt "Dummkopf"; "Don" bzw. "abaa" (=abate) spielt auf Giordanis Karriere im Benediktinerorden bis 1803 an, vgl. Isella, in: Porta (2000), S. 375, Anm. zu V. 1.

> Largo largo che passa don Giavan
> cont el gran valison di soeu talent, (...) (Nr. 68, V. 1f.)
> (Largo largo che passa don Giavano con il gran valigione dei suoi talenti)[1]

In sich grotesk überbietenden Lobeshymnen wird er als anmaßender "Imperator di articol letterari" (V. 11)[2] lächerlich gemacht; seinem hochherrschaftlichen Urteil als "el gran kan de l'onor, del disonor" (V. 12)[3] sei jegliche literarische Produktion unterworfen, ja der geschichtliche Verlauf selbst diene ihm lediglich als Material für publizistische Stellungnahmen:

> Per donna de servizzi el gh'ha l'istoria
> E i poster tucc dedree per servitor. (V. 13f.)
> (Per donna di servizio ha la storia e i posteri tutti al suo séguito, per servitori)[4]

Carlo Porta sieht sich bei seiner Verteidigung der Mailänder Mundartdichtung in der Tradition der Auseinandersetzung zwischen Giuseppe Parini und Onofrio Branda[5]: Im siebten Sonett nimmt er an, ein Fremder käme in einem Vorort Mailands an und beschreibe dort, ähnlich wie Branda 1760, in ignoranter Voreingenommenheit dessen Einwohner, Sitten und Bildungsstand.[6] Dem hält der Dichter im zwölften Sonett die Überzeugung entgegen, daß man auch als Mailänder und ohne die toskanische Sprache mit der Muttermilch eingesogen zu haben ("senza (...) avè tettaa de bajla firentina", V. 2f), zu literarischen Fähigkeiten gelangen könne.[7] Wie sehr er sich in seiner Eigenschaft als Mailänder verbal angegriffen fühlt, zeigt die insistente Wiederaufnahme der Attribute "basso", "triviale", "goffo" und "ignorante",[8] mit denen Giordani den Dialekt, aber auch das Volk im ganzen bezeichnet hatte.[9]

---

[1] Ebd., S. 375.
[2] Ebd., S. 376: (imperatore degli articoli letterari).
[3] Ebd.: (il gran Kan dell'onore, del disonore). Mit "gran Kan" ist wohl zunächst der Mongolenführer Tschingis Khan gemeint, wobei aber auch an eine Konnotation mit "cane" zu denken ist, vgl. Isella, in: ebd., S. 376, Anm. zu V. 12.
[4] Ebd., S. 376.
[5] Vgl. vorliegende Arbeit, Kap. 3.2.1.
[6] Porta (2000): "E che là, senza mai moeuves de post, | El scrivess giò triff traff robba de can | Contra i fabregh, i donn, el ciel, el pian, i costumm e el savè del popol nost; (...)." (e là, senza muoversi di posto, scrivesse giù, a precipizio, roba da cani contro le fabbriche, le donne, il cielo, la pianura, i costumi e il sapere del nostro popolo) (S. 390, Nr. 68[7], V. 5-8) Vgl. dazu auch Isella (1988), S. 570.
[7] Vgl. ebd.: "Che anch senza vess nassuu in d'on'aria fina / E avè tettaa de bajla firentina / Se pò fass foeura i busch anca in Milan, (...)." (che, anche senza esser nati in un'aria fina e aver poppato da balia fiorentina, si può riuscire a qualcosa anche a Milano) (S. 399, Nr. 68[12], V. 2-4)
[8] Ebd., Nr. 68[1], V. 6; Nr. 68[2], V. 3; Nr. 68[3], V. 9.
[9] Zum einen geht es Giordani darum, das Themenspektrum für den Lokaldialekt zu beschränken: "(...) a comunicare coi prossimi le idee più basse e triviali basta a ciascuno l'idioma nativo; (...)." (Porta (2000), S. 1051), zum anderen denkt er über volkspädagogische Methoden nach:

Unangenehm sei die persönliche Arroganz,[1] mit der dieser den Vorrang der toskanischen Hochsprache vertrete.[2] Giordanis Forderung, das toskanische Idiom als alleiniges Kommunikationsmittel zu etablieren, um so das wissenschaftliche und künstlerische Niveau des gesamten Landes zu heben, kommt aus Portas Sicht einer unzulässigen Verabsolutierung einer einzigen Sprachform zum Träger von Moral und Zivilisation gleich:

> Donca senza savè el lenguagg toscan
> No ghe pò vess moral nè ziviltaa?
> E sti virtù ghe stan mò giust tacaa
> Come la vos de bass ai bicciolan? (Sonett 6, S. 1-4)
> (Dunque, senza sapere il linguaggio toscano non ci può essere né morale né civiltà? E queste virtù gli stanno mo' giusto attaccate come la voce di basso ai testicoli?)[3]

Umso ungerechter kämen die Angriffe Giordanis, als sich die Mundartdichter keineswegs zum Ziele gesetzt hätten, mit der Literatur in toskanischer Hochsprache zu konkurrieren, wie Porta im sechsten Sonett versichert:

> Se i Milanes col scriv in Milanes
> Pretendessen de trà in terra el toscan,
> Mì per el primm vorrev che Don Giavan
> El te ghe sonass giò sardell de pes; (...). (V. 1-4)
> (Se i milanesi, collo scrivere in milanese, pretendessero di mettere a terra il toscano, io per primo vorrei che don Giavano ti suonasse loro delle buone staffilate.)[4]

Zudem, so räumt Porta scheinbar ein, strebten Dialektdichter nicht einmal explizit danach, volkspädagogische Öffentlichkeitswirkung zu entfalten, wie dies etwa Pietro Borsieri vorschwebt, im Gegenteil, Mundartdichtung sei reine Privatbeschäftigung zur Unterhaltung geneigter Kreise,[5] mehr noch: man sei schon mit einem Publikum aus Fischverkäufern vollauf zufrieden.[6] Wie in seiner Vorrede

---

"Ora io domando: è ragionevole il credere che il popolo sarà meno vizioso e infelice quanto sarà meno goffo e ignorante?" (ebd., S. 1052)

[1] Vgl. ebd.: "Ah! on'oltra voeulta, innanz trà lì secch / De sti goffad, con tanta presunzion, / Ch' el consulta el cervell, minga i busecch." (Ah, un'altra volta, prima di buttar lì secco secco simili goffaggini con tanta presunzione, consulti i cervello e non le budella.) (S. 398, Nr. 68[11], V. 12-14)

[2] Vgl. ebd., Nr. 68[5], V. 1-4; Nr. 68[3], V. 14.

[3] Ebd., S. 381.

[4] Ebd., Nr. 68[6], S. 388.

[5] Vgl. ebd.: "(...) stampand, stampen per lor, | E in cà soa, e per sò divertiment, (...)." (stampando, stampano per sé, e in casa propria, e per loro divertimento) (S. 388, Nr. 68[6], V. 9f.)

[6] Vgl. ebd.: "E che infin dodes tomm n' hin minga assee | De portà el minem dann ai soeu parent | In d'ona Italia pienna de pessee." (e che infine dodici tomi non sono sufficienti a portare il minimo danno ai suoi parenti in un'Italia piena di pescivendoli) (S. 388f., Nr. 68[6], V. 12-14)

zu dem Kalender von 1793 übersteigert sich Porta auch hier in übertriebenen Gesten der dichterischen Selbstbescheidung, die sich bis zur Erniedrigung steigert. Dadurch wird deren Ernsthaftigkeit in Zweifel gezogen. Ein moralisch-pädagogischer Impetus steht indes, das hat schon Parini hervorgehoben, durchaus hinter der Motivation Mailänder Dialektpoeten.

Der Sonettenfolge gegen Pietro Giordani eignet neben zahlreichen Attacken persönlicher Art ein Grundzug stark überzeichneter Bescheidenheit in poetologischer Hinsicht. Positive Wertaussagen sind spärlich und meist indirekt.[1]
Immerhin weist Porta im Anschluß an Giordanis Münzmetapher im zweiten Sonett darauf hin, daß grundsätzlich die Verwendung von Dialekt in der Dichtung zu Ergebnissen führen könne, die poetischen Leistungen in der Hochsprache ebenbürtig seien:

> E quand lu col sò or, nun col nost ramm
> Vegnissem a coo a coo in di medemm spes,
> Che differenza mai porral trovamm?" (V. 9-11)
> (E quando Lei col suo oro, noi col nostro rame, arrivassimo giusto giusto a fare le stesse spese, che differenza mai mi potrà trovare?)[2]

Trotz des zunächst geringeren literarischen Wertes dialektalen Sprachmaterials seien bei Begabung und Kunstfertigkeit durchaus qualitativ hochwertige ästhetische Leistungen zu erzielen.
Die Vorhaltung Giordanis, Dialektliteratur sei bestenfalls humoristisch, wendet Porta im achten Sonett ins Positive und erklärt die Fähigkeit von Dichtung, die Leser zu erheitern, für pädagogisch fruchtbarer als aufdringliche "buoni insegnamenti" in didaktisch überladenen Lehrschriften:

> Ora on liber che gh'abbia la virtù
> De barattà in tant rid i pingisteri
> Per mì poggi ch'el vara on mezz Perù
> Senza tance prezzett che rompa i zeri. (V. 5-8)
> (Ora, un libro che abbia la virtù di cambiare in tanto riso i piagnistei, quanto a me poggio che valga un mezzo Perù, senza tanti precetti che rompano gli zeri.)[3]

---

[1] Vgl. Portinari (1970): "(...) i motivi e l'attenzione del Porta non sono tanto rivolti verso una sistematicità critica – che la stessa natura poetica dei sonetti non poteva pretendere – quanto invece a contestare con buon senso logico le affermazioni del Giordani prese in oggetto, (...)." (S. 410)
Vgl. auch Barbarisi, in: Porta (1976): "Il Porta non si preoccupò mai di teorizzare sulla poesia e di fissare in termini precisi i principî della sua poetica; (...)." (S. XXXIX)
[2] Porta (2000), S. 380.
[3] Ebd., S. 392.

Wenn Porta schließlich im zehnten Sonett erwähnt, Mailänder Mundartdichtung würde immerhin von mindestens 120 000 Menschen verstanden,[1] so dürfte damit eine Anzahl erreicht sein, die mit der potentiellen Leserzahl von Literatur in der Hochsprache in ganz Italien wohl konkurrieren kann. Eine wirkliche Popularität sei aus inhaltlichen wie sprachlichen Gründen durch Dialektdichtung wirksamer zu erreichen als in dem gekünstelten Idiom eines Pietro Giordani.

### 3.3.3 Zusammenfassung

Grundtenor der poetologischen Äußerungen Carlo Portas ist eine ostentative Bescheidenheit hinsichtlich der Prätention und Reichweite von Mundartdichtung. Positive Aussagen über ihre Leistungsfähigkeit müssen daher erst interpretatorisch erschlossen werden. Daß das dichterische Selbstbewußtsein Portas so gering nicht ist, zeigt schon sein imposantes poetisches Gesamtwerk, mit dem er der dialektalen Literatur ein Spektrum eröffnet hat, das weit über die zurückhaltenden expliziten Wertungen hinausweist.[2] Als Ergebnis unser Textuntersuchungen läßt sich immerhin folgendes festhalten.
Mundartdichtung erlaubt einen privilegierten Zugang zu lokalen Themenbereichen. Dies formuliert Carlo Porta zwar als inhaltliche Restriktion, um klassizistisch orientierten Anfeindungen entgegenzutreten, in Wirklichkeit birgt die scheinbare Konzession einen Vorzug in sich. Wie das dichterische Ergebnis seiner Werke zeigt, kann dialektale Dichtung eine Skala von Lebens- und Dichtungsbereichen abdecken, die der traditionellen Schriftsprache noch verstellt waren. Stand oder Lebenswandel der dargestellten Personen etwa stellen in der Mundartdichtung kein poetologisches Hindernis dar.[3]

---

[1] Vgl. ebd.: "(...) almanch de cent vint milla semm capii, (...)." (almeno da centoventimila siamo capiti) (S. 379, Nr. $68^{10}$, V. 14)

[2] Portas explizite 'Poetik der Selbstbescheidung' kontrastiert mit der 'revolutionären' Bedeutung, die seiner Poesie tatsächlich innewohnt. Im Rahmen dieser Arbeit konnten wir Portas poetisches Werk nicht in Einzelanalysen würdigen. Die bahnbrechende Leistung seiner Poesie ist indes in der Forschung ausführlich herausgestellt worden (vgl. vorliegende Arbeit, Kap. 3.3.1).
Das Prestige, das der italienischen Mundartdichtung durch Carlo Portas Werk erwachsen ist, hat ihr im Verlauf des 19. Jahrhunderts großen Auftrieb verliehen. Auch Giuseppe Gioachino Belli bezieht sich auf die wachsende Wertschätzung dialektaler Literatur im Gefolge des Mailänder Vorbildes.

[3] Diese Funktionszuschreibung von Mundartdichtung löst Porta in seiner Dichtung auch praktisch ein. Vgl. etwa das berühmte Gedicht *"La Ninetta del Verzee"* (Porta (2000), Nr. 34, S. 118-141), in dem eine Prostituierte in unverblümter und psychologisch überzeugender Direktheit ihren Werdegang und ihre Berufsmotivation offenlegt. Die Erzählhaltung befreit den Autor von jeglicher moralischer Wertung. Sowohl der soziale Stand als auch die Thematik schließt eine Behandlung in der Hochsprache von vornherein aus. Auch das sexuelle Vokabular

Insofern betont Porta zu Recht, daß ein eigentliches Konkurrenzverhältnis zur Literatur in Hochsprache nicht im Sinne des Mundartdichters liege. Aufgrund der klassizistischen Erstarrung der italienischen Literatursprache um 1800 dürfte die Schnittmenge der jeweiligen Themenbereiche gering sein. Ferner gewinne Mundartdichtung – und hier mag sie wirklich in Wettbewerb mit der hochsprachlichen Literatur treten – aufgrund ihrer größeren Lebens- und Realitätsnähe trotz lokaler Einschränkung ein quantitativ respektables Lesepublikum. Gerade auch die Fähigkeit zu komisch-burlesker Darstellung, oft von außen als Vorwurf herangetragen, stellt sich als entscheidender Faktor der Popularität dialektaler Literatur dar. Letztlich, auch das deutet Porta an, sei die Gemütserheiterung der Leser[1] pädagogisch fruchtbarer als moraldurchsetzte Lehrschriften in toskanischer Hochsprache.

Um diese literarische 'Ergänzungsfunktion' effektiv ausfüllen zu können, bedürfe es für einen Mundartdichter freilich, nicht anders als in der hochsprachlichen Dichtung, einer sorgfältigen handwerklichen Ausbildung. Porta selbst hat sich an Dante geschult. Nur bei perfekter stilistischer Beherrschung des mundartlichen Materials, was auch eine gezielte experimentelle Auslotung der poetischen Möglichkeiten von Dialekt impliziert, sei eine der Hochsprache ästhetisch ebenbürtige Leistung zu erzielen.

---

fehlt der klassizistischen Sprachtradition weitgehend. Die besondere Eignung des Mailänder Dialekts gerade in diesem Bereich präsentiert Porta in dem Sonett *Ricchezza del vocabulari milanes* (ebd., Nr. 94, S. 585f).

[1] Bereits in dem Kalendervorwort sowie in seiner 'Dante-Übersetzung' (vgl. oben) übt sich Porta in einer humoristischen Schreibweise, die in fast allen seinen Gedichten, auch denen ernsteren Inhalts, als Grundhaltung spürbar bleibt.

## 3.4 Giuseppe Gioachino Belli

### 3.4.1 Literaturüberblick

Giuseppe Gioachino Belli (1791–1863) gilt neben Carlo Porta als der bedeutendste Mundartdichter Italiens des 19. Jahrhunderts. Seine immense Produktion von 2279 Sonetten im 'Romanesco', einem Unterschichtdialekt der Stadt Rom, wurde nach Willen des Dichters zu dessen Lebzeiten nicht gesammelt veröffentlicht und war erstmals 1886–89 in einer 6-bändigen, noch unvollständigen Ausgabe zugänglich.[1] Die als anzüglich empfundenen Texte waren hier dem letzten Band vorbehalten, die 'parolacce' nur mit Initialen wiedergegeben.
Eine erste Gesamtausgabe präsentiert Giorgio Vigolo 1952 in chronologischer Anordnung gut 90 Jahre nach dem Tode Bellis.[2] Seit 1993 liegt zudem eine 10-bändige 'Nationalausgabe', bearbeitet von Roberto Vighi, vor.[3] Basierend auf dieser Ausgabe erschien 1998 eine Gesamtausgabe in zwei Bänden, die Marcello Teodonio herausgegeben und kommentiert hat.[4]
Teodonio bietet in dieser Ausgabe zudem eine aktualisierte Personalbibliographie zu Belli,[5] die im wesentlichen auf den detaillierten Literaturnachweisen in Teodonio (1992) aufbaut.[6] Weitere umfangreichere Bibliographien finden sich in der Auswahlausgabe von Bellis Briefen und Notizen, besorgt von Giuseppe Orioli,[7] bei Lanza (1975)[8] sowie bei Muscetta (1988).[9] Eine kommentierte *Rassegna belliana*, die den Forschungskontext bis 1972 kritisch aufarbeitet, präsentiert Pietro Gibellini.[10]
Gesamtübersichten zu Belli geben in Form längerer Artikel in Literaturgeschichten Maria Teresa Lanza (1975),[11] Carlo Muscetta (1988)[12] und jüngst Marucci / Stella (1998).[13] Monographien zu dem römischen Dialektdichter haben Carlo Muscetta[14] und Marcello Teodonio[15] vorgelegt.

---

[1] Belli (1886–89).
[2] Belli (1978, erstmals 1952).
[3] Belli (1988–93).
[4] Belli (1998).
[5] Vgl. ebd., S. XXXIII-LI.
[6] Teodonio (1992), S. 187-192.
[7] Belli (1962), S. 603-619.
[8] Lanza (1975), S. 149-153.
[9] Muscetta (1988), S. 614-618.
[10] Gibellini (1979d).
[11] Lanza (1975).
[12] Muscetta (1988).
[13] Marucci / Stella (1998).
[14] Muscetta, Carlo (1981).
[15] Teodonio (1992).

Zudem widmen sich Sammelbände dem Dichter Belli in zahlreichen Einzelstudien. 1942 erschien eine Zusammenstellung unter dem Titel *Giuseppe Gioachino Belli*, welche trotz der noch mangelhaften Primärtextgrundlage bereits einige hilfreiche weiterführende Studien enthält.[1] Anläßlich des 100. Todestages von Giuseppe Gioachino Belli 1963 erlaubt es der Band *Studi belliani* (1965), über ein Jahrzehnt nach der ersten Gesamtausgabe von G. Vigolo das seitdem enorm gestiegene Niveau der Belli-Forschung zu ermessen.[2] Hier werden philologische wie textkritische Probleme mit einer Akribie angegangen, wie es bei der Untersuchung des römischen Mundartdichters bislang nicht immer üblich war.[3] Zudem betten Rezeptions- und Vergleichsstudien Bellis Werk in einen weiteren Kontext ein.[4] 1969 versammelt Eurialo De Michelis unter dem Titel *Approcci al Belli* eine Reihe eigener Studien,[5] zehn Jahre später geht Pietro Gibellini in seiner Aufsatzsammlung *Il coltello e la corona* neben textkritischen Fragen auch auf literarische Bezüge Bellis zu Carlo Porta, Gabriele D'Annunzio und Carlo Emilio Gadda ein.[6] Zwischen 1981 und 1990 veröffentlicht das 'Istituto nazionale di Studi Romani' eine Reihe von *Letture Belliane*, die formal der Chronologie der Sonette folgt. Untersucht werden in den Teilbänden gleichermaßen philologische Probleme wie Rezeptions- und Wechselverhältnisse mit anderen Autoren.[7] Zwanzig Jahre nach den *Studi belliani* von 1965 schließt ein Kongreß zu dem Thema *Giuseppe Gioachino Belli. Romano, italiano ed europeo* (1985) an die damalige Zielsetzung an, den Dialektautor in seiner literarhistorischen Bedeutung auch über die lokalen Grenzen hinaus bekannt zu machen.[8] Carlo Muscetta bietet hier einen profunden Forschungsüberblick über die seitdem vergangenen zwei Jahrzehnte (1965–85).[9]

Die deutsche Romanistik kann sich rühmen, wichtige und frühzeitige Anstöße für die wissenschaftliche 'Entdeckung' Giuseppe Gioachino Bellis gegeben zu haben.[10] Hugo Schuchardt stößt bereits fünf Jahre nach dem Tod des Dichters bei einem Forschungsaufenthalt in Rom 1868 auf einige Sonette,[11] die ihn dazu motivieren, mit

---

[1] *Giuseppe Gioachino Belli*, Rom 1942, darin: Toschi (1942); Mazzocchi Alemanni (1942); Vigolo (1942); Gnoli (1942); Veo (1942), S. 307-310.
[2] *Studi belliani nel centenario di G.G. Belli*, Rom 1965. Vgl. insb. den Literaturüberblick von Mazzocchi Alemanni (1965).
[3] Vgl. Clemente (1965); Moestrup (1965); Felcini (1965); Greco (1965); Piromalli (1965); Mazzali (1965).
[4] Vgl. Secchi (1965).
[5] De Michelis (1969).
[6] Gibellini (1979, 1979a, 1979b, 1979c).
[7] Vgl. Cagli (1981); Petrocchi (1981); Mauri (1981); Merolla (1981); Conrieri (1983); Giachery (1985).
[8] Merolla (1985).
[9] Muscetta (1985).
[10] Vgl. Rock (1978), S. 10ff.; Elwert (1986), S. 133; Cusatelli (1985); Bertazzoli (1985).
[11] Schuchardt lag die erste, vom Sohn des Dichters herausgegebene Teilausgabe mit 797 Sonetten vor (Belli 1865–66), welche freilich noch stark redigiert und teilweise zensiert war.

dem italienischen Sprachwissenschaftler Alessandro D'Ancona in einen Briefwechsel im 'Romanesco' zu treten.[1] 1871 dokumentert Schuchardt seine wissenschaftlichen Ergebnisse in dem Aufsatz *Giuseppe Gioachino Belli und die römische Satire*.[2] Zwar verhehlt der deutsche Romanist keineswegs sein Gefallen an der 'direkten Unmittelbarkeit'[3] und 'Natürlichkeit',[4] mit der Bellis Gedichte das römische 'Volksleben' unverstellt wiedergäben,[5] doch widersteht er, anders als viele Nachfolger,[6] der Versuchung, die Mundartgedichte in romantischer Tradition schlichtweg als naturbelassene 'Volksgedichte', als wortgetreue Wiedergabe des 'Volksmunds' aufzufassen:

> Gerade die Treue der Darstellung setzt eine nicht zu unterschätzende Geistesthätigkeit, ein bedingtes Schaffen voraus. (...) er erweiterte das Gegebene mit strengster Konsequenz und entwickelte seine eigenen Kräfte, ohne je den Kreis echtrömischer Denk- und Ausdrucksweise zu überschreiten.[7]

Paul Heyse, der dem Römer 1878 in der *Deutschen Rundschau* ein literarhistorisches Portrait widmet und zugleich eine Reihe von Eigenübersetzungen aus dem 'Romanesco' ins (Hoch)deutsche präsentiert,[8] gelingt es dagegen nicht, sich von gängigen Wertmustern gegenüber Dialektdichtung freizumachen, die in Deutschland ja wesentlich auf den Kategorien der 'Volkspoesie' beruhen.[9] 1898 schließt Karl Vossler an die Ergebnisse Schuchardts an. Vossler betont erneut die ganz und gar unromantische Dialektbehandlung des Römers; die penible Detailfreude inhaltlicher, aber auch sprachlich-formeller Art mache Belli zu "einem der objektivsten Dichter, die es giebt (!)."[10]

---

[1] Vgl. Abeni / Bertazzoli (1983), S. 116f.
[2] Schuchardt (1886), erstmals in: Beilage zur Augsburger *Allgemeinen Zeitung* von 1871 (Nr. 164-167).
[3] Vgl. ebd.: "(...) wir brauchen keine Magie, um in das Innere der Häuser und der Herzen einzudringen, ja umgekehrt, wollten wir ganz diskret sein, so müssten wir uns oft geradezu die Ohren zuhalten." (S. 152)
[4] Vgl. ebd.: "(...) die Wortstellung ist vollständig natürlich." (S. 153); "(...) ich kenne keinen der seiner wunderbaren Natürlichkeit nur nahe käme." (S. 155)
[5] Vgl. ebd.: "Und darum glaube ich, daß wir uns nirgendwie innigere Bekanntschaft mit den Römern, und zwar denen niederen Schlags, erwerben können als durch Vermittlung ihres Landsmannes G. G. Belli." (S. 151)
[6] Vgl. noch Bottai (1942). Cagli (1964) weist auf den Irrtum hin, Bellis Werk als Folkorequelle zu sehen: "Il folclore ha tanta poca parte, nel vasto affresco dei 2279 sonetti, che il lettore che ne affrontasse la lettura alla ricerca di curiosità del genere rimarrebbe fatalmente deluso." (S. 7)
[7] Schuchardt (1886), S. 154.
[8] Heyse (1978); vgl. auch Heyse (1893).
[9] Vgl. die Verwendung von Schlagworten wie "Volkspersönlichkeit" (Heyse (1978), S. 137), "Volksseele" (ebd., S. 138); selbst Carlo Porta erscheint unter dieser Perspektive als der "größte zeitgenössische Volksdichter" (ebd., S. 142).
Zu der deutschen Bewertung von Belli als Volksdichter vgl. auch Elwert (1986), S. 133.
[10] Vossler (1898), S. 161.

Ein Jahrzehnt später schreibt der Schweizer Fritz Tellenbach die erste sprachwissenschaftliche Untersuchung zu Giuseppe Gioachino Belli.[1] Bis heute kommt eine linguistische Studie über das 'Romanesco' speziell des 19. Jahrhunderts ohne die Zuhilfenahme der Texte Bellis kaum aus. Trotz des methodischen Vorbehalts, bei Bellis Sprachverwendung sei stets eine künstlerische Überformung in Rechnung zu stellen,[2] wird dem Römer heute in der modernen Sprachwissenschaft ein hoher Grad linguistischer Verläßlichkeit zugestanden.[3] Dies beruht, wie wir sehen werden, wesentlich auf Bellis literarästhetischen Leitvorstellungen. 1969 gelingt es Theodor W. Elwert, durch eine Kombination sprach- wie literaturwissenschaftlicher Methoden die exakt kalkulierende dichterische Behandlung des Dialekts durch Belli aufzuzeigen.[4] Seine Untersuchungen sollten alsbald auch in der italienischen Forschung Anklang finden. So nimmt Tullio DeMauro 1970 in der erweiterten Ausgabe seines sprachgeschichtlichen Standardwerkes *Storia linguistica dell' Italia unita* ein Ergänzungskapitel "La componente linguistica nell'opera di G.G. Belli"[5] auf, in dem er auch auf Wertungsmuster gegenüber dem Dialekt sowie der Dialektliteratur in Italien eingeht, wobei er zwei grundsätzliche Vorurteile ("miti") ausmacht. Zum einen konstatiert DeMauro eine extrem ablehnende Haltung gegenüber allem Dialektalen, welche sich im "mito della 'malerba dialettale', da sradicare dal territorio patrio"[6] ausdrücke, zum anderen werde die Wertung von Dialektliteratur insbesondere durch die Forderung nach 'Volkstümlichkeit' erschwert, die auf einem tief verwurzelten Vorverständnis des "dialetto come idioma fresco, vergine, spontaneo" beruhe. Diese Auffassung sei wiederum romantischen Denkmustern geschuldet.[7]

---

[1] Tellenbach (1909). Vgl. zuvor Ascoli (1901), der jedoch Belli nur sporadisch als Quelle für Erörterungen zur römischen Mundart heranzieht.
[2] So warnt zu Recht Albano Leoni (1985) davor, Belli unbesehen als "fonte privilegiata e la più significativa per dimensioni e complessità" für wissenschaftliche Zwecke auszuwerten, da grundsätzlich eine "trasfigurazione poetica del materiale" zu berücksichtigen sei. (S. 273)
[3] Vgl. Serianni (1989a): "(...) credo che del Belli ci si possa fidare. Il romanesco parlato nella prima metà dell'Ottocento doveva corrispondere al quadro che si ricave dai *Sonetti*." (S. 314) Vgl. auch Bruni (1992), S. 572ff.; Bernhard (1998), S. 17.
Gleichwohl weist Serianni darauf hin, daß Belli selbst nicht selten irrtümlicherweise vermeintlich typische Charakteristika des 'Romanesco' gerade hinter Formen vermutet, die als toskanisch-standardsprachlich gelten dürfen: "Molti grafismi, adottati dal Belli con notevole coerenza e dando prova di buon orecchio linguistico, traducono ortograficamente tratti fonetici comuni al toscano; e altri rappresentano tratti appartenenti all'italiano *tout court*." (S. 119)
[4] Elwert (1970).
[5] DeMauro (1970, erstmals 1963), S. 306-316.
[6] Ebd., S. 307.
DeMauro erwähnt hier auch die Kontroverse zwischen Carlo Porta und Pietro Giordani.
[7] Ebd., S. 308.

Il mito populistico non solo impedisce di intendere la natura del dialetto, ma ha anche ben più gravi conseguenze dal punto di vista dell'interpretazione storica e critica dell'uso letterario del dialetto.[1]

Neben DeMauro, der seitdem durch zahlreiche weitere Studien zum 'Romanesco' und der Sprachgeschichte der Stadt Rom hervorgetreten ist,[2] hat Luca Serianni zur Erforschung der Sprachgeschichte des 19. Jahrhunderts,[3] der sprachlichen Sonderentwicklung Roms[4] sowie zu Spezialfragen der Belli-Philologie beigetragen.[5]

---

[1] Ebd., S. 309.
[2] Vgl. DeMauro (1987); DeMauro (1989); DeMauro / Lorenzetti (1991).
[3] Serianni (1989).
[4] Serianni (1989b).
[5] Serianni (1989a).

## 3.4.2 Poetologische Ansätze

Bei der folgenden Analyse der Wertung und Funktionszuschreibung von Dialekt in der Literatur, wie sie sich aus Äußerungen Giuseppe Gioachino Bellis selbst erschließen lassen, ziehen wir als zentrale Quellen die letzte Fassung der *'Introduzione'* zu den Sonetten heran[1] und stützen uns ergänzend auf briefliche Äußerungen.[2]

Die *'Introduzione'* läßt sich in fünf Teile untergliedern. Nach einer allgemeinen Einführung in das Werk und der Erläuterung seiner Absicht (S. 5 – 7 oben), hebt Belli zu einer vorbeugenden Verteidigung moralischer Art an (S. 7 oben – S. 8 oben). Anschließend geht er auf die besondere sprachliche Situation Roms ein (S. 8 oben – S. 9 oben), um in einem vierten und fünften Punkt Sprachlich-Formelles zu klären. Zunächst äußert er sich hier zu Formfragen (S. 9), ein Schlußteil behandelt Einzelheiten dialektologischer Art (S. 9 unten – S. 15). Unsere Ausführungen folgen diesem Aufbau.

Der erste Satz der *'Introduzione'* ist gewichtig gesetzt:

> Io ho deliberato di lasciare un monumento di quello che oggi è la plebe di Roma.[3]

Der Anklang an die berühmte Wendung "Exegi monumentum aere perennius"[4] des Horaz ist offensichtlich. Durch die Anwendung auf den eigentlich nicht stilgemäßen Gegenstand für ein klassischen Literaturdenkmals, nämlich auf die "plebe di Roma", erzeugt Belli eine stilistische Widerspruchsspannung.[5]

---

[1] Zitiert nach Belli (1978); die dort abgedruckte Fassung geht auf die Jahre 1843–47 zurück. Damit wird der gesetzte Rahmen "um 1800" zwar überdehnt, doch sind die in der *'Introduzione'* seit 1831 niedergelegten Konzepte wohl schon Ende der 20 Jahre des 19. Jahrhunderts, spätestens nach der Beschäftigung Bellis mit der Dichtung Carlo Portas 1827 gefaßt worden. Ein kommentierter Paralleldruck der verschiedenen Varianten der *'Introduzione'* findet sich in Belli (1966), S. 13-30.

[2] Zitiert nach Belli (1962).

[3] Belli (1978), S. 5.

[4] Vgl. Horaz, Oden III, 30, V. 1. Zum Horaz-Bezug vgl. auch Cagli (1981), S. 24; Teodonio (1992), S. 96.

[5] Gibellini erkennt in der paradoxen Formulierung bereits ein Zeichen der ostentativen Distanznahme des Dichters von seinem Gegenstand: "L'iniziale professione di oggettività andrà intesa, più che come topos modestiae, come un elegante espediente per dichiarare la non corresponsabilità ideologica tra lo scrittore e il suo personaggio, tra le sue idee e quei contenuti." (S. 78)
Bronzini (1985) sieht bereits im Einleitungssatzes den Beginn einer "vena di comicità che scorrerà per tutta l'opera (...)." (S. 136)

Mit Absicht bedient sich Belli des Begriffs "plebe", mit dem er sein Beschreibungsobjekt von der Kategorie des "popolo" nach oben hin abzugrenzen sucht:

> In lei sta certo un tipo di originalità: e la sua lingua, i suoi concetti, l'indole, il costume, gli usi, le pratiche, i lumi, la credenza, i pregiudizii, le superstizioni, tuttociò insomma che la riguarda, ritiene una impronta che assai per avventura si distingue da qualunque altro carattere di popolo.[1]

Die Distanzierung von der Bezeichnung "popolo" tut not, da sich Belli der Aufwertung des Volksbegriffs im Zuge der Romantik bewußt ist.[2] Durch englischen und deutschen Einfluß hat sich eine positive Konnotation der Idee vom Volke um die Jahrhundertwende schnell auch in Italien verbreitet.[3] Zumal Giovanni Berchet (1783–1851) war an diesem Prozeß entscheidend beteiligt. In seiner *Lettera semiseria di Grisostomo al suo figlio* (1816) führt er den Aufschwung des literarischen Lebens in Deutschland in jüngster Zeit auf die Entdeckung des 'eigenen Volkes' durch die Dichter zurück. Aus den neu erschlossenen poetischen Quellen hätten die deutschen Schriftsteller frische Kräfte schöpfen können:

> Così i poeti d'una parte della Germania co' medesimi auspici, con l'arte medesima né più né meno, col medesimo intendimento de' Greci scesero nell'arringo, desiderarono la palma, e chiesero al popolo che la desse loro. E il popolo, non obbliato non vilipeso da' suoi poeti; ma carezzato, ma dilettato, ma istruito, non ricusò d'accordarla.[4]

Die "poeti sommi" des nördlichen Landes hätten die Auffassung etabliert, "che la poesia debba essere popolare."[5] Zugleich bemüht man sich intensiv um die

---

[1] Belli 1952, S. 5.
Bronzini (1985): "Il popolo del Belli non è il popolo delle campagne che attirò raccoglitori e autori romantici o pseudoromantici, contemporanei del Belli (...), è bensì (...) il proletario urbano (...)." (S. 134)

[2] Vgl. Elwert (1970): "In pieno romanticismo egli non si fa illusioni sulla natura del popolo né sulla cosiddetta poesia popolare, due concetti tanto cari ai romantici." (S. 207)
Vgl. auch Muscetta (1981), S. 338; Merolla (1981), S. 114; Teodonio (1992), S. 97f.; Marucci / Stella (1998), S. 1018.

[3] Vgl. Toschi (1942): "Incominciava allora a venire di moda, sotto la spinta del romanticismo, l'interesse anzi l'esaltazione della poesia popolare: autori tedeschi già avevano cominciato a raccogliere canti popolari anche in Italia (...): Il Belli non vuole che la gente confonda tra la poesia raccolta dalla viva voce del popolo, e suoi sonetti in cui la lingua è, sì, quella del popolo, ma la poesia è creazione dell'autore." (S. 301)

[4] Berchet (1951), S. 288. Vgl. auch die Hervorhebung der positiven Unruhe, die die Deutschen, gemeint sind die Dichter des 'Sturm und Drang', durch die "popolarità" ihrer Dichtung in die literarische Kultur ganz Europas eingebracht hätten: "Se i poeti moderni d'una parte della Germania menano tanto romore di sé in casa loro, e in tutte le contrade d'Europa, ciò è da ascriversi alla popolarità della poesia loro." (ebd., S. 281)

[5] Ebd., S. 275.

Sammlung und Dokumentation von Volksliedgut aus den verschiedenen Regionen Italiens. Diese Strömung dokumentiert sich 1841/42 in der Sammlung *Canti popolari toscani, corsi, illirici e greci* von Nicolò Tommaseo sowie später in den *Canti popolari del Piemonte* (1888) von Costantino Nigra.[1]

Vor einem Einfluß derartiger Kategorien der 'Volksdichtung' auf sein dialektales Werk verwehrt sich Belli;[2] in der einfachen römischen Bevölkerung jedenfalls sei mit der Existenz irgendeiner Art von 'Poesie' nicht zu rechnen:

> I nostri popolani non hanno arte alcuna: non di oratoria, no di poetica: come niuna plebe n'ebbe mai.[3]

Das Fehlen dichterischer Fähigkeiten, ja die völlig unkontrollierte Hingabe des "volgo di una città"[4] an spontane Eingebungen führt Belli auf den Mangel des Volkes an "civile educazione"[5] zurück. Erziehung und Zivilisation nivelliere freilich umgekehrt die natürlich-ursprüngliche Vielfalt menschlicher Äußerungsformen bei Angehörigen höherer Schichten ("individui di ordini superiori"[6]).

> Vero però sempre mi par rimanere che la educazione che accompagna la parte ceremoniale dell'incivilimento, fa ogni sforzo per ridurre gli uomini alla uniformità: (...).[7]

Trotz der verbalen Anlehnung dieser Stelle an rousseauistisch orientierte Zivilisationskritik lokalisiert Belli die wahre Poesie gerade nicht, wie zu erwarten, im 'einfachen Volk'. Der verbildete Zustand der Literaten höherer Schichten würde es ja nach der gängigen 'romantischen' Vorstellung nahelegen, 'echte' Dichtung primär in 'Volkskreisen' aufzusuchen. Belli rechnet beim Leser mit dieser mechanisch eingespielten Argumentationsfolge, welche er jedoch kurzerhand unterbindet:

> Il popolo quindi, mancante di arte, manca di poesia. Se mai cedendo all'impeto della rozza e potente sua fantasia, una pure ne cerca, lo fa sforzandosi d'imitare la illustre.[8]

---

[1] Vgl. hierzu Pasolini, Vorwort zu Pasolini (1992), S. 16ff.
[2] Vgl. Marucci / Stella (1998), S. 1007.
[3] Belli (1952), S. 5.
[4] Ebd.
[5] Ebd.
[6] Ebd.
[7] Ebd., S. 6.
[8] Belli 1952, S. 6.

Im Sinne der These vom 'gesunkenen Kulturgut', so der moderne volkskundliche Terminus[1], verlaufe die Rezeptionsrichtung in Wirklichkeit, anders als die Romantiker postulieren, in entgegengesetzter Richtung: Das Volk, so Belli, ziehe Elemente der höheren Kultur auf sein niedrigeres Niveau herab. Belli ersetzt hier den Begriff "plebe" wieder durch "popolo", da er mit seiner anti-romantischen Stoßrichtung allgemeinere Gültigkeit beansprucht. Er weist Versuche römischer Dialektdichtung, sich an ästhetischen Kategorien aus dem Bereich der höheren Dichtung auszurichten, als verfehlt zurück, da das Rohmaterial der Mundart kunstvoller ästhetischer Veredelung von vorneherein unzugänglich sei:

> Poesia propria non ha: e in ciò errarono quanti il dir romanesco vollero sin qui presentare in versi che tutta palesano la lotta d'arte colla natura e la vittoria della natura sull'arte.[2]

Nach der abgrenzenden Positionsbestimmung kann Belli in einem zweiten Schritt seine eigenen ästhetischen Voraussetzungen profilieren. Zunächst komme es ihm methodisch auf eine peinlich genaue und bis ins Detail verläßliche Wiedergabe des tatsächlich gesprochenen Alltagsidioms an:[3]

> Esporre le frasi del Romano quali dalla bocca del Romano escono tuttodì, senza ornamento, senza alterazione veruna, senza pure inversioni di sintassi o troncamenti di licenza, eccetto quelli che il parlator romaneso usi egli stesso.[4]

Da das Unterfangen, den Volksmund realistisch wiederzugeben, doch wieder genuin 'romantisch' anmuten könnte,[5] grenzt Belli erneut, nun jedoch mit einer

---

[1] Der Begriff des 'gesunkenen Kulturguts' wurde von dem Ethnologen Hans Naumann in seinem Hauptwerk *Grundzüge der deutschen Volkskunde* (1922) eingeführt und gehört bis heute zu den volkskundlichen Diskussionsschwerpunkten, vgl. Brednich (2001), S. 59f.
[2] Ebd. Vgl. hierzu auch Lanza (1975), S. 87.
  Vgl. auch Bellis Brief an den Prinz Placido Gabrielli di Mario vom 15. Januar 1861 (Belli 1962), in dem er von der Existenz "di alcuni poemi dati e ritenuti per esempii di stil romanesco" spricht: "Mai la gentaglia di Roma non si espresse a quel modo, imperocché, a tacer qui delle stirate voci e delle non genuine frasi di cotali arbitrarie scritture, gli autori loro, che non eran plebei, vi si valsero di tutte le risorse poetiche ed oratorie, letterarie e scientifiche, di che l'incultissimo popolo andò sempre intieramente digiuno." (S. 378) Vgl. hierzu Vigolo, in: Belli (1978), S. XXVII; Gibellini (1979), S. 73.
  Zu den Vorgängern Bellis als Dichter im 'Romanesco' vgl. Trifone (1992), S. 58ff.; Muscetta (1981), S. 342; Muscetta (1988), S. 614; Teodonio (1992), S. 103; Bruni (1992), S. 569.
[3] Gibellini (1989) spricht von einem "coerente programma di oltranza mimetica." (S. 143)
[4] Belli (1978), S. 6.
[5] Piromalli (1965) hebt die 'romantischen' Züge der Poetik Bellis hervor: "Romantico è il rinnovamento della forma poetica, verso il romanticismo è il cammino dalle anticaglie alla realtà, dall'arcadia al popolo, romantiche le luci dei contrasti, la satira degli ordinamenti politici e sociali del suo tempo." (S. 365)

entscheidenden poetologischen Wendung, sein Vorhaben von dem gängigen romantischen Projekt einer "poesia popolare" ab:

> Io non vo' già presentar nelle mie carte la poesia popolare, ma i popolari discorsi svolti nella mia poesia.[1]

Er geht also methodisch gerade umgekehrt zu der traditionellen Vorstellung einer getreuen Dokumentation nach dem Volkmund vor: äußerlich sollen Bellis Mundartgedichte von bislang unerhörtem, 'authentischem' Realismus zeugen. Ein künstlerischer Eingriff in die sprachliche Gestalt seines Demonstrationsobjektes dürfe an keiner Stelle bemerkbar sein. Zugleich jedoch beanspruche das Resultat dieser innovativen dichterischen Methode[2] einen eigenständigen ästhetischen Wert als Kunstprodukt, als welches es insbesondere durch die traditionsreiche Form des Sonetts ganz unverkennbar ausgewiesen ist:

> Il numero poetico e la rima debbono uscire come per accidente dall'accozzamento, in apparenza casuale, di libere frasi e correnti parole non iscomposte giammai, non corrette, né modelate, né acconciate con modo differente da quello che ci manda il testimonio delle orecchie: (...).[3]

Die hochgradige Kunstfertigkeit ("artificio"),[4] mit der ein ausgeprägter Realismus in Bellis Mundartdichtung mit elaboriertem Formwillen verschmilzt, ist für die italienische Literatur dieser Zeit singulär.

Im zweiten Abschnitt der *Introduzione* beteuert Belli das Fehlen jeglichen moralischen oder pädagogischen Impetus' in seiner Dichtung. Auch hier muß er sein

---

Moestrup (1965) zählt Belli zusammen mit Victor Hugo und Théophil Gautier zu den europäischen Spätromantikern (S. 276f), Felcini erkennt in Bellis poetologischen Ansätzen "profondi valori del Romanticismo" (S. 315). Vgl. auch Giachery (1985), S. 10; Teodonio (1992), S. 96, S. 104f.

[1] Belli (1978), S. 6.
[2] Vgl. auch Belli (1978): "(...) mi sembra la mia idea non iscompagnarsi da novità." (S. 5)
[3] Ebd., S. 6.

Vgl. auch Felcini (1965): "(...) e il risultato sta a testimoniare (...) la suprema maestria tecnica dell'artefice che gode nel piegare e chiudere entro la classica misura del sonetto una materia inedita e refrattaria; (...)." (S. 317)

Wie Felici (1965) anhand der Vorstufen und Notizen zu dem dialektalen Werk Bellis festgestellt hat, erfolgt die Dialektfassung oft erst in einem zweiten Schritt nach hochsprachlichen Vorentwürfen: "(...) appare chiaro che il Belli pensava la situazione in italiano, ma per realizzarla poeticamente aveva poi bisogno di calarla nella parlata romanesca." (S. 365)

Daß die vermeintliche 'Volkstümlichkeit' des Sonetts für Belli eine entscheidende Rolle gespielt habe, wie Heyse (1878, S. 139) und Vossler (1898, S. 165) noch vermuten, scheint aufgrund seiner langen Tradition als Kunstform wenig plausibel.

[4] Belli (1978), S. 6.

Werk zunächst gegenüber dem Ansinnen abgrenzen, welches der Mundartdichtung ethische Funktionen zuzuschreiben beflissen ist, sei es durch Wiedergabe volkstümlicher Werte, sei es als erzieherische Grundhaltung, wie dies etwa Pietro Borsieri vorschlägt.[1]

> Non casta, non pia talvolta, sebbene devota e superstiziosa, apparirà la materia e la forma: ma il popolo è questo, e questo io ricopio, non per proporre un modello ma sì per dare una imagine fedele di cosa già esistente e, più, abbandonata senza miglioramento.[2]

Damit eröffnet Belli neben der Ablehnung des romantischen Volksbegriffs eine weitere Frontstellung, nunmehr gegen aufklärerische Strömungen, die sich eine Verbesserung der sozialen und kulturellen Situation der niederen Volksschichten auf die Fahnen geschrieben haben. Ein von Romantikern wie Aufklärern gleichermaßen angestrebtes "miglioramento" des Volkes spielt in Bellis Poetik keine Rolle. Zugleich wehrt er sich gegen die Unterstellung, die mangelnde Moralität, ja die teils überbordende Laszivität seiner Sonette lasse Rückschlüsse auf den Charakter des Verfassers zu.[3] Derartige Gleichsetzungen zwischen Autor und Werk, zwischen Dichtung und Biographie sind, das weiß Belli, so alt wie deren Zurückweisungen von Seiten der Dichter.[4] Dies illustriert er anhand einer Reihe klassischer Zitate, die den inneren Abstand, welchen er als reale Person zu dem Inhalt seiner Gedichte habe, historisch untermauert.[5]

Indem Belli moralische Wertäußerungen in seinem Werke rundweg ablehnt, fügen sich Teilaspekte seiner Poetik in die zeitgleiche französische Bewegung des Realismus (Balzac, Flaubert)[6] bis hin zum Naturalismus Ende des Jahrhunderts ein.[7] Mit der Ästhetisierung verwerflicher und abstoßender Themenbereiche, die

---

[1] Vgl. vorliegende Arbeit, Kap. 3.3.2 c) (Exkurs).
[2] Belli (1978), S. 7.
[3] Vgl. Ebd.: "(...) quasichè nascondendomi perfidamente dietro la maschera del popolano abbia io voluto prestare a lui le mie massime e i principii miei, onde esalare il mio proprio veleno sotto l'egida della calunnia."
[4] Vgl. Catull, c. 16; Ovid, Tristia II, 353-356; Martial I, 4,8; XI, 15, 11-13; vgl. hierzu Syndikus (1984), S. 146f., Anm. 16) Vgl. ferner Gibellini (1979a), S. 104.
[5] Vgl. Belli (1978): "Né a difendermi da tanta accusa già mi varrebbe il testo d'Ausonio, messo quasi a professione in fronte al mio libro." (S. 7)
Belli spielt hier auf einen bekannten Vers Martials (Epigramme I,4,8) an, den er irrtümlich dem Ausonius zuweist, wie Orioli (in: Belli (1962), S. 376, Anm. 4) bemerkt, vgl. den Brief an Giacomo Ferretti vom Dez. 1832: "Il tuo Sig.r Avelloni sarà per avventura scandalizzato da alcuni soprattutto de' miei quadretti poetici; ma tu ripetigli il motto da me tolto ad Ausonio: "lasciva est nobis pagina, vita proba", cioè "scastagnamo ar parlà, ma aramo dritto". " (Belli (1962), S. 376) Vgl. auch Lanza (1975), S. 88.
[6] Vgl. bereits Vossler (1898), S. 160; auch Giachery (1985), S. 15.
[7] Momigliano spricht von einer "insistenza metodica di osservazione che fa pensare a quella di Zola, (...)." (S. 258) Vgl. auch Felcini (1965), S. 326.

klassischen Idealen zuwiderlaufen, nähert er sich dem Zeitgenossen Baudelaire (1821–1867).[1] Belli ist sich der für die italienische Literatur unerhörten Neuigkeit seiner Dichtung bewußt, die realistische Postulate noch überbietet und bereits einem terminologisch noch nicht verfügbaren 'Verismus' nahekommt.[2]
Im Rahmen des klassischen Dichtungsverständnisses Italiens in der ersten Hälfte des 19. Jahrhunderts sind Bellis ästhetische Maximen noch in keiner Weise poetologisch zu verarbeiten, bis hin zu Giovanni Verga bietet sich ein Rekurs auf den Dialekt daher für 'realistisch-veristisch' orientierte Darstellungen an.[3] Mundartdichtung übernimmt bei Belli die Funktion, literarische Entwicklungen experimentell vorwegzunehmen, die der toskanischen Schriftsprache aus Gründen einer betont klassizistischen Tradition sowie der teilweise mangelnden Konkretheit im Ausdruck noch lange Zeit verstellt bleiben sollte.[4]

Belli beschließt den zweiten Teil der *'Introduzione'* mit einem Hinweis auf seine nachweislich tadellose Lebensführung, der Exzesse jeglicher Art fremd gewesen seien:

> Del resto, alle gratuite incolpazioni delle quali io divenissi oggetto replicherà il tenor della mia vita e il testimonio di chi la vide scorrere e terminare ignuda di gloria quanto monda d'ogni nota di vituperio.[5]

Der Anklang an Carlo Portas Verteidigungsworte in seinem proömialen Widmungsbrief von 1815[6] mag zufällig sein, eine Referenz auf den berühmten

---

[1] Merolla spricht (1981) von einer "prevalente e quasi esclusiva natura estetica" der Dichtung Bellis (S. 124).
[2] Vgl. Elwert (1970): "Il Belli infatti (...) fu (...) il primo grande verista italiano, degno contemporaneo di Balzac." (S. 208)
Bronzini (1985): "È qui in nuce la poetica romantica del vero, nella sua ramificazione realistica, (...). E del verismo il Belli assume in 'anteprima' l'ottica a distanza dell'osservatore intellettuale partecipe ma vigile e critico." (S. 135)
Teodonio (1992) beschreibt die "assoluta e demistificante impassibilità" (S. 100f), mit der der Dichter Belli seinem Gegenstand gegenüberstehe. Damit nähert sich Belli den von Flaubert formulierten Maximen der "impersonnalité, impassiblité und impartialité", vgl. Biermann (1994), S. 269. Vgl. bereits Momigliano (1964a, erstmals 1945), S. 255ff.; vgl. auch Piromalli (1965), S. 371.
[3] Vgl. ansatzweise bereits Toschi (1942), S. 304.
[4] Vgl. Momigliano (1964a): "I dialettali appartengono con maggior titulo dei letterari alla schiera degli scrittori che hanno diseroicizzato la nostra letteratura e sostituito ad una sia pure olimpica Arcadia di amatori, di pastori e di eroi, la folla del quarto stato che urgeva oramai alle porte della storia." (S. 257)
[5] Belli (1978), S. 8.
[6] Vgl. vorliegende Arbeit, Kap. 3.3.2 b).

Mailänder Mundartdichter ergibt sich zweifelsfrei in der direkt angeschlossenen Einführung in den dritten Teil:[1]

> Molti altri scrittori ne' dialetti o ne' patrii vernacoli abbiam noi veduti sorgere in Italia, e vari di questi meritar laude anche fra i posteri.[2]

Biographisch sieht man in der literarischen Entdeckung Carlo Portas durch den Römer, der sich 1827 bei einer Reise nach Mailand intensiv mit dessen Gedichten beschäftigte, einen Wendepunkt in seiner dichterischen, aber auch poetologischen Orientierung, da er sich bislang lediglich sporadisch der Produktion von Dialektpoesie gewidmet hat.[3] Trotz einiger inhaltlich-thematischer Anklänge und Übernahmen aus Portas Werk[4] liegt der literarästhetischen Konzeption Bellis doch eine fundamental andere Stoßrichtung zugrunde.[5] Die Abweichung von der vorherrschenden Tendenz italienischer Mundartdichtung sucht Belli durch Berufung auf kulturelle Unterschiede zu begründen, die auch auf soziolinguistischen Voraussetzungen beruhen. Er schließt hierzu an die Eingangsbehauptung an, die "plebe di Roma" unterscheide sich wesentlich "da qualunque altro carattere di popolo."[6]

> Però un più assai vasto campo che a me non si presenta era a loro aperta da parlari non esclusivamente appartenenti a tale o tal plebe o frazione di popolo ma usati da tutte insieme le classi di una peculiare popolazione: donde nascono le lingue municipali. Quindi la facoltà delle figure, le inversioni della sintassi, le risorse della cultura e dell'arte.[7]

---

[1] Vgl. Gibellini (1979a): "Potremmo dunque leggere l'*Introduzione* scorgendo tra le righe un costante riferimento al Porta: e se Milano gli era apparsa l'anti-Roma, non stupisce la preoccupazione di sottolineare contrastivamente la situazione sua da quella in cui si mosse il poeta lombardo." (S. 102)
[2] Belli (1978), S. 8.
[3] Mauri (1981) schreibt den Impulsen, die Portas Gedichte dem Römer gaben, eine katalytische Funktion für dessen poetologisches Programm zu: "(...) Carlo Porta deve essere stato per il Belli una specie di scorciatoia, la scelta dialettale era una scelta antiaccademica e liberatoria (...)." (S. 94)
Vgl. auch Vigolo, in: Belli (1978), S. XIV; Piromalli (1965), S. 377f.; Secchi (1965); De Michelis (1969), S. 11f.; Lanza (1975), S. 81; Gibellini (1979a); Bellosi / Savini (1980), S. 62; Isella (1988), S. 557; Spagnoletti (1991), S. 4; Teodonio (1992), S. 58ff., S. 64.
[4] Vgl. Gibellini (1979), S. 86ff.
[5] Vgl. Ebd.: "Correva soprattutto, tra i due, la distanza tra la portiana simpatia verso la nuova realtà popolare sentita come portatrice di valori civili e morali destinati a emergere nella storia, e l'ironico e dolente distacco belliano verso il personaggio-narratore appartenente a quel popolo sentito come "cosa ... abbandonata senza miglioramento", (...)." (S. 89) Vgl. auch Momigliano (1964), S. 203f.; Serianni (1996), S. 239.
[6] Belli (1978), S. 5.
[7] Belli (1978), S. 8.

Die von Belli beklagte mangelnde diastratische Diffusion des römischen Dialekts im Vergleich zu anderen Regionen Italiens wurde von der sprachwissenschaftlichen Forschung bestätigt und historisch begründet. Die Wandlung der Mundart Roms von ihrer typologischen Zugehörigkeit zu den süditalienischen Dialekten in Richtung einer Annäherung an das toskanische Modell trat bereits im Laufe des 15. Jahrhunderts ein, um nach dem 'Sacco di Roma' (1527) unwiederbringlich seinen alten sprachlichen Zuschnitt zu verlieren.[1] Der sprachliche Umbruch wird anschaulich nachvollziehbar, verfolgt man die radikalen demographischen Veränderungen, welche die Stadt Rom im 16. Jahrhundert vollzog. Zunächst wuchs die Bevölkerung im Jahrzehnt zwischen 1513 und 1523 von 40.000 auf 60.000 Einwohner. Die Plünderung und Brandschatzung der Stadt durch Truppen Kaiser Karls V. halbierte die Bevölkerung 1527 auf 33.000, sie konnte sich jedoch bis 1600 durch regen Zuzug aus anderen Regionen Italiens wieder auf nahezu 110.000 Einwohner verdreifachen.[2] Der alte römische Dialekt befand sich somit bald in der absoluten Minderheit, als Kommunikationsmittel ergab sich eine Mischform mit deutlicher Orientierung am toskanischen Standard, während die ursprüngliche Mundart zunehmend isoliert wurde und sich "relegato ai livelli sociali ritenuti più bassi"[3] wiederfand. Der degradierende Ruf des römischen Stadtvolks und seines verderbten Idioms, welcher sich in dem Urteil Bellis widerspiegelt, der deren Sprache ja nicht einmal eigentlichen als 'Dialekt' klassifizieren will,[4] war bei diachronischer Betrachtung lange vorgeprägt.[5]

> Non così a me si concede dalla mia circostanza. Io qui ritraggo le idee di una plebe ignorante, comunque in gran parte concettuosa ed arguta, e le ritraggo, dirò, col soccorso di un idiotismo continuo, di una favella tutta guasta e corrotta, di una lingua infine non italiana e neppur romana, ma *romanesca*.[6]

---

[1] Vgl. DeMauro / Lorenzetti (1991), S. 321ff.; Serianni (1989b), S. 117f.
[2] Die Angaben folgen DeMauro (1970), S. 24f.
[3] Vgl. auch ebd.: "Diversamente dagli altri dialetti, idiomi organici a tutt'intera la compagine sociale degli strati italiani preunitari, a Roma il dialetto era lo spregiato idioma delle classi subalterne, espressione d'un mondo separato, in rapporto con le culture egemoni solo per via di sedimentazione detritica." (S. 27)
[4] Vgl. Vigolo, in: Belli (1978), S. XXI f.; Gibellini (1979), S. 74.
[5] Vgl. DeMauro (1989): "Nel testo di Belli è chiara la negatività di *romanesco* di fronte a *romano*, così come altrove di *latinesco* di fronte a *latino* (kursiv im Orig., F.G.)." (S. XVI, Anm. 4)
Die Abschätzigkeit gegenüber dem 'Romanesco', so bemerkt DeMauro (ebd.) weiter, steht in einer Tradition, die bis auf Dante zurückgeht, vgl. Dante, De vulgari eloquentia I, 9, 2: "Dicimus igitur Romanorum non vulgare sed potius tristiloquium ytalorum vulgarium omnium esse turpissimum." Vgl. hierzu auch Serianni (1996), S. 241.
[6] Belli (1978), S. 8 (kursiv im Orig., F.G.).

1861 wiederholt Belli die pejorative Wertung des 'Romanesco' in einem Brief an den Prinzen Placido Gabrielli di Mario,[1] der ihn dazu aufgefordert hatte, eine Übersetzung des Matthäusevangeliums in den vermeintlich römischen 'Dialekt' zu übernehmen. Geplant war eine kontrastive Gegenüberstellung von Übersetzungsversionen aus mehreren Lokaldialekten des Landes. Belli macht erneut geltend, daß von der Existenz eines römischen Dialektes im Sinne einer "lingua municipale" nicht die Rede sein könne:[2]

> Il parlar romaneso non è un dialetto e neppure un vernacolo della lingua italiana, ma unicamente una sua corruzione o, diciam meglio, una sua storpiatura.
> Un dialetto, ed anche un vernacolo, è indistintamente parlato da tutte le classi del popolo a cui appartiene, salvo l'uso promiscuo dell'idioma illustre in chi lo abbia appreso dalla educazione o dai libri. Non così del romanesco, favella non di Roma ma del rozzo e spropositato suo volgo.[3]

Die Applikation des römischen Dialekts sei entsprechend seiner fehlenden vertikalen Diffusion sprachlich wie thematisch aufs engste eingeschränkt und damit zumal für die Wiedergabe religiöser Inhalte gänzlich ungeeignet:

> Nei vari dialetti o vernacoli si può dir tutto, perché nati ed esercitati fra le bocche di chi può sapere e dir tutto: nel linguaggio di una plebe si può dir poco o nulla, perché la vera plebe difetta di vocaboli come di notizie e di idee.[4]

Es konnte ihm daher, so führt Belli fort, bei seinen eigenen Mundartdichtungen gar nicht darauf angekommen sein, die dichterische Tauglichkeit des 'Romanesco' auszuloten und unter Beweis zu stellen.[5] Seine innovative Methode, die hingegen eine objektive Distanz zu einem auch ungeliebten Gegenstand verlange, veranschaulicht Belli mit der bildkünstlerischen Tätigkeit eines Malers, der ohne retuschierende Beimengungen lediglich die Realität wiedergebe:[6]

---

[1] Vgl. Belli (1962), S. 377f.
[2] Vgl. hierzu auch Toschi (1942), S. 303.
[3] Belli (1962), S. 377f.
[4] Ebd., S. 378. Indem Belli dem 'Romanesco' die universelle Ausdrucksfähigkeit abspricht, argumentiert er, so Gibellini (1979a, S. 102f), auch gegen aufklärerische Positionen, wie sie etwa Parini formuliert hatte, wonach jegliche Idiome von grundsätzlich gleicher Qualität seien.
[5] Dies war eine Motivation für Carlo Porta, vgl. vorliegende Arbeit, Kap. 3.3.2 b).
[6] Merolla (1981) weist auf die leitmotivische Verwendung von Begriffen aus den Wortfeldern 'sehen' und 'hören' hin (vgl. S. 118ff), wodurch eine "ottica pittorica" entstehe, die Belli als Künstler eine Distanzhaltung zu seinem Objekt ermögliche: "Ottica pittorica, dunque, anche come quella che da un lato aumenta la condizione di distacco rispetto all'osservatore puro e semplice, perché propone l'ulteriore mediazione di un'operazione intellettuale e figurativa, persino di un passaggio attraverso precise techniche e concreti strumenti "coloristici"; (...)." (S. 119)

A quale poi mi chiedesse perché abbia io dunque in altri tempi impiegata la mia penna in simiglianti lavori, risponderei mio intento non essere stato già quello di fissare in carta una lingua a cui meritamente manca in Italia un posto, ma sí unicamente di introdurre il nostro popolo a parlare di sé nella sua nuda, gretta ed anche sconcia favella, dipingendo cosí egli stesso i suoi proprii usi, i suoi costumi, le sue storte opinioni, (...).[1]

Im Gegensatz zu der sprachlichen Situation, die ein Carlo Porta in Mailand vorfand, bleibt Giuseppe Gioachino Belli als Mundartdichter der Rückgriff auf eine schichtenübergreifende "lingua municipale" verschlossen.[2] Von einem lebendigen Dialekt, der auch in literarisch gebildeten Schichten gesprochen wurde, konnte im 19. Jahrhundert in Rom keineswegs die Rede sein. Zudem fehlte, anders als in Mailand, das wissenschaftliche und kulturelle Ferment für eine sozial engagierte und zugleich inhaltlich wie formal progressive Dichtung.[3] Den kulturellen Tiefstand Roms bezeugen die Briefe, die der junge Giacomo Leopardi 1822/23 seinem Bruder Carlo schrieb,[4] zu einer Zeit, als Giuseppe Gioachino Belli Mitglied der römischen 'Accademia degli Elleni' war, die sich nach dem Sturz Napoleons 1813 in 'Accademia Tiberina' umbenannte. Dort trat der spätere Mundartdichter mit einer Reihe von klassizistischen Gedichten hervor, die noch deutlich in der Tradition der 'Arcadia' standen.[5] Das stagnierende kulturelle Leben der Stadt Rom in der ersten Hälfte des 19. Jahrhunderts, das zudem vom Klerus in engen Schranken gehalten

---

[1] Belli (1962), S. 378.
[2] Vgl. Toschi (1942), S. 302.
[3] Vgl. Gibellini (1979a): "Milano dunque è, agli occhi del Belli, l'anti-Roma." (S. 148) In einer anschließenden Synkrisis faßt Gibellini die Konsequenzen der unterschiedlichen soziolinguistischen und kulturellen Voraussetzungen für die Wertung des jeweiligen Lokaldialekts zusammen: "L'uno [scil.: Porta, F.G.] fiducioso nella dignità espressiva del suo dialetto; consciamente inserito in una solida tradizione; aperto al senso vivo del proprio pubblico e dell'impegno nel suo tempo; (...) Dilacerato l'altro [scil.: Belli, F.G.] tra una concezione negativa del dialetto e l'orgogliosa sua assunzione a strumento di originalissima poesia; (...)." (ebd.) Vgl. auch Serianni (1989b), S. 116ff.
[4] Vgl. Leopardi (1998): "La letteratura romana, come tu sai benissimo, è così misera, vile, stolta, nulla, ch'io mi pento d'averla veduta e vederla, perché questi miserabili letterati mi disgustano della letteratura, e il disprezzo e la compassione che ho per loro, ridonda nell'animo mio a danno del gran concetto e del grande amore ch'io aveva alle lettere. (...) tutto quello che si pubblica qui se non sono assolute vanità e follie, mi pare che sia gittato e perduto." (S. 643, An Carlo Leopardi, 1. Febr. 1823, Nr. 512); Vgl. auch: "Vi ho parlato solamente delle donne, perché della letteratura non so che mi vi dire: Orrori e poi orrori." (S. 593, An Carlo Leopardi, 16. Dez. 1822, Nr. 474) Vgl. Teodonio (1992), S. 45ff.
Vgl. hierzu auch Bartoccini (1985): "(...) pesava su Roma l'isolamento e, più ancora dell'isolamento, pesavano la persistenza, nella staticità del quadro di vita, di ideali rigidi e cristallizzati, l'interna sordità, l'accanito rifiuto a tendenze esterne nuove e incomprensibili, in definitiva sentite come antiromane. Il romanticismo (...) arrivò appena a sfiorare la città, vissuto per lo più nell chiave deformante della polemica classicista e antigermanica, (...)." (S. 328)
[5] Gesammelt in Belli (1975).

wurde, bot weder produktiven Rückhalt in einer gebildeten Literatenschicht, noch, so Belli, sei die romantische Anbindung an 'authentische', von degenerierter Verbildung freie und natürliche Werte des einfachen Volkes denkbar, da sich dieses vielmehr durch geistlose Ignoranz und mangelnde sprachliche Ausdrucksfähigkeit auszeichne:

> Questi idioti o nulla sanno o quasi nulla: e quel pochissimo che imparano per tradizione serve appunto a rilevare la ignoranza loro: in tanto buio di fallacie si ravvolge. Sterili pertanto d'idee, limitate ne sono le forme del dire e scarsi i vocaboli. Alcuni termini di senso generale e di frequente ricorso vi suppliscono a molto.[1]

Schärfer konnte er die Ablehnung romantischer Volksvorstellungen nicht formulieren. Wenn Belli dem 'Romanesco' die Eigenschaft zuschreibt, mit einigen Allgemeinplätzen sein Auskommen finden zu müssen, so führt er die Argumentationsweise der Sprachreformisten aufklärerischer wie romantischer Orientierung ad absurdum, die durch den Beitrag konkreten, treffsicheren Mundartmaterials gerade den abstrakten und lebensfernen Wortschatz der Hochsprache bereichern und auffrischen wollten.

Der vierte Abschnitt begründet die Wahl der Sonettform.[2] Belli kommt es in der '*Introduzione*' auf die strukturelle Konvergenz des Sprachduktus der römischen Plebs mit derjenigen Gedichtform an, die sich seit der 'Scuola Siciliana' über Dante und Petrarca als erfolg- und traditionsreichste etabliert hat:

> Dati i popolani nostri per indole al sarcasmo, all'epigramma, al dir proverbiale e conciso, ai risoluti modi di un genio manesco, non parlano a lungo in discorso regolare ed espositivo. Un dialogo inciso, pronto ed energico: un metodo di esporre vibrato ed efficace; (...).[3]

Das Sonett dient Belli der mimetischen Nachstellung von Äußerungen des Volksmundes, der zu inhaltlichen Zuspitzungen neige. Er macht sich dabei den epigrammatischen Charakter der Sonettform zunutze.[4]

---

[1] Belli (1978), S. 8.
[2] Marucci / Stella (1998) stellen die Sonettform in die Tradition des komisch-burlesken Sonetts des Pietro Aretino, zudem verweisen sie auf die Eignung dieser Form, impressionistische Kurzeinblicke ohne narrative Breite zu gewähren (vgl. S. 1010f). Zur Sonettechnik Bellis vgl. auch Clemente (1965); Moestrup (1965).
[3] Belli (1978), S. 9. Vgl. auch Momigliano (1964a), S. 258.
[4] Vgl. hierzu auch Friedrich (1964), durch dessen Bemerkung sich Bellis Wahl nachträglich rechtfertigt: "Das Sonett ist lyrischer Syllogismus, wenn auch nicht in allen Fällen, so doch in den meisten. Es behielt diesen Charakter auch bei, als seine Schrittfolge seltener eine solche der Begriffe, vielmehr der seelischen Vorgänge wurde. Im Voranschreiten bis zur überraschenden Pointe näherte es sich später dem antiken Epigramm an und wurde dann oftmals auch so genannt." (S. 33)

Sollten auch nach der Abfassung der '*Introduzione*', die in ihrem ersten Entwurf auf das Jahr 1831 zurückgeht, noch etliche hundert Sonette hinzukommen, so mochte Belli schon damals die außergewöhnliche Quantität der Sammlung vor Augen gestanden haben. Zwar kannte die italienische Literaturgeschichte bereits die Form des 'Sonettenkranzes', ja des Romans aus Sonetten[1], doch überwältigt den Leser der "*Sonetti romaneschi*" neben der Anzahl der Gedichte die scheinbar undurchdringliche und unstrukturierte Anordnung. Belli scheint sich dieses amorphen Eindrucks bewußt zu sein. Dennoch besteht er auf einer Art innerer Einheit:[2]

> Distinti quadretti, e non fra loro congiunti fuorché da filo occulto della macchina, aggiungeranno assai meglio la fine principale, salvando insieme i lettori dal tedio di una lettura troppo unita e monotona.[3]

Auf unwillkürliche, ja 'automatische' Weise ("macchina") fügen sich die Einzelsonette, die je eine kurze Augenblicksaufnahme des Alltagslebens der römischen Plebs gestatten, zu einem Gesamtbild.[4] Eine bestimmte Leseordnung schlägt Belli nicht vor. Wirkungsästhetisch denkt er an ein autogeneratives Heranwachsen einer Gesamtsicht auf die "plebe di Roma" bei einem Leser, der sich frei durch das Werk bewegen kann und sich dabei dem imaginativen Prozeß

---

Schlüter (1979) nennt diese Formvariante des Sonetts "dialektisch" (S. 10). Auch die Möglichkeit einer "dualistischen" (S. 9) Gliederung bietet sich bei dem Werk Bellis an. Auch hierbei kommt der epigrammatisch zugespitzte Charakter des Sonetts zum Tragen.

[1] So schreibt man etwa bereits Dante Alighieri die Verfasserschaft von "*Il fiore*", einem 'Roman' aus 232 Sonetten zu, die inhaltlich auf dem altfranzösischen Rosenroman beruhen.

[2] Clemente (1965) sieht eine innere Einheit ("di grande ideazione e di unitaria ispirazione", S. 262) schon durch den formalen Bezug auf den Canzoniere Petrarcas gegeben. Petrarcas Sammlung weist jedoch, anders als Bellis "Sonetti romaneschi", eine genau kalkulierte Binnengliederung auf.

[3] Belli (1978), S. 9.

[4] Vgl. Clemente (1965): "(...) i sonetti rappresentano le mille voci di una folla anonima; (...)." (S. 264) Gibellini (1979a) sieht die dichterische Kurzform, der sich Belli im Gegensatz zu den narrativ oft breit angelegten Gedichten Carlo Portas bedient, im unterschiedlichen Realitätszugriff der beiden begründet: "Ma la sfiducia nella storia ci conduce anche a un altro scarto essenziale di Belli da Porta: quel suo negarsi a cogliere le grandi "storie" narrative del Milanese, scorporandole in schegge che nella "chiusura del sonetto" configurano una nebulosa fatta di frammenti di "rapida eternità"; (...)." (S. 108) Vgl. auch Lanza (1975), S. 89, S. 127.

In entsprechend reduzierter Dimension trifft sich Bellis "fine principale" hier mit literarästhetischen Prämissen Balzacs, der anhand von 135 Romanen ein Gesamtbild der französischen Gesellschaft seiner Zeit geben wollte, vgl. Biermann (1994), S. 253. Auch Vossler (1898) fühlt sich angesichts des überwältigenden Umfangs der Sonettsammlung Bellis an das Projekt einer 'Comédie humaine' erinnert: "Vom zartesten Genrebildchen intimsten Kleinlebens durchläuft Belli die ganze unendliche Scala der menschlichen Komödie (...)." (S. 168)

zunächst ohne interpretative Eigenleistung hingibt. Dadurch gewinne das Werk an Unterhaltsamkeit und steigere den Lesegenuß des Rezipienten:[1]

> Il mio è un volume da prendersi e lasciarsi, come si fa de' sollazzi, senza bisogno di progressivo riordinamento d'idee. Ogni pagina è il principio del libro: ogni pagina è il fine.[2]

Den fünften und ausführlichsten Abschnitt widmet Belli Detailfragen dialektologischer Art, wobei er neben allgemeineren phonologischen Charakteristika ausführlich seine Graphemik des 'Romanesco' erläutert, die er selbst für seine künstlerischen Zwecke entwickelt habe:

> Nel mio lavoro io non presento la scrittura de' popolani. Questa lor manca; (...). La scrittura è mia, e con essa tento d'imitare la loro parola. Perciò del valore dei segni cogniti io mi valgo ad esprimere incogniti suoni.[3]

Das 'wissenschaftlich-methodische' Vorgehen[4] bei der Entwicklung eines eigenen Notationssystems für die 'Sprachlaute' des verkommenen 'Romanesco' unterstreicht den instrumentellen Zugang zu dem Objekt seiner Dichtung, dessen sich Belli lediglich bedient, um seine neuartigen poetologischen Ansätze zu realisieren.[5]

## 3.4.3 Zusammenfassung

Im Vergleich zu Carlo Porta tritt Giuseppe Gioachino Belli rhetorisch aggressiver auf. Trotz detaillierter poetologischer Zielsetzungen hat er gleichwohl eine Gesamtveröffentlichung der *Sonetti romaneschi* zu Lebzeiten unterbunden.[6]

---

[1] 1831 empfiehlt Belli seinem Freund Francesco Spada die Lektüre seiner "nuovi versi da plebe" (Belli (1962), S. 374) zur Gemütserheiterung: "Ne rideremo poi insieme; e queste risa ci varranno a prepararci l'animo alle possibili sciagure che ci minacciano." (ebd., S. 375) Vgl. hierzu Gibellini (1979a), S. 146; Spagnoletti, in: Belli (1991), S. 21. Vgl auch Petrocchi (1981); Muscetta (1981), S. 223.
[2] Belli (1978), S. 9.
[3] Ebd., S. 9f.
[4] Spagnoletti (in: Belli 1991) spricht von einem "genio scientifico" (S. 21), welcher sich in der *'Introduzione'* zeige.
[5] Vgl. Vigolo, in: Belli (1978), S. XXX; Rock, in: Belli (1978a), S. 10; Gibellini (1979), S. 89.
[6] Die Forschung konnte die Ergebnisse, die sich aus der Analyse der expliziten poetologischen Äußerungen Bellis ergeben, vielfach an den Sonetten selbst bestätigen. Auf eine exemplarische Bestätigung der dichterischen Einlösung verzichten wir aufgrund des bereits umfangreichen Sekundärmaterials. Explizite und implizite Poetik decken sich bei Belli durchaus. Besonders

Mit Belli treten in Italien fundamental neue Wertungen und Funktionszuschreibungen von Mundartdichtung hervor. Wohl ist sich der Römer bei der Formulierung seiner ästhetischen Voraussetzungen der kulturell dominanten Existenz von Bewertungsmustern aufklärerisch-romantischer Prägung bewußt, so daß eine Einordnung seiner Position erst vor dem Hintergrund der Stellungnahmen von Parini, Cesarotti, Borsieri und Porta möglich wird.[1]

Im Vordergrund des Argumentationsgangs der '*Introduzione*' steht die Ablehnung von Erwartungen an eine naturnahe, von zivilisatorischen Einflüssen unverdorbene Originalpoesie. Mit diesem romantischen Vorverständnis von 'Volksdichtung' mußte auch in Italien ein Dialektdichter des 19. Jahrhunderts grundsätzlich rechnen. Dem stellt Belli die kühl distanzierte Beobachterhaltung eines Dichters entgegen,[2] der mit stenographischer Detailpräzision die Realität der stadtrömischen Unterschicht ohne jegliche Beschönigung abzeichnet und dokumentiert.

Ebenso lehnt er das Ansinnen aufklärerischer Prägung ab, durch Mundartdichtung erzieherisch zu wirken oder auch nur ansatzweise moralische Implikationen in der Aussage seines Werks zuzulassen. Auch die vermeintliche Fähigkeit der Mundart, durch 'Konkretheit' im Ausdruck die Hochsprache zu bereichern, streitet er für das 'Romanesco' rundweg ab.

Positiv gelingt es Belli, durch die Zurückweisung gängiger Funktionszuschreibungen gegenüber Dialektpoesie einer Poetik Bahn zu brechen, die in ihrem radikalen Zuschnitt und ihren revolutionären Konsequenzen einige Jahrzehnte später mit dem 'Verismo' in der italienischen Literatur auch außerhalb der mundartlichen Poesie Fuß fassen sollte. Der Dichtung Giuseppe Gioachino Bellis kommt insofern eine Pionierstellung zu, als sie literarästhetische Tendenzen, die später dominant werden sollten, experimentell vorbereitet. Die veristische oder sprachexperimentelle Funktion von Mundartdichtung bleibt in Italien zunächst isoliert, traditionelle Wertmuster behaupten sich noch lange. Erst in neuerer Zeit läßt sich, etwa bei bei Carlo Emilio Gadda, erneut ein stärkeres Interesse an der innovativen Kraft dialektaler Dichtung nachweisen.[3]

---

textnah zeigen etwa Lanza (1975), S. 90ff.; Merolla (1981) und Marucci / Stella (1998), S. 1011ff. zeigen die Konvergenzen der poetologischen Prämissen mit der Poesie Bellis auf.

[1] Vgl. ebd., S. XIX.
[2] Vgl. Bandini (1979), S. 174.
[3] Carlo Emilio Gadda (1968) weist in seinen theoretischen Schriften zunächst gängige romantische Wertmuster zurück: "È superstizione romantica (pervenutaci dal romanticismo) il darci credere che la lingua nasca o debba nascere soltanto dal popolo. (...) È più facile notare un descensus dalla lingua colta all'uso, che non il processo inverso." (S. 94)
Später (vgl. Gadda (1968a) plädiert er für eine experimentelle Amalgamierung verschiedener Sprachniveaus und -formen gemäß der italienischen Tradition des "macaronico". Vgl. auch Segre (1979), S. 71ff.; Gibellini (1979c); Contini (1970a); Contini (1988b).

## 3.5 Ausblick: Benedetto Croce

1926 veröffentlicht Benedetto Croce (1866–1952) den Aufsatz *La letteratura dialettale riflessa, la sua origine nel seicento e il suo ufficio storico,*[1] in dem der napoletanische Gelehrte auf der Basis seiner eigenen ästhetischen Kategorien ein theoretisches Konzept zur italienischen Dialektpoesie entwirft, welches wesentlich auf traditionellen Wertungsmustern aufbaut. Da Benedetto Croce seine Überlegungen in expliziter Abgrenzung von Stellungnahmen entfaltet, die 87 Jahre zuvor Giuseppe Ferrari formuliert hat, sei dessen Standpunkt im Vorgriff kurz diskutiert.

### Exkurs: Giuseppe Ferrari

1839/40 tritt der Mailänder Gelehrte und Politiker Giuseppe Ferrari (1811–1876) in der Pariser *Revue des deux mondes* mit einer zweiteiligen Abhandlung unter dem Titel *De la littérature populaire en Italie* hervor.[2] Ferrari, erst kurz zuvor aus politischen Gründen nach Frankreich gezogen, trat dort mit weiteren Veröffentlichungen zu literarischen, philosophischen wie politischen Themen hervor, wobei er, der später die Aufstände gegen Österreich in der Lombardei (1848) unterstützte, für ein föderalistisch geprägtes Demokratiemodell mit sozialistischen Komponenten eintritt.[3] Zentraler Schwerpunkt seines politischen Denkens stellt die Forderung nach Volkssouveränität dar, welche erst bei Verwirklichung eines föderalistischen Staates wirksam werden könne.[4]
Auch Ferraris Interesse an der Mundartdichtung, von ihm irrtümlich, für sein Denkmodell jedoch bezeichnend als 'Volkspoesie' ("poésie populaire") klassifiziert, entspringt weniger genuin literarästhetischer Motivation,[5] als vielmehr der Absicht,

---

[1] Croce (1927).
[2] Vgl. Teil I: Ferrari (1839); Teil II: Ferrari (1840).
[3] Vgl. Grasse (2000), S. 57-71; Schiattone (1996).
[4] Vgl. Grasse (2000): "Im Konzept der Föderation tauche dieser Anspruch des Volks auf die Wiederaneignung der Macht in besonderer Weise auf; (...). Zum einen sieht er [scil.: Ferrari, F.G.] die gewünschte Partizipation als praktische Verwirklichung des Gleichheitsprinzips am besten in einem föderalen System mit weitreichender lokaler Autonomie gewährleistet. Zentralisierung bedeute zwangsläufig Zentralisierung der Macht auf wenige Personen und begünstige die Entstehung oligarchischer Strukturen. Der Föderalismus ist Ferrari deshalb notwendiges Prinzip der Volkssouveränität." (S. 59f)
[5] Eine ästhetische Aufwertung der Literatur im Dialekt selbst ist ihm jedenfalls kein Anliegen. So bedauert er, daß der venetianische Dichter Checco Gritti sein dichterisches Talent aufgrund der anmaßenden Unterdrückung seitens der Hochsprache gerade im Bereich des Dialektalen verwirklicht habe: "(...) on regrette de voir enfouies dans un patois des beautés si pures, une connaissance si profonde des ressources de l'art, (...)." (Ferrari (1839), S. 701)

die Gültigkeit seines föderativen Modells auch im Bereich der Nationalliteratur zu belegen.[1] Im Vordergrund steht die These der Rebellion der unterdrückten 'Volkspoesie' gegen die 'tyrannische' Hochsprache, ein Grundmotiv, das Ferrari anhand eines regional untergliederten Querschnitts der gesamten Dialektdichtung Italiens bis zur Gegenwart aufzuzeigen beflissen ist:[2]

> Il en résulta une profonde division entre la poésie nationale et la poésie populaire: celle-ci ne pouvait parler que la langue du peuple; elle ne pouvait chanter que les passions municipales; ella resta donc confinée aux patois d' Italie, et par conséquent ella butta toujours contre la poésie nationale avec cette inimitié instinctive que les patois ont pour les langues.[3]

Um seine These sprachhistorisch zu untermauern, greift Ferrari auf die bekannte Kritik an der toskanischen Schriftsprache zurück, sie sei durch künstliche Konservierung erstarrt, zu einer sterilen Literatensprache verkommen und dadurch schließlich des Bezugs zur Lebenswirklichkeit weitgehend verlustig gegangen. Ferrari bedient sich eines anti-aristokratischen Vokabulars, mit dem er zugleich die positiven Werte des Volkes profiliert.

> Qu'est-ce qu'une langue mort-née qu'on ne trouve que dans les livres, et qui prétend sortir de tous les dialectes d'Italie? S'il n'y a personne qui la parle, où prend-elle les règles qui lui servent à corriger les barbarismes et les idiotismes de ses patois? On dit que ce travail d'épuration se fait à la cour, que la langue italienne est aristocratique et courtisanesque. Mais c'est précisément à la cour que les langues se corrompent par le contact des étrangers, et qu'elles perdent toute la naïveté et la force populaires.[4]

---

[1] Seine föderalistische Position legt Ferrari gegen Ende des zweiten Teils seines Artikels offen, vgl. Ferrari (1840), S. 531.
Tancini (1983) spricht gar von einer "'marginalità' dei suoi interessi critici" (S. 803f) gegenüber dem zentralen philosophisch-historischen Anliegen. Stets lasse sich, so weist die Autorin anhand mehrerer literaturkritischer Schriften Ferraris nach, ein "stretto nesso tra interpretazione dei fatti letterari e concezione federalistica" feststellen (S. 809). Vgl. auch Stussi (1996), S. 17.

[2] Zu diesem Zwecke bedient er sich durchgängig Formulierungen, die dem Wortfeld "Aufstand", "Kampf", "Widerstand" entstammen: Ferrari (1839): "ils se vengent de sa tyrannie" (S. 691); "maintenir [scil.: le patois, F.G.] contre l'influence (...) de la langue italienne" (S. 694); "dédain pour la langue italienne, et ses (...) vengeances" (S. 700); "protestations contre la littérature nationale" (S. 702); "les littératures municipales contre la littérature nationale" (S. 704); Ferrari (1940): "la guerre (...) entre les défenseurs du patois et ceux de la langue" (S. 516); "la guerre du patois bolonais contre la langue italienne" (S. 521); "l'insurrection des patois contre la langue" (S. 523, Anm. 1); "insurrection contre l'unité littéraire de l'Italie" (S. 530).
Das dahinterstehende sozialistische Konzept beschreibt Tancini (1983): "La letteratura dialettale si fa interprete di quelle classi popolari che (...) nel resto d'Europa costituiscono le forze trainanti del processo storico." (S. 828) Vgl. auch Schiattone (1996), S. 134.

[3] Ferrari (1839), S. 691.

[4] Ferrari (1840), S. 526.

Getreu der 'romantischen' Funktionszuschreibung der Mundartdichtung, sie könne aufgrund ihrer 'ursprünglichen Authentizität' und 'natürlichen Naivität' der hochsprachlichen Literatur Kräfte zuführen, die diese durch ein Übermaß an zivilisatorischer Überfeinerung verloren habe, meint Ferrari bei nahezu allen ihm bekannten Dialektdichtern Italiens Züge der 'volkshaften Schlichtheit' aufdecken zu können.[1] So verkennt er in grotesker Weise das ästhetisch hochartifizielle Werk eines Giambattista Basile (1566(-75) –1632), der doch gerade in seiner Mundartdichtung der überbordenden Stilistik des Barock huldigte,[2] als 'naive Volksdichtung':

> (...) dès qu'il [scil.: Basile, F.G.] quitte la langue nationale pour le patois, il devient l'écrivain le plus naïf, le plus simple de l'Italie.[3]

Aus dem *Pentamerone* (1634/36 postum erschienen) spreche unverfälscht die Sprache des Volkes, der Dichter Basile fungiere dabei lediglich als getreuer Verbreiter 'genuinen Volksgutes':

> C'est le peuple qui est le grand magicien et le premier créateur de cette fantasmagorie; Basile, en la transportant naïvement dans ses contes, s'est assuré un titre durable à la memoire de son pays.[4]

Man wird den literarischen Wertungen des Politikers Ferrari hier nicht allzu großes Gewicht beimessen wollen, da die Analysen des Aufsatzes teleologisch zugeschnitten sind und hinter dem sprachpolitischen Anliegen zurückstehen, einen Lösungsbeitrag zur nationalen 'Questione della lingua' zu leisten.[5] Ferrari sieht Ende der ersten Hälfte des 19. Jahrhunderts die Entwicklung zu einer allgemein akzeptierten Nationalsprache, die auch er als wünschenwert, ja unabdingbar betrachtet,[6] mehr denn je in einer Sackgasse, da föderale Wege in der Sprachpolitik bislang stets umgangen worden seien. Dadurch habe man schuldhaft die Funktion der Mundartdichtung auf eine antagonistische Oppositionsrolle reduziert und zugleich auf synergetische Effekte verzichtet:

---

[1] Vgl. Frabotta (1971), S. 466.
[2] Vgl. Bahner (1977), S. 191f.
[3] Ferrari (1840), S. 506.
[4] Ebd., S. 508. Etwa zur selben Zeit läßt sich freilich auch Jacob Grimm (in: Basile 1846) in ähnlicher Weise bei der Beurteilung Basiles von derartigen Wertattributionen der Dialektliteratur leiten, die in Deutschland noch stärker dominierten als in Italien. Auch er klassifiziert die "aus dem volke selbst geschöpften märchen" (S. VII) des neapolitanischen Barockdichters im Sinne des Begriffs der "Volkspoesie" (S. IX).
[5] Vgl. Frabotta (1971): "Ferrari trasferisce dunque il suo federalismo politico nella questione della lingua, illudendosi di dare cosí a questo spinosissimo problema una soluzione democratica." (S. 470) Vgl. auch Tancini (1983), S. 809.
[6] Vgl. Tancini (1983), S. 836.

(...) la poésie populaire se réfugia dans les cités italiennes, accepta l'anarchie des patois, se déclara en révolte contre la poésie nationale, opposa théâtre à théâtre, poètes à poètes; et chaque capitale devint un centre d'insurrection contre l'unité littéraire de l'Italie. (...) et, après huit siècles, l'Italie se trouve encore devant les grands problèmes de langue, de littérature et de nationalité posés par Dante.[1]

\*\*\*

Aus einer grundsätzlich anderen politisch-sozialen Situation heraus weist 1927 Benedetto Croce die antagonistische These Giuseppe Ferraris als historisch unzutreffend zurück.[2] Der Dialektliteratur Italiens gesteht Croce in ihrer Gesamtheit vielmehr eine integrative Funktion zu. Sie sei der erfolgreichen politischen Einigung des Landes keineswegs abträglich gewesen oder habe sie auch nur verlangsamt; im Gegenteil: sie habe im Verlaufe der Literaturgeschichte eine unverzichtbare Komplementärfunktion übernommen, indem sie der "Nationalliteratur" zur Seite stand, insofern diese noch auszubilden und zu erweitern war:

> Il movente effettivo, o il movente principale, della letteratura provinciale, della letteratura dialettale riflessa, non che essere l'eversione e la sostituzione della letteratura nazionale, era, per contrario, l'integrazione di questa, la quale stava dinanzi, non come un nemico, ma come un modello.[3]

Croce greift hier auf das aufklärerisch-romantische Bereicherungsargument (vgl. Parini, Cesarotti) zurück und überträgt es teleologisch zugespitzt auf literarische Zusammenhänge: die Mundartdichtung könne durch Ergänzung, Weiterführung und Erweiterung des sprachlichen Ausdrucks sowie des literarischen Themenspektrums bewirken, daß "voci fin allora inascoltate o piuttosto inarticolate"[4] zum Gegenstand

---

[1] Ferrari (1840), S. 530.

[2] Vgl. Mazzocchi Alemanni (1997): "La tesi radicale e federalistica del Ferrari, tesi estremista (...) non poté non suscitare nell'"unitario" (e olimpico) Croce – nella sua opera di storicistica sistemazione delle vicende della nostra letteratura – una repulsa ironica e decisa." (S. 60)
Zu der Kontroverse zwischen Benedetto Croce und Giuseppe Ferrari vgl. erstmals Elwert (1939); eine Vermittlung der Positionen sucht Tullio DeMauro (1987), S. 128; vgl. auch Mazzocchi Alemanni (1997).

[3] Croce (1927), S. 227.
Piromalli (1983) stellt sich aus marxistischer Perspektive gegen Croces Integrationsthese und nähert sich damit wieder den sozialistisch-föderalistischen Vorstellungen Ferraris, wobei er allerdings hinter die literargeschichtlich unabdingbare terminologische Unterscheidung zwischen 'Volksdichtung' und 'Dialektliteratur' fällt: "Cosí la cultura popolare dialettale esprime la protesta delle classi subalterne contro le condizioni economiche, politiche, sociali (...). Con il dialetto le classi subalterne si contrappongono, più o meno coscientemente, alla società e alla cultura borghese (...)." (S. 11)

[4] Croce (1927), S. 229.

auch der Nationalliteratur in der Hochsprache würden.[1] Einen handgreiflichen Beleg für die allseitige sprachlich-literarische Integrationsbereitschaft sieht er in der "lieta accoglienza che le opere dialettali di una regione d'Italia trovarono nelle altre regioni".[2] Skeptische bis feindselige Einstellungen gegenüber Mundartliteratur von Seiten bedeutender Literaten integriert er dialektisch geschickt in sein Modell, indem er sie als Reaktion auf Fehlentwicklungen innerhalb der Dialektpoesie interpretiert, die lediglich einer geschichtlichen Korrektur und Überwindung bedurften.[3]

Der Begriff "poesia dialettale riflessa", den Croce in die Diskussion um italienische Mundartdichtung eingeführt hat,[4] dient dem Nepolitaner zur Abgrenzung der "letteratura dialettale d'arte" (kunsthafte Dialektliteratur) von einer "letteratura dialettale spontanea" (spontane Dialektliteratur).[5] Die "reflektierte Dialektpoesie" vesteht er als spezielle Ausprägung der "kunsthaften Dialektliteratur"; sie sei grundsätzlich mit anderen ästhetischen Kategorien zu bewerten als die "spontane Dialektliteratur", wobei das Element des 'Spontanen' bereits terminologisch auf Wertattributionen der Romantik verweist. So siedelt Benedetto Croce das primäre Wirkungsfeld der 'spontanen' Dialektdichtung ganz im 'romantischen' Sinne im Bereich des Volkstümlichen an:

> (...) le fiabe e i canti, e gli altri prodotti che i demopsicologi raccolgono dalla tradizione del solito orale e solo di rado scritta, compongono la letteratura propriamente dialettale spontanea o popolare (...), che esprime il costume del volgo o un costume proprio del volgo (...).[6]

Er besteht, auch in Absetzung von der irreführenden Terminologie Giuseppe Ferraris auf einer umso deutlicheren Scheidung der "poesia dialettale riflessa", die ja stets

---

[1] Auch 1933, als er die Dialektliteratur von faschistischen Zentralisierungsbestrebungen in ihrer Existenz bedroht sah, betont Croce selbstbewußt die nationalintegrative und bereichernde Funktion von Mundartdichtung, vgl. Croce (1933): "Per intanto, io, non milanese, son di quelli che, a udire la poesia milanese del Tessa, ho sentito non contrastata e non conculcata, ma arricchita, la mia coscienza d'italianità." (S. 158) Vgl. dazu auch Lattarulo (1997), S. 68.
Im einzelnen dürfte sich Croce der Beitragsleistungen von Seiten der signifikantesten Vertreter der Mundartdichtung wie Giuseppe Gioachino Belli oder Carlo Porta nicht immer bewußt gewesen sein. Jedenfalls zeigen die wenigen Bemerkungen, die er den beiden widmet, kein tieferes Eindringen in deren Leistungen, die auch für die Nationalliteratur bahnbrechend waren. Zu Belli vgl. immerhin Croce (1927), S. 232; Croce (1921a), S. 309.
[2] Croce (1927), S. 229.
[3] Vgl. ebd., S. 230f. Hier geht er despektierlich auf die Position Pietro Giordanis ein: "(...) ma dal Giordani non era certo da aspettare larga intelligenza in questa parte." (ebd., S. 231)
[4] Vgl. Contini (1988), S. 13.
[5] Vgl. Croce (1927), S. 225.
[6] Ebd., S. 226.

und ausschließlich mit der Literatur in Hochsprache korreliere,[1] von der sogenannten 'Volksdichtung' ("poesia popolare"):

> (...) la letteratura popolare (...) è tutt'altra cosa dalla dialettale riflessa; quel amore proveniva dal romanticismo, dall'affetto pel primitivo e per l'ingenuo, (...).[2]

Benedetto Croce macht nie einen Hehl aus seiner persönlichen Zuneigung zu einer 'poesia popolare' romantischer Prägung.[3] 1929 überträgt er in seinem Essay *Poesia popolore e poesia d'arte* gar die Kategorien 'poesia' bzw. 'non-poesia', die in seiner Ästhetik wesentliche Bedeutung einnehmen, auf die 'Volksdichtung':

> C'è bensì una poesia popolare bella e una brutta (non-poesia), come ce n'è in quella d'arte (...). (...) Ma, dove la poesia popolare è poesia, non si distingue da quella d'arte, e, nei suoi modi, rapisce e delizia. La differenza, dunque, è da cercare, e la corrispettiva definizione, sarà soltanto (...) psicologica.[4]

Die von Croce daraufhin exponierten "psychologischen" Charakteristika 'echter Volkspoesie' korrespondieren deutlich mit den Voraussetzungen, die im Sinne seiner Ästhetik der reinen 'poesia' eignen. Mehr noch: die Volkspoesie erscheint als prototypischer Beleg für Croces literarästhetische Kategorien:[5]

> Essa [scil.: la poesia popolare, F.G.] esprime moti dell'anima che non hanno dietro di sé, come precedenti immediati, grandi travagli del pensiero e della passione; ritrae sentimenti semplici in corrispondenti semplici forme.[6]

---

[1] Vgl. ebd.: "Diversamente (...) la letteratura dialettale riflessa suppone come antecedente e punto di partenza la letteratura nazionale; (...)." (S. 226)

[2] Ebd., S. 232.

[3] Vgl. Croce (1924): "Nella mia adolescenza, essendo prossimo ancora il forte impulso che era stato dato alle ricerche di letteratura popolare da uomini come il D'Ancona, il Pitré, l'Imbriani e altri, raccolsi anch'io fiabe (o *cunti*, come si dice nel Napoletano) e canti (o *canzoni*), assediando la lavandaia, il facchino e la serva di casa, e i contadini che vi capitavano nelle feste; (...) cui dapprima ci eravamo accostati con la speranza di trovarvi una rivelazione ingenua e verginale di poesia. Speranze che si fondavano sopra un preconcetto (la sincerità come **popolarità**) e sopra un mito (la letteratura, opera di un **popolo**); di entrambi i quali gioverebbe fare l'analisi e la storia, segnatamente in relazione con lo spirito romantico (Herv. im Orig., F.G.)." (S. 245f) Vgl. auch Novacco (1950); ferner Bronzini (1997), S. 41.
Der Einfluß 'romantischer' Kategorien von Volksdichtung auf das Denken Croces wird auch nicht durch partielle Divergenzen zu 'typischen' Positionen der Romantik geschmälert, vgl. anders Buck (1952), S. 330.

[4] Croce (1991a), S. 17.

[5] Die Volkspoesie sei, so Croce (1991a) "impersonale, tipica, generica, atecnica, astorica." (ebd., S. 23)

[6] Ebd., S. 18.

'Wahre' Dichtung, so das Grundmotiv der Ästhetik Benedetto Croces, beruhe schließlich auf dem Ausdruck 'reiner Anschauung':

> (...) che cosa vuol dire intuizione pura se non: pura di ogni astrazione e di ogni elemento concettuale, e perciò né scienza né storia né filosofia?[1]

In seinem *Breviario di estetica* (erstmals 1912) erläutert Croce diese These und grenzt sie explizit von dem ab, was Kunst demgemäß *nicht* sei: frei von jeglichen nicht-anschaulichen Konstruktionen könne man 'echte Kunst' weder auf konkrete Formen festlegen, noch sei sie zweckgebunden oder auch nur -gerichtet und komme in jedem Fall ohne "conoscenza concettuale" aus.[2] Diese Kriterien erfüllt die 'spontane Dialektdichtung', bevorzugt in Form von 'Volksdichtung'; doch auch die 'kunsthafte Dialektdichtung' kann den strengen Anforderungen an 'poesia' durchaus in Einzelfällen gerecht werden. Die Häufigkeit des Vorkommens 'echter Poesie' in der 'reflektierten Dialektpoesie' ("poesia dialettale riflessa") ist dabei keineswegs anders zu veranschlagen als bei der hochsprachlichen Kunstdichtung ("letteratura d'arte"); sie unterliege grundsätzlich denselben ästhetischen Wertungskategorien.[3] Kunsthafte Mundartdichtung dann Croces ästhetischen Kriterien entsprechen und damit den Voraussetzungen für eine 'poesia pura' gerecht werden; sie kann die dafür notwendigen Anforderungen jedoch auch verfehlen. Croce belegt beide Fälle.

In dem Aufsatz *La letteratura dialettale riflessa* (1927) geht Croce auf die in seinen Augen mißgeleitete Dichtung des Barock ein, die auch im Bereich der Dialektliteratur die Tendenz einer 'non-poesia' hat übermächtig werden lassen:

> (...) nel seicento, in particolare [si aggiunsero] la ricerca del nuovo e dello strano, che spingeva a verseggiare e a proseggiare con rozzi e curiosi vocaboli dialettali per eccitare il diletto della sorpresa e dello stupore; (...).[4]

---

[1] Croce (1949), S. 22. Vgl. hierzu auch ausführlich das Kap. *L'intuizione e l'arte*, in Croce (1958), S. 15-25.

[2] Vgl. Croce (1991), S. 22. Croce konkretisiert diese abgrenzende Definition von Kunst an zahlreichen europäischen Poeten. So unterteilt er in seiner Dantemonographie (1922b) streng das Gesamtwerk zwischen "ciò che è strutturale e ciò che è poetico" (S. 68). Sämtliche Strukturelemente erweisen sich als poetisch irrelevant (vgl. ebd., S. 62). Auch in dem Sammelband *Poesia e non poesia* (Croce 1923) unterscheidet Croce bei mehreren Autoren des 19. Jahrhunderts zwischen 'dichterischen' und 'nicht-dichterischen' Werkanteilen.

[3] Zu Unrecht nähmen viele Dialektdichter die Wertungskategorien für volkstümliche Dichtung für sich in Anspruch. Vgl. Croce (1940): "Molta parte di quella letteratura aveva carattere sentimentale, di facile sentimentalità, e un'altra gran parte descriveva costumi e scene comiche e combinava motti per suscitare il riso. Ciò, anzi, veniva dichiarato e vantato vera poesia dialettale, vera voce o vera interpretazione del sentire del popolo." (S. 137)

[4] Croce (1927), S. 228.

Auch in seinem Essay über die Volksdichtung (1929) sieht er die Literatur des 17. Jahrhunderts überwachsen von einer "folta erbaccia di poesia letteraria, iniziato già con l'umanesimo e col petrarchismo, ma che pervenne al maggiore rigoglio col barocchismo. (...) la spontaneità così di tono maggiore come di tono minore ridotta al minimo, l'artifiziosità portata al massimo. (...) La poesia popolare, nel suo significato corrente, tacque quasi del tutto (...)."[1] Benedetto Croce, selbst ausgewiesener Basile-Spezialist, der 1925 eine Übersetzung des *Pentamerone* aus dem Neapolitanischen ins Italienische veröffentlicht hat, unterstreicht immer wieder den ausgesprochen artifiziellen Charakter der Mundartdichtung des Barock[2] und weist die Klassifizierung Basiles als 'romantischen Volksdichter' explizit zurück. Die Werthaltungen gegenüber Dialektdichtung sind seit Anfang des 19. Jahrhunderts dermaßen von der Orientierung am 'Volkstümlichen', 'Ursprünglichen' und 'Natürlichen' geprägt, daß die bis dahin vorherrschende literarische Funktion der Mundart als hochartifizielles Stilmittel bis ins 20. Jahrhundert hinein weitgehend hat verdrängt werden können. Croce sieht sich daher bemüßigt, die damals nicht unübliche Einordnung Basiles als 'Volksdichter' zu korrigieren:

> Ma quel che nelle cose del popolo attirava il Basile non intellettualista né romantico, schietto letterato secentesco, era soprattutto lo strano, il goffo e l'assurdo, motivi per lui di comico "spiritoso".[3]

Trotz seiner Hochschätzung für Basile sieht Croce in dessen Dialektdichtung die Kategorien einer 'poesia pura' nicht verwirklicht.
Untrügliches Symptom für das Überhandnehmen der 'non-poesia' sei ferner die Anfertigung von Übersetzungen in die Lokalmundarten. Unter den Prämissen einer 'poesia pura' sei diese Gattung als ästhetisch wertlose "oziosità letteraria" zu werten, welche regelmäßig im Gefolge von "moventi non poetici" entstünden.[4] Weit davon entfernt, literarischen Eigenwert zu besitzen, fallen sie unter Croces poetisches Verdammungsurteil:

---

[1] Croce (1991a), S. 50.
[2] Vgl. Croce (1924a): "Il dialetto, per quegli scrittori, rappresentava il nuovo, il bizzarro, lo stravagante, lo spiritoso (...)." (S. 27) Vgl. hierzu Tortorici (1997).
[3] Croce (1924a). Vgl. auch ebd.: "(...) il Basile sfoga furiosamente nel dialetto il suo gusto secentesco e la sua interpretazione stilistica." (S. 37) – "Inoltre, la ricerca dell'effetto comico lo condusse a scegliere tutte le frasi del popolo di tono dispregiativo, burlesco o goffo, (...)." (S. 66)
[4] Croce (1927), S. 228. Unter diese "moventi non poetici" fallen, so führt Croce (1945) an anderer Stelle aus, alle Arten der dialektalen Parodie, "come poemi eroicomici e travestimenti di poemi, che imperversarono nel seicento e nelle accademie del settecento, e s'impinguarono delle molte traduzioni in dialetto che si fecero di Omero e di Virgilio, dell'Ariosto e del Tasso, e dei drammi metastastiani e dello stesso poema sacro di Dante, (...)." (S. 185)

(...) non potevano non destare in altri, o per altri aspetti, orrore, come profanazione di cose belle e sublimi.[1]

Croce gesteht auf der anderen Seite zu, daß sich sein Idealverständnis von 'reiner Dichtung' sehr wohl auch in Form von hochgradig kunsthafter Mundartpoesie verwirklichen könne. Ihre höchste Realisierung habe sich in Werken des neapolitanischen Zeitgenossen Salvatore Di Giacomo (1860–1934)[2] offenbart. In einem "credo, in fatto di poesia"[3] definiert Croce die Unterscheidung zwischen Dichtung im Dialekt und der Hochsprache als rein grammatisch-linguistisch:[4] sie rechtfertige in keinem Falle eine Kategorisierung anhand von Gattungskriterien.[5] Für den poetischen Impetus eines 'wahren Dichters' sei es nachrangig, in welcher Sprachform er seine Eingebungen konkretisiere:[6]

> Molta parte dell' anima nostra è dialetto, come tant'altra è fatta di greco, latino, tedesco, francese, o di antico linguaggio italiano. Il dialetto non è una veste, perché la lingua non è una veste: suono e immagine si compenetrano perfettamente. (...) Quando un artista sente in dialetto (ossia concepisce quelle immagini foniche che i grammatici poi classificano con tal nome), egli deve esprimersi con quei suoni.[7]

Benedetto Croce befreit die dichterische Aussage von äußerlicher Restriktion sprachlicher, thematischer und allgemein gattungsspezifischer Art.[8]

---

[1] Croce (1927), S. 230.
Sansone (1948) wertet Dialektübersetzungen hingegen gerade positiv, indem er die Integrationsthese Croces auch hier geltend macht: "Era un modo di trasportare più direttamente e immediatamente i più alti fastigi della letteratura nazionale nelle lingue e nella cultura locale, e ciò era alla fine un modo più aperto di riconoscere l'attinenza e la dipendenza della cultura locale da quella nazionale e di presentare ad un più vasto pubblico un patrimonio di bellezza e di grandezza che si sentiva comune." (S. 296)

[2] Vgl. Croce (1922). Vgl. auch Tuccillo (1997).

[3] Croce (1922), S. 100.

[4] Vgl. ebd.: "Sopravviene il grammatico, e pei suoi fini, e in modo del tutto arbitrario e convenzionale, stacca le categorie di queste e quelle lingue, e di lingue e dialetti. Ma siffatte teorie grammaticali non sono giudizî di arte, e non possono servire di fondamento a esclusioni o a delimitazioni estetiche." (S. 98)

[5] Vgl. ebd.: "(...) io non ho trattato i poeti dialettali in gruppi, volendo, da mia parte, fuggire la più lontana parvenza che possa indurre nell'errore che un artista, invece di essere coltivatore della propria anima, sia coltivatore di un genere letterario. Del mio odio pei generi (...) ho dato già troppi segni: non insisterò dunque: anche la "poesia dialettale" è stata malamente intesa come un "genere." " (S. 99f)
Croces ästhetische Prämissen schließen Gattungskriterien grundsätzlich aus, vgl. Croce (1946), S. 174-183; Croce (1991), S. 49ff.; Croce (1958), S. 40ff.

[6] Lattarulo (1997) sieht zu Recht in der Applikation der ästhetischen Kategorien Croces auf Dialektliteratur deren Aufwertung entschieden gefördert (vgl. insb. S. 65f).

[7] Croce (1922), S. 98.

[8] Vgl. ebd.: "(...) non si può segnare una cerchia di soggetti che sia propria della poesia dialettale. Non si possono determinare a priori le combinazioni e fusioni e perdite e resurrezioni e

Wertungsrelevant wird lediglich die Erfüllung der Kategorien der 'poesia pura'. Gleichwohl finden zentrale Beurteilungskriterien romantischer Provenienz, vermittelt über das Konzept der 'Volkspoesie', Eingang in das ästhetische System Croces. Um nämlich 'kunsthafte Dialektdichtung' als 'poesia pura' klassifizieren zu können, muß man sie zunächst auf die entsprechenden Kategorien überprüfen. Die dahinterstehenden Wertmaßstäbe 'erlebter Authentizität' und 'anschaulicher Ausdrucksdirektheit' frei von abstrakter Reflexion, welche dabei zum Tragen kommen, konvergieren deutlich mit den 'romantischen' Vorlagen einer 'Volkspoesie'. Wertmuster, die seit 1800 Eingang in die Beurteilung von Dialektliteratur gefunden haben, kommen so indirekt wieder zum Tragen.

## Zusammenfassung

Benedetto Croce unterscheidet bei der Beurteilung von Mundartdichtung grundsätzlich zwischen einer "spontanen" und einer von der Literatur in Hochsprache abgeleiteten ("riflessa") Variante. Die 'spontane Dialektdichtung' kann als spezielle Ausprägung der 'poesia popolare' aufgefaßt werden, wodurch ihr, anders als der 'poesia d'arte',[1] ein besonders hohes Maß an Charakteristika eignet, die Croce zur Voraussetzung für eine Bewertung als 'poesia pura' erklärt. Die Kategorien dieses ästhetischen Ideals entstammen wiederum genuin 'romantischen' Denkmustern: tragende Bedeutung kommen insbesondere Kriterien der 'Echtheit' und der 'Einfachheit' zu.

Im Bereich der "letteratura dialettale riflessa" kann es gleichermaßen zu Ergebnissen im Sinne der 'poesia pura' kommen. Die Anlehnung der 'abgeleiteten Dialektliteratur' an die hochsprachliche Kunstdichtung bewirkt allerdings bisweilen ein Abgleiten in Richtung der 'non-poesia'. Die Wertungskriterien, die im einzelnen an dialektale Kunstwerke anzulegen sind, rühren, vermittelt durch das Konzept der 'poesia pura', aus Positionen, die um 1800, insbesondere in Deutschland, formuliert wurden. Je näher somit die dialektale Kunstdichtung den Eigenschaften der 'reinen Poesie' komme, desto höher sei ihr dichterischer Wert zu veranschlagen. Neben ihrem ästhetischen Wert weist Benedetto Croce in literarhistorischer Perspektive der Mundartkunstdichtung zudem als ganzer die Funktion zu, durch die Auslotung von Bereichen, die der "letteratura nazionale" bislang unzugänglich waren oder nicht ausreichend ausgeschöpft wurden, eine bereichernde Integrationsleistung zu

---

germinazioni d'immagini, onde il cosiddetto dialetto ora s'impoverisce ora s'arricchisce nelle anime degli artisti. Non vi ha legge: solo il fatto, qui, forma legge." (S. 99)

[1] Die für Croces Denken grundlegende Dichotomie einer "poesia popolare" auf der einen und einer "poesia d'arte" auf der anderen Seite läßt bereits in der Terminologie Anlehnungen an deutsche romantische Kategorien der 'Volkspoesie' bzw. 'Kunstpoesie' erkennen, wie sie von Herder etabliert und über Goethe bis zu Jacob Grimm ausgebildet wurden.

erbringen. Hier kann er wiederum auf Funktionszuschreibungen von Dialekt und Dialektdichtung zurückgreifen, welche bereits in der Aufklärung entwickelt wurden.

## 4. Vergleichende Zusammenfassung

Die Ergebnisse der Einzelanalysen haben gezeigt, daß Gemeinsamkeiten in der Bewertung von Dialekt und Dialektdichtung in Italien und dem deutschen Sprachraum um 1800 erkennbar sind. Auch die Rezeptionslinien ins späte 19. und frühe 20. Jahrhundert, die wir jeweils exemplarisch gezogen haben, konvergieren in einigen Punkten. Wertmuster und Funktionszuschreibungen sind indes oft erst im Rahmen komplexer ästhetischer Konzeptionen zu verstehen. Potentielle Vergleichspunkte können daher nur unter Berücksichtigung des jeweiligen poetologischen Hintergrunds angemessen eingeordnet und bewertet werden, wie sich am Beispiel *Goethes*, *Heideggers* und *Croces* zeigte. Zu einem guten Teil lassen sich deren Dichtungskonzepte auf Gedankenfiguren zurückführen, die die Bewertung von Mundartdichtung um 1800 bestimmen.

Wir erwähnen bei der thematisch geordneten Zusammenfassung der Ergebnisse dieser Arbeit zunächst die Aspekte der hochsprachlichen Bereicherung (1.) und des volkspädagogischen Ansinnens (2.). Zudem erwiesen sich Ansätze einer poetischen Fruchtbarmachung des Dialektes (3.), dessen mutmaßliche Nähe zum Volkstum bzw. zu archaischen Sprach- und Kulturzuständen (4.) sowie der experimentelle Impetus von Dialektdichtung (5.) als wichtige Bewertungskonstanten, die einen Vergleich zwischen Deutschland und Italien nahelegen.

(1.) Auffälligste Übereinstimmung in beiden Ländern ist die Forderung, das hochsprachliche Vokabular und Stilvermögen durch dialektale Elemente zu bereichern. Dieser Gedanke ist seit der Aufklärung bestimmend.
So plädieren *Bodmer* und *Wieland* dafür, dialektales Sprachmaterial gezielt heranzuziehen, um die Standardsprache, deren Entstehungsprozess noch nicht abgeschlossen sei, zu erweitern und ihre stilistische Potentialität zu erhöhen. Selbst *Gottsched* erkennt dieses Ziel an, *Adelung* dagegen verhärtet sich bei der argumentativen Auseinandersetzung mit Sprachreformern gegen Ende des 18. Jahrhunderts in einem Autonomieanspruch des Hochdeutschen und nimmt gleichzeitig eine extrem dialektfeindliche Position ein. Die aufklärerische Absicht, die Dialekte bei voller Anerkennung des Hochdeutschen als Richtnorm zu ihrem Recht kommen zu lassen, ergänzt *Herder* in seinen frühen kritischen Schriften zur Literatur, zur Volksdichtung sowie zu den *Ossian-Gesängen*. Von seinen Argumenten geht ein wirksamer Impuls für einen auch literarischen Erneuerungswillen aus. Die dichterische Ausdrucksfähigkeit des Deutschen soll, so fordert *Herder*, erweitert und die Erstarrung der artifiziellen Schrift- und Literatursprache überwunden werden, indem Eigenschaften wie 'Natürlichkeit', 'Echtheit' und 'Ursprünglichkeit' zu neuer Bedeutung kämen. Nur so könne eine tragfähige Grundlage für eine authentische Nationalliteratur entstehen. Der junge *Goethe* zeigt sich von derartigen Zielen beeinflußt und spricht sich seinerseits dagegen aus, einen selbstzufriedenen Absolutheitsanspruch eines einzigen

Lokalidioms zuzulassen. *Groth* schließt sich den um 1800 formulierten Positionen inhaltlich und teilweise bis in die Wortwahl hinein an, wenn er die naturwüchsige Lebendigkeit der Mundart preist, die einer unnatürlichen Petrifikation der Hochsprache ein heilsames Gegengewicht verleihe.

Auch in Italien spielt der Bereicherungsgedanke insbesondere in der Literatur der Aufklärung eine tragende Rolle. Das Hauptwerk von *Cesarotti*, der *Saggio sulla filosofia delle lingue*, setzt sich das Ziel, der italienischen Schriftsprache, die in überkommenen klassizistischen Formen verharre, eine zeitgemäße Auffrischung zukommen zu lassen. *Cesarotti* beruft sich dabei wiederum auf Wertungskriterien wie 'Einfachheit', 'Unmittelbarkeit' und 'Natürlichkeit'.

Die 'Bereicherungsthese' pflegte man mit dem aufklärerischen Egalitätspostulat zu stützen, welches eine grundsätzliche Ebenbürtigkeit der einzelnen Idiome unbeschadet späterer, historisch erklärbarer Hierarchisierungen voraussetzt. Sowohl *Bodmer* als auch zeitgleich *Parini* und etwas später *Cesarotti* wenden sich gegen eine anmaßende Tyrannei der jeweiligen Hochsprache, welche ihren Herrschaftsanspruch bei hinreichender Entwicklungsoffenheit nicht zu fürchten brauche.

Die Forderung nach einer Beitragsleistung von Seiten der Lokaldialekte impliziert auf literarischer Ebene zudem auch eine gesamtnationale Dimension: Dialektdichtung, so argumentiert man in beiden Ländern, könne dem wechselseitigen Kennenlernen eines stark regional untergliederten Landes nur dienlich sein. Eine solche Integrationsthese bietet sich vor dem Hintergrund der politischen wie kulturellen Partikularisierung Deutschlands und Italiens bis in die zweite Hälfte des 19. Jahrhunderts auf der einen sowie der politischen Option einer national-kulturellen Einigung auf der anderen Seite an.

In Deutschland hebt *Goethe* die Fähigkeit von Mundartdichtung hervor, die damals besonders beliebten 'Idiotika' für Dialektfremde anschaulich zu illustrieren und so die Lokaldialekte überregional bekannt zu machen. Gegen Vermutungen, dialektale Literatur gefährde die lang erhoffte politische Einigung, richtet sich *Groth*, der eine integrative Wechselwirkung der Lokalliteraturen untereinander favorisiert.

In Italien kommt die Integrationsthese in der Romantik zum Tragen; Mundartwörterbücher waren dort schon aus praktischen Gründen seit längerem in Gebrauch – die dialektalen Disparitäten ließen sich anders kaum überbrücken – und wurden auch von 'Dialektgegnern' wie *Giordani* regelmäßig herangezogen. *Borsieri* betont die einigende Kraft für eine Nationalkultur, die der Mundartdichtung bei einer wechselseitigen Präsentation erwachsen könnte. *Ferrari*, der die italienische Dialektdichtung Mitte des 19. Jahrhunderts als Argumentationsunterlage für eigene gesellschaftlich-historische Thesen instrumentalisiert, vertritt hingegen ein Oppositionsverhältnis der Lokalliteraturen zur Dichtung in toskanischer Hochsprache. Sein dezidiert antagonistisches Modell provoziert unter völlig neuen politischen Umständen Anfang des 20. Jahrhunderts *Croce* zur Ausarbeitung einer

Bereicherungsthese, die wiederum von der Prämisse ausgeht, die Mundartdichtung trage zum Gesamtwohl einer Nationalliteratur sprachlich wie thematisch bei.

Die deutlichen Ähnlichkeiten bezüglich der Beitragsfunktion von Dialekt und Dialektdichtung in beiden Ländern dürfen jedoch den sprachgeschichtlichen Kontext, den wir jeweils skizziert haben, nicht vergessen machen. So liegt nämlich die Stoßrichtung in Italien um 1800 primär in einer Erneuerung der hochartifiziellen toskanischen Schriftsprache, die zwar seit Jahrhunderten eine bedeutende Literatur hervorgebracht hat, im tatsächlichen und aktuellen Sprachgebrauch jedoch weitgehend keine Anwendung findet. In Deutschland zielt man hingegen darauf ab, der Standardsprache, die im allgemeinen Sprachgebrauch vergleichsweise wesentlich verbreiteter ist, die stilistischen Voraussetzungen für eine anspruchsvolle und eigenständige Nationalliteratur überhaupt erst zu schaffen.

(2.) Eine 'Erbschaft' aufklärerischer Positionen erkennt man auch in dem volkspädagogischen Ansinnen, welches in beiden Ländern regelmäßig an die Mundartdichtung herangetragen wird.
Für *Goethe* gehört eine pädagogische Grundhaltung zum unabdingbaren Charakteristikum jeder 'echten' Volks- bzw. Dialektdichtung, wie er an den Beispielen *Babst*, *Grübel* und *Hebel* erläutert. Die erzieherische Intention darf durchaus simuliert sein (vgl. Hebel-Rezension), da auch sie im Grunde ein genuin ästhetisches Kriterium darstelle; eine reale Wirkung auf niedere Volksschichten sei definitorisch nicht erforderlich. Auch in *Hebels* poetologischem Ansatz stellt die simulierte Didaxe ein tragendes Moment dar. Beide, *Goethe* wie *Hebel*, gehen von der idealisierten Vorstellung einer erhebenden Volksaufklärung 'von unten' aus. Der Dichter begibt sich dabei bewußt auf eine niedrigere Reflexions- und Ausdrucksebene, um sich den vermeintlich inferioren intellektuellen Voraussetzungen des Volks anzunähern. Die Verwendung von Dialekt – so das poetologische Konzept – könne dazu beitragen, durch Aufhebung von Sprachhürden dem didaktischen Ziel einer charakterlichen Besserung einfacher Schichten näher zu kommen.
*Parini* hingegen faßt aufgrund eines ganz anderen sprachgeschichtlichen und -soziologischen Hintergrundes eine Besserung 'von oben' ins Auge. Die diastratische Verwendung von Mundart um 1800 in Mailand verhindert nämlich unüberwindliche Sprachdifferenzen und -barrieren innerhalb des Lokalidioms; zudem ermöglicht sie die Produktion ästhetisch und moralisch hochwertiger Dialektliteratur, welche einer erzieherischen Aufgabe durchaus gerecht werden könne. Er geht noch weiter und schreibt der Mailänder Mundartdichtung kulturbildende Kraft auf allen gesellschaftlichen Ebenen zu, die Didaxe richtet sich bei *Parini* nicht ausschließlich an niedere Schichten. *Porta* thematisiert den pädagogischen Aspekt von dialektaler Literatur nicht direkt, vermutet aber immerhin eine größere Publikumswirksamkeit als bei moralüberladenen Lehrwerken in Hochsprache. Eine Erziehungsfunktion 'von unten' skizziert der 'Romantiker' *Borsieri*. Obgleich er vorschlägt, den Dialekt

auch auf literarischer Ebene zu didaktischen Zwecken einzusetzen, hat er doch eine gesamtnationale Homogenisierung auf hochsprachlicher Basis im Auge. Moralisch-pädagogische Forderungen jeglicher Art weist hingegen *Belli* kategorisch von sich, seine dichterische Absicht liege auf rein ästhetischer Ebene.

(3.) Richten sich die reformerischen Bemühungen der Literaten der Aufklärung noch primär auf eine Reform in sprachlicher Hinsicht, wird sowohl in Deutschland als auch in Italien bereits gegen Ende des 18. Jahrhunderts eine Fruchtbarmachung der Lokaldialekte auch für poetische Zwecke in Erwägung gezogen. So hält *Wieland* eine Verwendung mundartlichen Materials zur Gewinnung expressiver Wirkung für denkbar; *Parini* sieht positive Eigenschaften des Mailänder Dialekts wie 'unmittelbare Ausdrucksechtheit' und 'unverstellte Einfachheit' in ästhetischen Eigenschaften der Mailänder Mundartdichtung repräsentiert. Auf derartige Aufwertungstendenzen können spätere Haltungen zu dialektaler Literatur aufbauen. *Goethe* preist die Eignung der von ihm besprochenen Mundartdichtung, direkte poetische Anschauung ohne vermittelnde Reflexion wiederzugeben. *Groth* spitzt diese Funktionsattribuierung noch zu, indem er Dialektlyrik in hervorragendem Maße für befähigt erklärt, 'reine' Poesie zu erschaffen. *Heidegger* stützt sich wesentlich auf diese Tradition, wenn er die Kraft des 'Einfachen', die er der Mundartdichtung zuschreibt, als Rettung vor den Unbilden der technisierten Moderne hochhält.
Auch in Italien sieht man im 19. Jahrhundert Dialektliteratur als Mittel, Realitäten glaubhaft abzubilden, die mit einer in 'olympische Gefilde' enthobenen Kunstsprache nicht mehr zu erfassen wären. Die Dichtung *Portas* entspringt wesentlich der Motivation, Wirklichkeitsbereiche poetisch abzudecken, die der traditionellen italienischen Literatur nicht zugänglich waren. *Belli* bedient sich des 'Romanesco' als Rohmaterial, um sein revolutionäres ästhetisches Konzept zu verwirklichen. Er verwahrt sich vor jeglichen nicht-künstlerischen Absichten seiner Gedichte.
*Croce* wiederum baut auf Wertmustern deutscher wie italienischer Provenienz auf, wenn er in dialektaler 'Volksdichtung' das ästhetische Ideal einer 'poesia pura' prototypisch verwirklicht sieht.

(4.) Allerdings stehen diesen Parallelen zwischen dem deutschen Sprachbereich und Italien auch beachtliche Unterschiede gegenüber. Die von *Herder* angestoßene Aufwertung des 'Volkstümlichen' und 'Archaisch-Ursprünglichen' findet nämlich in Italien nur bedingt Eingang in die Wertmuster zu Dialektliteratur. So stellt zwar *Parini* den Eigenwert des 'Volkshaften' im dialektalen Bereich heraus, doch schlagen sich selbst in der ersten Hälfte des 19. Jahrhunderts, der Blütezeit der Romantik in Italien, Wertungen gegenüber der 'Volksdichtung' keineswegs prägend nieder. *Porta* kann mit seiner Mundartpoesie auf eine schichtenübergreifende Rezeption zählen und verbindet in seinen Äußerungen den Dialekt nie direkt mit dem 'Volkshaften' in romantischem Verstande. *Belli* weist gar jegliches Ansinnen romantischer Volksverklärung im Bereich seiner Dialektlyrik entschieden zurück. Die heftige Reaktion *Bellis* gegenüber romantischen Wertmustern zeigt freilich auch, wie geläufig Konzeptionen vom einfachen, unverbildeten Volke inzwischen doch auch in Italien geworden sind. So bedient sich *Ferrari* 1839/40 ganz selbstverständlich und ohne ausreichende Differenzierung des Begriffs der 'poesia popolare' bei der Beschreibung und Bewertung von Mundartdichung und übergeht damit eine Tradition, die dem Dialekt in der Literatur eine höchst artifizielle Rolle zuschreibt. Mundart nimmt spätestens seit der Epoche des Barock eine feste Rolle als poetisches Stilmittel ein. Noch *Croce*, dem diese literarische Tradition bewußt ist, zeigt sich in seiner eigenen Werthaltung gegenüber dialektaler Literatur von romantischen Wertmustern (Ursprünglichkeit, Einfachheit, Echtheit) zur Volksdichtung beeinflusst, die insbesondere in Deutschland formuliert worden sind.

Dialektdichtung hatte um 1800 in Deutschland keinen auch nur annähernd vergleichbaren geschichtlichen Hintergrund wie in Italien. Einer Übertragung von Wertmustern der Volks- und Naturdichtung, die damals einen ersten Höhepunkt in der Aufmerksamkeit der literarischen Öffentlichkeit genoß, auf mundartliche Literatur stand keine jahrhundertelange literarhistorische Tradition im Wege. Bereits *Hebel* geht auf das gängige Vorverständnis bewußt ein und schafft eine Literaturgattung, die Elemente der traditionellen Idylle mit Vorstellungen vom 'echten' Volkslied amalgamiert und durch die Fassung in einem Lokaldialekt noch verstärkt. Der ästhetische Genuß seines Werk hängt sogar entscheidend von dem Bewußtsein der Artifizialität ab, die unter dem Schein von 'Echtheit' vorgetragen wird. *Goethe* nimmt Kategorien der Volksdichtung von *Herder* auf und transformiert sie in ein eigenes Konzept von Volks- und Naturpoesie, um sie schließlich auf die Bewertung von Mundartdichtung zu übertragen. Dieser Kategorien- und Wertungstransfer sollte sich seit *Goethes* breitenwirksamen Literaturrezensionen als wichtige Konstante in der Bewertung von Dialektliteratur in Deutschland etablieren. Ergänzt wird die Grundeinstellung gegenüber dialektaler Literatur als Quelle des 'Volkstümlichen' durch den wiederholten Hinweis auf die privilegierte Nähe der Mundart zu archaisch-ursprünglichen Sprach- und Kulturzuständen.[1] Diese Gedankenfigur findet in Italien aufgrund der ungebrochenen Aktualität des Dialektgebrauchs keine nennenswerte Resonanz, wird hingegen in Deutschland seit *Gottsched*, *Bodmer* und *Herder* bestimmend. Je mehr der Dialekt dabei an Bedeutung abnahm, desto umfassender wurden die Erwartungen, die man an ihn herantrug. *Goethe* schreibt der Mundartdichtung die noch realistische Fähigkeit zu, alte Sprachverhältnisse nicht nur linguistisch, sondern auch in ihrer soziologischen Feingliederung abzubilden und zu konservieren. Die Tendenz zu einer Überhöhung und Überdehnung zeichnet sich

---

[1] Wie konstant sich dieser Gedanke in deutschen Wertungen zur Dialektliteratur seit Ende des 18. Jahrhunderts ausgeprägt hat, belegt Sonderegger (1989), S. 144ff.

dann bei *Groth* ab, der den Vorzug des Deutschen hervorhebt, ein 'etymologisches Sprachgefühl' bewahrt zu haben, welches ihm kraft eines unmittelbaren Kontaktes der deutschen Lokalmundarten zu der 'Ursprache' zukomme. *Heidegger* schließlich radikalisiert diese Tendenz existentialistisch: Der Bezug des Dialekts zu einfachen, vormodernen Zuständen, zum 'Wesen' menschlichen Seins steht im Zentrum seiner Bewertung von Mundartdichtung.

(5.) Umgekehrt fehlt im deutschen Sprachbereich bis ins 20. Jahrhundert aufgrund der Dominanz des 'Volkshaften' und der 'Ursprungsnähe' ein dezidiert experimenteller Impetus in der Dialektliteratur, wie er in Italien bestimmend wurde. *Porta* erklärt den Zweck seiner Dialektdichtung damit, die poetischen Möglichkeiten des Lokalidioms gezielt auszuloten. Ein naives Dichten nach dem Volksmund kann schon aufgrund der handwerklich-technischen Vorbereitungen, auf die sich *Porta* beruft, ausgeschlossen werden. *Bellis* Antrieb, sich dichterisch einem Objekt zu widmen, welches er unverhohlen sowohl sprachlich als auch sozial verachtet, erklärt sich gleichfalls durch seinen poetologischen Ansatz, der ein ausgeprägt analytisch-wissenschaftliches Interesse mit ästhetischen Prämissen paart, die in ihrer Radikalität realistisch-veristische Positionen vorbereiten helfen.

\* \*

Trotz deutlicher Ähnlichkeiten in vielen Aspekten ist ein möglicher direkter Austausch von Wertmustern von untergeordneter Bedeutung. Zu denken wäre etwa an die (gesamteuropäische) Rezeption Herderscher Kategorien, meist in ihrer popularisierten Form, wie sie im Laufe des 19. Jahrhunderts verbreitet werden sollten. Gemeinsamkeiten sind zwar nicht zu leugnen, ja scheinen bisweilen offensichtlich. Gleichwohl sollte man sich davor hüten, vergleichbare Einstellungen vorschnell in ihrer Aussagekraft zu überdehnen.
In jedem Fall, dies hat unsere Untersuchung bestätigt, bestimmen in erster Linie die jeweiligen literaturgeschichtlichen Zusammenhänge und landesspezifischen linguistischen Voraussetzungen die Wertmuster und Funktionszuschreibungen von Dialektdichtung. Nur durch die detailgenaue Einzelanalyse konnte daher die Reichweite der jeweiligen Positionen angemessen eingeschätzt werden.

## 5. Inhaltsverzeichnis

### 5.1 Deutscher Sprachbereich

#### 5.1.1 Primärliteratur

- Adelung, Johann Christoph (1969): Magazin für die Deutsche Sprache, Bd. I: 1782-1783, Bd. II: 1783-1784, Hildesheim/New York 1969 (Reprint).
- Adelung, Johann Christoph (1975): Über die Geschichte der deutschen Sprache, über deutsche Mundarten und deutsche Sprachlehre (1781), Frankfurt a. M. 1975 (Reprint).
- Arnold, Johann Georg Daniel (1916): Der Pfingstmontag. Lustspiel in Straßburger Mundart, Straßburg 1816 (anonym veröffentlicht).
- Bodmer, Johann Jacob (1966): Vorrede, in: Breitinger, Johann: Critische Dichtkunst. Faksimiledruck mit einem Nachwort hg. v. W. Bender, Stuttgart 1966, S. 2 B-7 A.
- Goethe, Johann Wolfgang von (1905): Goethes Briefe (November 1820 – Juni 1921) (= Goethes Werke, hg. im Auftrage der Großherzogin Sophie von Sachsen, IV. Abtheilung, Bd. 34) Weimar 1905.
- Goethe, Johann Wolfgang von (1907): Goethes Briefe (April 1822 – März 1823) (= Goethes Werke, hg. im Auftrage der Großherzogin Sophie von Sachsen, IV. Abtheilung, Bd. 36) Weimar 1907.
- Goethe, Johann Wolfgang von (1932): Volkslieder von Goethe im Elsaß gesammelt. Mit Melodien aus Lothringen und dem Faksimiledruck der Straßburger Goethe-Handschrift, hg. v. L. Pinck, Metz 1932.
- Goethe, Johann Wolfgang von (1968): Goethes Briefe, textkritisch duchgesehen und mit Anmerkungen versehen von K.R. Mandelkow, Bd. I / II, Hamburg $1968^2$.
- Goethe, Johann Wolfgang von (1982): Volkslieder. Gesammelt von Johann Wolfgang Goethe. Wiedergabe der Weimarer Handschrift mit Transkriptionen und Erl. hg. v. H. Strobach, Weimar 1982.
- Goethe, Johann Wolfgang von: Sämtliche Werke nach Epochen seines Schaffens. Münchner Ausgabe (**MA**), 21 Bde, hg. v. K. Richter u.a., München/Wien 1985 – 1998.
- Goethe, Johann Wolfgang von (1985): Aus meinem Leben. Dichtung und Wahrheit, MA 16 (1985).
- Goethe, Johann Wolfgang von (1986): Tag- und Jahreshefte (1816f), in: MA 14 (1986), S. 9-331.
- Goethe, Johann Wolfgang von (1987): Schweizerlied, in: MA 9 (1987), S.51f.
- Goethe, Johann Wolfgang von (1988): Grübels Gedichte in Nürnberger Mundart. 1798, in: MA 6.2 (1988), S. 554-559.
- Goethe, Johann Wolfgang von (1988a): <Johann Heinrich Voss: Lyrische Gedichte>, in: MA 6.2 (1988), S. 565-578.

- Goethe, Johann Wolfgang von (1988b): <Johann Peter Hebel: Allemannische Gedichte>, in: MA 6.2 (1988), S. 581-588.
- Goethe, Johann Wolfgang von (1988c): <Des Knaben Wunderhorn>, in: MA 6.2 (1988), S. 602-615.
- Goethe, Johann Wolfgang von (1988d): <Johann Konrad Grübel: Gedichte in Nürnberger Mundart>, in: MA 6.2 (1988), S. 688-592.
- Goethe, Johann Wolfgang von (1991): Maximen und Reflexionen, in: MA 17 (1991), S. 715-954.
- Goethe, Johann Wolfgang von (1992): <Volksgesänge abermals empfohlen>, in: MA 13.1 (1992), S. 380f.
- Goethe, Johann Wolfgang von (1992a): Serbische Literatur, in: MA 13.1 (1992), S. 389-393.
- Goethe, Johann Wolfgang von (1992b): <Über Volkslieder>, in: ders.: MA 13.1 (1992), S. 404f.
- Goethe, Johann Wolfgang von (1992c): Serbische Lieder, in: MA 13.1 (1992), S. 408-418.
- Goethe, Johann Wolfgang von (1992f): <Vorwort zu 'Der deutsche Gilblas'>, in: MA 13.1 (1992), S. 458-465.
- Goethe, Johann Wolfgang von (1992d): Deutscher Natur-Dichter, in: MA 13.1 (1992), S. 474-476.
- Goethe, Johann Wolfgang von (1992e): <Über Volks- und Kinderlieder>, in: ders.: MA 13.1 (1992), S. 495-497.
- Goethe, Johann Wolfgang von (1994): Der Pfingstmontag, in: MA 11.2 (1994), S. 267-280.
- Goethe, Johann Wolfgang von (1996): Serbische Gedichte, in: MA 18.2 (1996), S. 61-63.
- Goethe, Johann Wolfgang von (1996a): Das neueste serbischer Literatur, in: MA 18.2 (1996), S. 63f.
- Goethe, Johann Wolfgang von (1996b): Böhmische Poesie, in: MA 18.2 (1996), S. 64f.
- Goethe, Johann Wolfgang von (1996c): Servian popular poetry, translated by John Bowring. London 1827, in: MA 18.2 (1996), S. 108f.
- Goethe, Johann Wolfgang von (1996d): Neugriechische Volkslieder, herausgegeben von Kind, Grimma 1827, in: MA 18.2 (1996), S. 116f.
- Goethe, Johann Wolfgang von (1996e): Dainos, oder Litthauische Volkslieder herausgegeben von L.J. Rhesa, Königsberg 1825, in: MA 18.2 (1996), S. 117.
- Goethe, Johann Wolfgang von (1996f): Egeria. Sammlung italiänischer Volkslieder. Begonnen von Wilhelm Müller. Vollendet und nach dessen Tode herausgegeben von O.L.B. Wolff, in: MA 18.2 (1996), S. 117-119.
- Goethe, Johann Wolfgang von (1996g): Gedichte in schlesischer Mundart, von Karl von Holtei, in: MA 18.2 (1996), S. 119-121.
- Goethe, Johann Wolfgang von (1996h): J. F. Castellis Gedichte in niederösterreichischer Mundart, in: MA 18.2 (1996), S. 121.

- Goethe, Johann Wolfgang von (1999): Über Sprache, hg. v. V. Ladenthin, Eitorf 1999.
- Gottsched, Johann Christoph (1978): Vollständige und neuerläuterte Deutsche Sprachkunst (1762), in: ders.: Ausgewählte Werke, hg. v. P.M. Mitchell, Bd. VIII, Teil 1, bearbeitet v. H. Penzl, Berlin/New York 1978.
- Grimm, Jacob (1963): Briefwechsel zwischen Jacob und Wilhelm Grimm aus der Jugendzeit, hg. v. H. Grimm und G. Hinrichs, zweite Aufl. besorgt v. W. Schoof, Weimar 1963².
- Grimm, Jacob / Grimm, Wilhelm (1985): Schriften und Reden, Stuttgart 1985.
- Groth, Klaus (1961): Über Sprache und Dichtung. Kritische Schriften, hg. v. J. Braak und R. Mehlem (= ders.: Sämtliche Werke, Bd. VI, hg.v. F. Pauly), Flensburg/Hamburg 1961.
- Groth, Klaus (1963): Briefe aus den Jahren 1841 bis 1899, hg. v. J. Braak und R. Mehlem, (= ders.: Sämtliche Werke, Bd. VII, hg.v. F. Pauly), Flensburg/Hamburg 1963.
- Hebel, Johann Peter (1905): Johann Peter Hebels sämtliche poetische Werke, Bd. II, hg. v. E. Keller, Leipzig 1905.
- Hebel, Johann Peter (1957): Briefe, 2 Bde, hg. und erläutert v. W. Zentner, Karlsruhe 1957.
- Hebel, Johann Peter (1958): Gesammelte Werke in zwei Bänden, hg. und eingeleitet v. E. Meckel, Berlin (Ost) 1958.
- Hebel, Johann Peter (1968): Werke, hg. v. E. Meckel, eingeleitet v. R. Minder, 2 Bde, Frankfurt a. M. 1968.
- Hebel, Johann Peter (1972): Alemannische Gedichte. Hochdeutsche Gedichte. Rätsel, hg., eingeleitet und erläutert v. W. Zentner, Karlsruhe 1972.
- Heidegger, Martin (1964): Gespräch mit Hebel, in: Uhl, Hans (Hg.): Hebeldank. Bekenntnis zum alemannischen Geist in sieben Reden beim "Schatzkästlein", Freiburg 1964, S. 51-64.
- Heidegger, Martin (1969): Gelassenheit, in: ders.: Martin Heidegger. Zum 80. Geburtstag von seiner Heimatstadt Messkirch, Frankfurt a. M. 1969, S. 16-30.
- Heidegger, Martin (1976): "Nur noch ein Gott kann uns retten". Spiegel-Gespräch mit Martin Heidegger am 23. September 1966, in: Der Spiegel Nr. 23 / 1976, S. 193-219.
- Heidegger, Martin (1977): Wozu Dichter?, in: ders.: Holzwege, Frankfurt a. M. 1977, S. 269-320.
- Heidegger, Martin (1978): Die Frage nach der Technik, in: ders.: Vorträge und Aufsätze, Pfullingen 1978⁴, S. 9-40.
- Heidegger, Martin (1978a): Bauen Wohnen Denken, in: ebd., S. 139-156.
- Heidegger, Martin (1978b): "...dichterisch wohnet der Mensch...", in: ebd., S. 181-198.
- Heidegger, Martin (1983): Abraham a Sankta Clara. Zur Enthüllung seines Denkmals in Kreenheinstetten am 15. August 1910, in: ders.: Aus der Erfahrung des Denkens (1910 – 1976), Frankfurt a. M. 1983, S. 1-3.

- Heidegger, Martin (1983a): Schöpferische Landschaft: Warum bleiben wir in der Provinz?, in: ebd., S. 9-13.
- Heidegger, Martin (1983b): Der Feldweg, in: ebd., S. 87-90.
- Heidegger, Martin (1983c): Die Sprache Johann Peter Hebels, in: ebd., S. 123-125.
- Heidegger, Martin (1983d): Hebel – Der Hausfreund, in: ebd., S. 133-150.
- Heidegger, Martin (1983e): Sprache und Heimat, in: ebd., S. 155-180.
- Heidegger, Martin (1983f): Das Wohnen des Menschen, in: ebd., S. 213-220.
- Heidegger, Martin (1999): Johann Peter Hebel (Zähringer Rede vom 5. September 1954), in: Schweikert, Rudi (Hg.): Korrespondenzen. Festschrift für Joachim W. Storck aus Anlaß seines 75. Geburtstages, St. Ingbert 1999, S. 201-219.
- Herder, Johann Gottfried (1887): Idee zum ersten patriotischen Institut für den Allgemeingeist Deutschlands, in: ders.: Sämmtliche Werke, hg. v. B. Suphan, Bd. 16, Berlin 1887, S. 600-616.
- Herder, Johann Gottfried: Werke in zehn Bänden, hg. v. M. Bollacher, J. Brummack, U. Gaier u.a., Frankfurt a. M. 1985 – 2000. (**Werke**)
- Herder, Johann Gottfried (1985): Über die neuere deutsche Literatur. Erste Sammlung von Fragmenten. Eine Beilage zu den Briefen, die neueste Literatur betreffend. 1767, in: ders.: Frühe Schriften (1764 – 1772), hg.v. U. Gaier (= ders.: Werke, Bd. I), Frankfurt a. M. 1985, S. 161-259.
- Herder, Johann Gottfried (1985a): Über die neuere deutsche Literatur. Fragmente, als Beilage zu den Briefen, die neueste Literatur betreffend. Dritte Sammlung. 1767, in: ders.: Frühe Schriften (1764 – 1772), hg. v. U. Gaier (= ders.: Werke, Bd. I), Frankfurt a. M. 1985, S. 367-539.
- Herder, Johann Gottfried (1985b): Über die neuere deutsche Literatur. Fragmente. Erste Sammlung. Zweite völlig umgearbeitete Ausgabe (1768), in: ders.: ders.: Frühe Schriften (1764-1772), hg.v. U. Gaier, (= ders.: Werke, Bd. I), Frankfurt a. M. 1985, S. 541-649.
- Herder, Johann Gottfried (1985c): <Von der Ode. Dispositionen, Entwürfe, Fragmente>, in: ders.: Frühe Schriften (1764 – 1772), hg.v. U. Gaier (= ders.: Werke, Bd. I), Frankfurt a. M. 1985, S. 57-99.
- Herder, Johann Gottfried (1990): Volkslieder, Übertragungen, Dichtungen, hg. v. U. Gaier (= ders.: Werke, Bd. III), Frankfurt a. M. 1990.
- Herder, Johann Gottfried (1991): Haben wir noch das Publikum und Vaterland der Alten. Ein Abhandlung, in: ders.: Briefe zur Beförderung der Humanität, 5. Sammlung 1795, hg. v. M. Bollacher (= ders.: Werke, Bd. VII), Frankfurt a. M. 1991, S. 301-338.
- Herder, Johann Gottfried (1993): Auszug aus einem Briefwechsel über Ossian und die Lieder alter Völker, in: ders.: Von deutscher Art und Kunst, hg. v. M. Bollacher, (= ders.: Werke, Bd. II), Frankfurt a. M. 1993, S. 447-497.
- Herder, Johann Gottfried (1997): Examen 1796 <Von der Ausbildung der Rede und Sprache in Kindern und Jünglingen. Schulrede im Juli>, in: ders.: Journal meiner Reise im Jahr 1769. Padagogische Schriften, hg. v. R. Wisbert unter Mitarbeit von K. Pradel (= ders.: Werke, Bd. IX/2), Frankfurt a. M. 1997, S. 723-734.

- Herder, Johann Gottfried (1998): Homer und Ossian, in: ders.: Schriften zu Literatur und Philosophie (1792-1800), hg. v. H.D. Irmscher (= ders.: Werke, Bd. VIII), Frankfurt a. M. 1998, S. 71-87.
- Herder, Johann Gottfried (2000): Adrastea (Auswahl), hg. v. G. Arnold (= ders.: Werke, Bd. X), Frankfurt a. M. 2000.
- Hoffmann von Fallersleben, August Heinrich (1976): Allemannische Lieder. Nebst Worterklärung und einer allemannischen Grammatik (1843), Hildesheim 1976 (Reprint).
- Hölderlin, Friedrich (1992): Gedichte, hg. v. J. Schmidt (= ders.: Sämtliche Werke und Briefe, 3 Bde, hg. v. J. Schmidt, Bd. I), Frankfurt a. M. 1992.
- Radlof, Johann Gottlieb (1811): Trefflichkeiten der südteutschen Mund-Arten zur Verschönerung und Bereicherung der Schrift-Sprache, München, Burghausen 1811.
- Reuter, Fritz (1904): Abweisung der ungerechten Angriffe und unwahren Behauptungen, welche Dr. Klaus Groth in seinen Briefen über Plattdeutsch und Hochdeutsch gegen mich gerichtet hat, in: ders.: Fritz Reuters sämtliche Werke, Bd. 17, hg. v. C.F. Müller, Leipzig 1904, S. 3-24.
- Voss, Johann Heinrich (1968): Idyllen. Faksimiledruck nach der Ausgabe von 1801 (Königsberg), mit einem Nachwort v. E. T. Voss, Heidelberg 1968.
- Wieland, Christoph Martin (1879): Über die Frage: Was ist Hochdeutsch? und einige damit verwandte Gegenstände, in: ders.: Wieland's Werke, Bd. 38, Berlin 1897, S. 3-48.

5.1.2 Studien

- Adler, Emil (1968): Herder und die deutsche Aufklärung, Wien/Frankfurt a. M./Zürich 1968.
- Albrecht, Michael von (1985): Goethe und das Volkslied, Frankfurt a. M./Bern/New York 1985.
- Albrecht, Wolfgang (1997): "Zwischen gebildeten und ungebildeten Lesern keinen Unterschied erkennend". Johann Peter Hebels literarische Volksaufklärung im Kontext seines beruflichen Wirkens, in: ders.: Das Angenehme und das Nützliche. Fallstudien zur literarischen Spätaufklärung in Deutschland, Tübingen 1997, S. 299-336.
- Allemann, Beda (1954): Hölderlin und Heidegger, Zürich/Freiburg i. Br. 1954.
- Allen, Jeffner (1982): Homecoming in Heidegger and Hebel, in: Tymieniecka, Anna-Teresa (Hg.): The philosophical reflection of man in literature. Selected papers from several conferences held by the International Society for Phenomenology and Literature in Cambridge, Mass., Dordrecht/Boston/London 1982, S. 267-275.
- Althaus, Thomas (1999): Ursprung in später Zeit: Goethes "Heidenröslein" und der Volksliedentwurf, in: Zeitschrift für Deutsche Philologie 118, 2 (1999), S. 161-188.

- Andraschke, Peter (1996): Zwischen Volks- und Kunstmusik: Hebel-Vertonungen, in: Pietzcker, Carl / Schnitzler, Günter (Hgg.): Unvergängliches aus dem Wiesental, Freiburg i.Br. 1996, 411-468.
- Apel, Karl-Otto (1975): Die Idee der Sprache in der Tradition des Humanismus von Dante bis Vico, Bonn 1975².
- Arndt, Dieter (1989): Dialektpoesie als Weltpoesie. Johann Peter Hebels Alemannische Gedichte, in: Schweizer Monatshefte 69 (1989), S. 219-234.
- Arnold, Günter (1998): Herder, in: Dahnke, Hans-Dietrich / Otto, Regine (Hgg.): Goethe-Handbuch, Bd. 4/1, Stuttgart/Weimar 1998, S. 481-486.
- Bach, Adolf (1950): Deutsche Mundartforschung. Ihre Wege, Ergebnisse und Aufgaben, Heidelberg 1950².
- Batt, Kurt (1958): Untersuchungen zur Auseinandersetzung zwischen Klaus Groth und Fritz Reuter, Leipzig (Diss.) 1958.
- Batt, Kurt (1961): Die Mundartdichtung in der Nationalliteratur, in: Neue deutsche Literatur 9 (1961), S. 101-117.
- Baur, Gerhard W. (1976): Mundartwörterbücher im alemannischen Sprachraum, in: Alemannisches Jahrbuch 1973/75 (Festschrift für Bruno Boesch), Bühl (Baden) 1976, S. 28-85.
- Bausinger, Hermann (1976): Fußgängerzone, in: Akzente 23 (1976), S. 364-368.
- Bausinger, Hermann (1977): Provinz im Aufwind? Wer oder was bewegt die neue Dialektpoesie?, in: Spranger, Matthias (Hg.): Dialekt. Wiederentdeckung des Selbstverständlichen? Eine alemannisch-schwäbische Bestandsaufnahme, Freiburg 1977, S. 12-26.
- Bausinger, Hermann (1980): Heimat und Identität, in: Moosmann, Elisabeth (Hg.): Heimat - Sehnsucht nach Identität, Berlin 1980, S. 13-29.
- Bausinger, Hermann (1981): Heimatsprachen, in: Allmende 1 (1981), S. 22-33.
- Bausinger, Hermann (1984): Auf dem Wege zu einem neuen, aktiven Heimatverständnis, in: Wehling, Hans-Georg (Hg.): Heimat heute, Stuttgart/Berlin/Köln/Mainz 1984, S. 11-27.
- Bausinger, Hermann (1986): Heimat in einer offenen Gesellschaft. Begriffsgeschichte als Problemgeschichte, in: Kelter, Jochen (Hg.): Die Ohnmacht der Gefühle. Heimat zwischen Wunsch und Wirklichkeit, Weingarten 1986, S. 89-115.
- Bausinger, Hermann (1990): Über die Reichweite von Mundarten, in: ders. (Hg.): Redeweisen. Aspekte gesprochener Sprache. Festgabe für Arno Ruoff, Tübingen 1990, S. 175-190.
- Behaghel, Otto (1896): Schriftsprache und Mundart, Gießen 1896.
- Behaghel, Otto (1928): Geschichte der deutschen Sprache, Berlin, Leipzig 1928⁵.
- Beißner, Friedrich (1934): Studien zur Sprache des Sturms und Drangs, in: Germanisch-Romanische Monatsschrift 22 (1934), S. 417-429.
- Bellmann, Günter (1986): Rückgang des Dialekts, Aufschwung der Dialektliteratur?, in: Schöne, Albrecht (Hg.): Akten des VII. Internationalen Germanisten-Kongresses Göttingen 1985: Kontroversen, alte und neue, Bd. IV, Tübingen 1986, S. 328-331.

- Bender, Helmut (1989): Zur badischen Literatur, Weil am Rhein 1989.
- Berg, Nicolas (1994): Bibliographie: Johann Peter Hebel 1980–1993, in: Freiburger Universitätsblätter 33, Heft 124 (1994), S. 131-140.
- Berlinger, Joseph (1983): Das zeitgenössische deutsche Dialektgedicht. Zur Theorie und Praxis der deutschsprachigen Dialektlyrik 1950–1980, Frankfurt a. M./Bern/New York 1983.
- Besch, Werner (1979): Schriftsprache und Landschaftssprachen im Deutschen. Zur Geschichte ihres Verhältnisses vom 16.-19. Jahrhundert, in: Rheinische Vierteljahrsblätter 43 (1979), S. 323-343.
- Bichel, Ulf (1973): Problem und Begriff der Umgangssprache in der germanistischen Forschung, Tübingen 1973.
- Bichel, Ulf (1976): Literatur und sprachliche Grundlage im Hochdeutschen und im Niederdeutschen, in: Debus, Friedhelm / Hartig, Joachim (Hgg.): Festschrift für Gerhard Cordes zum 65. Geburtstag, Bd. II: Sprachwissenschaft, Neumünster 1976, S. 1-19.
- Bichel, Ulf (1985): Von Kritikern als "Hochdeutsch" empfundene Spracherscheinungen in niederdeutsch-sprachigen Werken Klaus Groths und Fritz Reuters, in: Niederdeutsches Wort 25 (1985), S. 3-16.
- Bieberstein, Michael Marschall von (1970): Hochsprache und Dialekt, Zeit und Zeitfreiheit (Neuere Studien zum Werk J.P. Hebels), in: Studi germanici, N.S. 8 (1970), S. 452-462.
- Blackall, Eric A. (1966): Die Entwicklung des Deutschen zur Literatursprache 1700-1775, Stuttgart 1966.
- Bloch, Ernst (1962): Hebel, Gotthelf und bäurisches Tao, in: ders.: Verfremdungen I, Frankfurt a. M. 1962, S. 186-210.
- Blochmann, Elisabeth: Die deutsche Volksdichtungsbewegung in Sturm und Drang und Romantik, in: Deutsche Vierteljahrsschrift für Literaturwissenschaft und Geistesgeschichte 1 (1923), S. 419-452.
- Bluestein, Gene (1994): Herder and folk ideologie, in: dies.: Poplore. Folk and pop in American culture, Amherst 1994, S. 28-45.
- Blumer, Hans C. (1990): Die literarische Hebelnachfolge, in: Johann Peter Hebel. Wesen, Werk, Wirkung, hg. v. der Basler Hebelstiftung, Basel 1990, S. 83-96.
- Boesch, Bruno (1964): Hebels Umgang mit der Sprache. Rede beim "Schatzkästlein" zum Hebeltag 1964, Lörrach 1964, S. 7-21.
- Boesch, Bruno (1980): Dialekt und Schriftlichkeit, in: König, Werner / Stopp, Hugo (Hgg.): Historische, geographische und soziale Übergänge im alemannischen Sprachraum, München 1980, S. 9-29.
- Böhmer, Adolf (1923): Diederich Georg Babst. Ein Beitrag zur Geschichte der niederdeutschen Literatur und Sprache, Rostock (Diss.) 1923.
- Bollacher, Martin (1989): Johann Gottfried Herder, in: Grimm, Gunter E. / Max, Frank Rainer (Hgg.): Deutsche Dichter, Bd. IV: Sturm und Drang, Klassik, Stuttgart 1989, S. 29-50.

- Bollnow, Otto Friedrich (1984): Der Mensch braucht Geborgenheit. Philosophische Betrachtungen: in: Wehling, Hans-Georg (Hg.): Heimat heute, Stuttgart/Berlin/Köln/Mainz 1984, S. 28-33.
- Bosch, Manfred (1975): Heimat und Dialekt, in: Kürbiskern 2 (1975), S. 102-109.
- Bosch, Manfred (1978): Referat, gehalten auf dem Konstanzer Symposion über Regionalismus und Dialekt, 11./12. April 1978, in: Kelter, Jochen / Salomon, Peter (Hgg.): Literatur im alemannischen Raum. Regionalismus und Dialekt, Freiburg i. Br. 1978, S. 92-96.
- Bosch, Manfred (1980): Heimat und Identität. Ein Literaturbericht, in: vorgänge 47/48, Heft 5/6 (1980), S. 116-129.
- Braungart, Wolfgang (1996): "Aus den Kehlen der ältesten Müttergens". Über Kitsch und Trivialität, populäre Kultur und Elitekultur, Mündlichkeit und Schriftlichkeit der Volksballade, besonders bei Herder und Goethe, in: Jahrbuch für Volksliedforschung 41 (1996), S. 11-32.
- Bredow, Wilfried von (1981): Zwiespältige Zufluchten. Zur Renaissance des Heimatgefühls, Berlin/Bonn 1981.
- Brinkmann, Hennig (1955/56): Hochsprache und Mundart, in: Wirkendes Wort 6 (1955/56), S. 65-76.
- Buchwald, Reinhard (1962): Das Vermächtnis der deutschen Klassiker, Frankfurt a. M. 1962.
- Buddeberg, Else (1952): Heidegger und die Dichtung: Hölderlin, in: Deutsche Vierteljahrsschrift für Literaturwissenschaft und Geistesgeschichte 26 (1952), S. 293-330.
- Buddeberg, Else (1953): Heideggers Rilkedeutung, in: Deutsche Vierteljahrsschrift für Literaturwissenschaft und Geistesgeschichte 27 (1952), S. 387-412.
- Bülck, Rudolf (1948): Beiträge zur Groth-Forschung, in: Jahrbuch des Vereins für niederdeutsche Sprachforschung (= Niederdeutsches Jahrbuch) 69/70 (1943/47), S. 71-107.
- Burckhard, Arthur (1931): The beginnings of the new poetic language in Germany, in: Philological Quarterly 10 (1931), S. 138-150.
- Burdach, Konrad (1925): Die Einigung der neuhochdeutschen Schriftsprache, in: ders.: Vorspiel. Gesammelte Schriften zur Geschichte des deutschen Geistes, Bd. I,1, Halle (Saale) 1925, S. 1-33.
- Burdach, Konrad (1926): Die Entdeckung des Minnesangs und die deutsche Sprache, in: ders.: Vorspiel. Gesammelte Schriften zur Geschichte des deutschen Geistes, Bd. II, Halle (Saale) 1926, S. 1-37.
- Burdach, Konrad (1926a): Die Sprache des jungen Goethe, in: ebd., S. 38-60.
- Burte, Hermann (1952): Hebel, Scheffel und die Gegenwart. Vortrag, gehalten bei der Hebel-Feier des Deutschen Scheffel-Bundes im Reichswerk Buch und Volk und der Stadt Lörrach am 10. Mai 1942 in Lörrach, Bühl 1942.
- Castle, Eduard (1926): Herder als Wiedererwecker des deutschen Volksliedes, in: ders.: In Goethes Geist. Vorträge und Aufsätze, Wien/Leipzig 1926, S. 57-67.
- Clark, Robert T. (1955): Herder. His life and thought, Berkeley/Los Angeles 1955.

- Conrady, Karl Otto (1982): Goethe. Leben und Werk, Bd. I, Königstein i. Ts. 1982.
- Cordes, Gerhard (1954): Niederdeutsche Mundartdichtung, in: Stammler, Wolfgang (Hg.): Deutsche Philologie im Aufriss, Bd. II, Berlin/Bielefeld 1954, Sp. 313-352.
- Cordes, Gerhard / Möhn, Dieter (Hgg.) (1983): Handbuch zur niederdeutschen Sprach- und Literaturwissenschaft, Berlin 1983.
- Dammann, Oswald (1949): Klaus Groth und Georg Gottfried Gervinus. Neue Zeugnisse zur Entstehungsgeschichte des "Quickborn", in: Zeitschrift für die Geschichte des Oberrheins 97 (1949), S. 619-628.
- Däster, Uli (1973): Johann Peter Hebel im Selbstzeugnissen und Bilddokumenten, Reinbek bei Hamburg 1973.
- Däster, Uli (1974): Der "Heimatdichter" Hebel. Rede gehalten beim traditionellen "Schatzkästlein" des Hebelbundes Lörrach am 11. Mai 1974 in der Stadthalle, Lörrach 1974, S. 7-18.
- Diercks, Willy (1989): Groths Einschätzung der niederdeutschen Mundart und die Position Albert Mähls, in: Jahresgabe. Klaus-Groth-Gesellschaft 31 (1989), S. 42-46.
- Domaschnew, Anatoli I. (1985): Jacob Grimm und die Entwicklung der deutschen Nationalsprache, in: Bahner, Werner (Hg.): Jacob und Wilhelm Grimm als Sprachwissenschaftler. Geschichtlichkeit und Aktualität ihres Wirkens (= Akademie der Wissenschaften der DDR. Zentralinstitut für Sprachwissenschaft: Linguistische Studien, Reihe A, Arbeitsberichte 130), Berlin 1985, S. 70-79.
- Dünninger, Josef (1974): Mundartdichtung, in: Krywalski, Diether (Hg.): Handlexikon zur Literaturwissenschaft, München 1974, S. 336-340.
- Düsing, Wolfgang (2000): Herders Sprachtheorie und die Dichtung des jungen Goethe, in: Herder-Jahrbuch 5 (2000), S. 33-56.
- Ecker, Hans-Peter (1989): Region und Regionalismus. Bezugspunkt für Literatur oder Kategorie der Literaturwissenschaft, in: Deutsche Vierteljahrsschrift für Literaturwissenschaft und Geistesgeschichte 63 (1989), S. 295-314.
- Eggers, Hans (1973): Deutsche Standardsprache des 19./20. Jahrhunderts, in: Althaus, Hans Peter / Henne, Helmut / Wiegand, Herbert Ernst (Hgg.): Lexikon der Germanistischen Linguistik, Tübingen 1973, S. 437-442.
- Eggers, Hans (1977): Deutsche Sprachgeschichte IV: Das Neuhochdeutsche, Reinbek bei Hamburg 1977.
- Ehrismann, Otfrid (1986): "Die alten Menschen sind größer, reiner und heiliger gewesen als wir". Die Grimms, Schelling; vom Ursprung der Sprache und ihrem Verfall, in: Zeitschrift für Literaturwissenschaft und Linguistik 62 (1986), S. 29-57.
- Eichner, Hans (1990): Deutsche Literatur im klassisch-romantischen Zeitalter I (1795–1805), 1. Teil, Bern/Frankfurt a. M./New York/Paris 1990.
- Englert, Anton (1895): Zu Goethes Schweizerlied, in: Zeitschrift des Vereins für Volkskunde 5 (1895), S. 160-167.
- Faber, Richard (1983): Sermo humilis. Erzählung, Moral und Rhetorik Johann Peter Hebels, in: Bolz, Norbert W. / Hübener, Wolfgang (Hgg.): Spiegel und Gleichnis. Festschrift für Jacob Taubes, Würzburg 1983, S. 215-232.

- Federlin, Wilhelm-Ludwig (1982): Vom Nutzen des Geistlichen Amtes. Ein Beitrag zur Interpretation und Rezeption Johann Gottfried Herders, Göttingen 1982.
- Feinäugle, Norbert (1985): Ist Dialektliteratur Dialekt?, in: Klein, Armin / Dingeldein, Heinrich J. / Herrgen, Joachim (Hgg.): Dichten im Dialekt. Marburger Literaturtag am 16.11.1985, Marburg 1985, S. 64-83.
- Feldt, Michael (1990): Lyrik als Erlebnislyrik. Zur Geschichte eines Literatur- und Mentalitätstypus zwischen 1600 und 1900, Heidelberg 1990.
- Fetscher, Iring (1992): Heimatliebe – Brauch und Mißbrauch eines Begriffs, in: Görner, Rüdiger (Hg.): Heimat im Wort. Die Problematik eines Begriffs im 19. und 20. Jahrhundert, München 1992, S. 15-35.
- Fink, Gonthier-Louis (1971): Le jeune Goethe et la tradition populaire, in: Revue d'Allemagne 3, 1 (1971), S. 198-222.
- Fluck, Hans-Rüdiger (1976): Zur literarischen Wertung von Dialektdichtung, in: Alemannisches Jahrbuch 1973/75 (=Festschrift für Bruno Boesch), Bühl (Baden) 1976, S. 299-307.
- Fluck, Hans-Rüdiger (1983): Neuere deutsche Mundartdichtung: Formen, Programme und Perspektiven, in: Besch, Werner / Knoop, Ulrich / Putschke, Wolfgang / Wiegand, Herbert Ernst (Hgg.): Dialektologie. Ein Handbuch zur deutschen und allgemeinen Dialektforschung, 2. Halbband (=Handbücher zur Sprach- und Kommunikationswissenschaft, hg. v. G. Ungeheuer und H. E. Wiegand, Bd. 1.2), Berlin, New York 1983, S. 1651-1666.
- Foldenauer, Karl (1985): Das Bild der Heimat in Johann Peter Hebels Dichtung. Ansprache gehalten vor dem Ortsverein der "Badischen Heimat" am 6. Mai 1984, in: Badische Heimat. Mein Heimatland 65, Heft 1 (1985), S. 179-186.
- Frenzel, Elisabeth (1992): Der edle Wilde, in: dies.: Motive der Weltliteratur. Ein Lexikon dichtungsgeschichtlicher Längsschnitte, Stuttgart $1992^4$, S. 830-844.
- Friebertshäuser, Hans (1986): Zu Geschichte und Methoden der deutschen Dialektlexikographie, in: ders. (Hg.): Lexikographie der Dialekte. Beitrag zu Geschichte, Theorie und Praxis, Tübingen 1986, S. 1-13.
- Fringeli, Albin (1969): Johann Peter Hebel und Klaus Groth. Zwei aus ihrer Heimat gewachsen, in: Jahresgabe. Klaus-Groth-Gesellschaft 11 (1969), S. 155-162.
- Frings, Theodor / Schmitt, Ludwig Erich (1944): Der Weg zur deutschen Hochsprache, in: Jahrbuch der deutschen Sprache, Bd. II, Leipzig 1944, S. 67-121.
- Fuchs, Albert (1961): Georg Daniel Arnold, in: Zastrau, Alfred (Hg.): Goethe Handbuch, Bd. I, Stuttgart 1961, Sp. 397-400.
- Gadamer, Hans-Georg (1990): Wahrheit und Methode. Grundzüge einer philosophischen Hermeneutik (= ders.: Gesammelte Werke, Bd. I), Tübingen $1990^6$.
- Gaier, Ulrich (1988): Herders Sprachphilosophie und Erkenntniskritik, Stuttgart (Bad Cannstatt) 1988.
- Gaier, Ulrich (1992): Johann Gottfried Herder (1744–1803), in: Dascal, Marcello / Gerhardus, Dietfried u.a. (Hgg.): Sprachphilosophie = Philosophie of Language. Ein internationales Handbuch zeitgenössischer Forschung, 1. Halbband, Berlin/New York 1992, S. 343-362.

- Gäng, Richard (1960): Hebels Mundart, in: Zentner, Wilhelm (Hg.): Ausstellung: Johann Peter Hebel und seine Zeit. Zur 200. Wiederkehr seines Geburtstages am 10. Mai 1960, Karlsruhe 1960, S. 9-14.
- Gansberg, Ingeborg (1986): Volksliedsammlungen und historischer Kontext. Kontinuität über zwei Jahrhunderte?, Frankfurt a. M./Bern/New York 1986.
- Gauger, Hans-Martin (1988): Dialekt als Muttersprache und als Stil. Johann Peter Hebel: "Die Vergänglichkeit", in: ders.: Der Autor und sein Stil. Zwölf Essays, Stuttgart 1988, S. 26-46.
- Geiger, Paul (1912): Volksliedinteresse und Volksliedforschung in der Schweiz vom Anfang des 18. Jahrhunderts bis zum Jahre 1830, Bern 1912.
- Gessinger, Joachim (1977): Die Ausbildung europäischer Nationalsprachen: Deutschland – Sprachpolitik im 18. Jahrhundert, in: Wunderlich, Dieter / Meisel, Jürgen M. (Hgg.): Studium Linguistik 3 (1977), S. 3-7.
- Gessinger, Joachim (1980): Sprache und Bürgertum. Zur Sozialgeschichte sprachlicher Verkehrsformen im Deutschland des 18. Jahrhunderts, Stuttgart 1980.
- Gillies, Alexander (1949): Herder. Der Mensch und sein Werk, Hamburg 1949.
- Gipper, Helmut / Schmitter, Peter (Hgg.): Sprachwissenschaft und Sprachphilosophie im Zeitalter der Romantik. Ein Beitrag zur Historiographie der Linguistik, Tübingen 1979.
- Goedeke, Karl (1905): Johann Peter Hebel, in: Grundrisz zur Geschichte der deutschen Dichtung aus den Quellen, Bd. 8, Dresden 1905[2], S. 703.
- Goedeke, Karl (1906): Johann Peter Hebel, in: ders.: Grundrisz zur Geschichte der deutschen Dichtung aus den Quellen, Bd. 7,2, Dresden 1906[2], S. 533-545.
- Goedeke, Karl (1966): Johann Peter Hebel, fortgeführt von H. Pross, in: Grundriss zur Geschichte der deutschen Dichtung aus den Quellen, Bd. 15, hg. v. H. Jacob, Berlin (Ost) 1966, S. 742-817.
- Greinacher, Norbert (1983): Aufklärer mit Herz. Assoziationen zu Johann Peter Hebel und Walter Jens, in: Barner, Wilfried / Gregor-Dellin, Martin / Härtling, Peter / Schmalzriedt, Egidius (Hgg.): Literatur in der Demokratie. Für Walter Jens zum 60. Geburtstag, München 1983, S. 315-321.
- Greverus, Ina-Maria (1972): Der territoriale Mensch. Ein literaturanthropologischer Versuch zum Heimatphänomen, Frankfurt a. M. 1972.
- Greverus, Ina-Maria (1979): Das Heimatbild der Dialektdichtung, in: dies.: Auf der Suche nach Heimat, München 1979, S. 70-95.
- Grewe, Astrid (1982): Ossian und seine europäische Wirkung, in: Heitmann, Klaus (Hg.): Europäische Romantik II (= Neues Handbuch der Literaturwissenschaft, hg. v. K.v. See, Bd. 15), Wiesbaden 1982, S. 171-188.
- Greyerz, Otto von (1924): Die Mundartdichtung der deutschen Schweiz geschichtlich dargestellt, Leipzig 1924.
- Grimm, Herman (1877): Goethe. Vorlesungen, gehalten an der Kgl. Universität zu Berlin, Bd. I, Berlin 1877.
- Grosser, Thomas (1992): Identität und Rolle. Kontext, Konzept und Wirkungsgeschichte der Genieästhetik bei Novalis, Opladen 1992.

- Guchmann, Mirra M (1960): Über die Begriffe "Literatursprache", "Sprache der Volkschaft", "Nationalsprache", in: Beiträge zur Geschichte der deutschen Sprache und Literatur 82 (1960), S. 321-332.
- Haas, Walter (1983): Dialekt als Sprache literarischer Werke, in: Besch, Werner / Knoop, Ulrich / Putschke, Wolfgang / Wiegand, Herbert Ernst (Hgg.): Dialektologie. Ein Handbuch zur deutschen und allgemeinen Dialektforschung, 2. Halbband (= Handbücher zur Sprach- und Kommunikationswissenschaft, hg. v. G. Ungeheuer und H. E. Wiegand, Bd. 1.2), Berlin/New York 1983, S. 1637-1651
- Haas, Walter (1990): Jacob Grimm und die deutschen Mundarten, Stuttgart 1990.
- Haas, Walter (1994): "Die Jagd auf Provinzial-Wörter". Die Anfänge der wissenschaftlichen Beschäftigung mit den deutschen Mundarten im 17. und 18. Jahrhundert, in: Mattheier, Klaus / Wiesinger, Peter (Hgg.): Dialektologie des Deutschen. Forschungsstand und Entwicklungstendenzen, Tübingen 1994, S. 329-365.
- Haid, Hans (1985): Von Heimat und Regionalkultur. Ein Versuch, die fortschrittliche Volkskultur zu finden, in: Klein, Armin / Dingeldein, Heinrich J. / Herrgen, Joachim (Hgg.): Dichten im Dialekt. Marburger Literaturtag am 16.11.1985, Marburg 1985, S. 88-103.
- Happel, Daniela (1995): Folkloreforschung in Deutschland und Großbritannien im 19. Jahrhundert. Ein Beitrag zur internationalen Wissenschaftsgeschichte, Trier 1995.
- Hassler, Gerda (1984): Sprachtheorien der Aufklärung. Zur Rolle der Sprache im Erkenntnisprozess, in: Abhandlungen der sächsischen Akademie der Wissenschaften zu Leipzig (Philologisch-historische Klasse, Bd. 68, Heft 1), 1984, S. 67-84.
- Hein, Jürgen (1980): Heimat und Dialekt in der Literatur. Bemerkungen zur Forschungslage, in: Michels, Gerd (Hg.): Festschrift für Friedrich Kienecker zum 60. Geburtstag, Heidelberg 1980, S. 37-52.
- Hein, Jürgen (1983): Darstellung des Dialektsprechers in der neueren deutschen Dichtung, in: Besch, Werner / Knoop, Ulrich / Putschke, Wolfgang / Wiegand, Herbert Ernst (Hgg.): Dialektologie. Ein Handbuch zur deutschen und allgemeinen Dialektforschung, 2. Halbband (= Handbücher zur Sprach- und Kommunikationswissenschaft, hg. v. G. Ungeheuer und H. E. Wiegand, Bd. 1.2), Berlin/New York 1983, S. 1624-1636.
- Hein, Jürgen (1985): Ist Dialektliteratur Literatur? Zur literarischen Qualität der Dialektdichtung, in: Klein, Armin / Dingeldein, Heinrich J. / Herrgen, Joachim (Hgg.): Dichten im Dialekt. Marburger Literaturtag am 16.11.1985, Marburg 1985, S. 29-57.
- Heinz, Georg (1960): Goethe und der Nürnberger Volksdichter Johann Georg Grübel, in: Der Zwiebelturm 15 (1960), S. 32.
- Heizmann, Bertold (1981): Ursprünglichkeit und Reflexion. Die poetische Ästhetik des jungen Herder im Zusammenhang der Geschichtsphilosophie und Anthropologie des 18. Jahrhunderts, Frankfurt a. M./Bern 1981.

- Henne, Helmut (1968): Das Problem des meissnischen Deutsch oder "Was ist Hochdeutsch" im 18. Jahrhundert, in: Zeitschrift für Mundartforschung 35 (1968), S. 109-129.
- Henzen, Walter (1954): Schriftsprache und Mundarten. Ein Überblick über ihr Verhältnis und ihre Zwischenstufen im Deutschen, Bern 1954$^2$.
- Herrmann-Winter, Renate (1992): Urteile über Niederdeutsch aus dem 18. und 19. Jahrhundert, in: Jahrbuch des Vereins für niederdeutsche Sprachforschung 115 (1992), S. 123-144.
- Hertell, Eiben von (1983): Lyrik, in: Cordes, Gerhard. / Möhn, Dieter. (Hgg.): Handbuch zur niederdeutschen Sprach- und Literaturwissenschaft, Berlin 1983, S. 412-435.
- Hess, Gerhard (1973): Rede auf Hebel, Lörrach 1973.
- Heuss, Theodor (1960): Hebels Stellung in der Geistesgeschichte, in: Zentner, Wilhelm (Hg.): Ausstellung: Johann Peter Hebel und seine Zeit. Zur 200. Wiederkehr seines Geburtstages am 10. Mai 1960, Karlsruhe 1960, S. 2-4.
- Hexelschneider, Erhard (1978): Herder als Anreger für die Verbreitung russischer Volksdichtung in Deutschland, in: Ziegengeist, Gerhard / Graßhoff, Helmut / Lehmann, Ulf (Hgg): Johann Gottfried Herder. Zur Herderrezeption in Ost- und Südosteuropa, Berlin 1978, S. 196-204.
- Heybey, Wolfgang (1950/51): Über Herders Volkslieder. Ein Beitrag zum Problem des christlichen Humanismus, in: Pädagogische Rundschau 5 (1950/51), S. 49-57.
- Heydebrand, Renate von (1996): Einführung in die Wertung von Literatur. Systematik – Geschichte – Legitimation, Paderborn/München e.a. 1996.
- Hibberd, John L. (1972): J.P. Hebel's Allemannische Gedichte and the idyllic tradition, in: Forum for Modern Language Studies 8 (1972), S. 243-260.
- Hoffmann, Fernand (1981): Dialektliteratur als literaturhistorisches und literaturwissenschaftliches Objekt, in: ders.: Zwischenland. Dialektologische, mundartphilologische und mundartliterarische Grenzgänge, Hildesheim/New York 1981, S. 103-122.
- Holder, August (1896): Geschichte der schwäbischen Dialektdichtung, Heilbronn 1896.
- Irmscher, Hans Diedrich (1989): Goethe und Herder im Wechselspiel von Attraktion und Repulsion, in: Goethe-Jahrbuch 106 (1989), S. 22-52.
- Jäger, Monika (1964): Theorien der Mundartdichtung. Studien zu Anspruch und Funktion, Tübingen 1964.
- Jänsch, Grete (1954): Holtei und Hebel, in: Badische Heimat. Mein Heimatland 34, Heft 3 (1954), S.185-187.
- Jellinek, Max Hermann (1913): Geschichte der neuhochdeutschen Grammatik von den Anfängen bis auf Adelung, Heidelberg 1913.
- Kähler-Timm, Hilde (1977): Klaus Groth und Johann Peter Hebel, in: Jahresgabe. Klaus-Groth-Gesellschaft 19 (1977), S. 66-80.

- Kamenetsky, Christa (1992): The nature and meaning of folktales, in: dies.: The Brothers Grimm and their critics. Folkstales and the quest for meaning, Athens, Ohio 1992, S. 55-80.
- Kelletat, Andreas F. (1984): Herder und die Weltliteratur. Zur Geschichte des Übersetzens im 18. Jahrhundert, Frankfurt a. M./Berlin/New York 1984.
- Kelter, Jochen (1978): Provinz – Aufmarschbasis gegen die Metropolen? Zur Renaissance von Heimat und Dialekt in der westdeutschen Linken, in: Kelter, Jochen / Salomon, Peter (Hgg.): Literatur im alemannischen Raum. Regionalismus und Dialekt, Freiburg i. Br. 1978, S. 97-102.
- Kemper, Hans-Georg (1997): Herders Konzeption einer Mythopoesie und Goethes Ganymed, in: Baßler, Moritz / Brecht, Christoph / Niefanger, Dirk (Hgg.): Von der Natur zur Kunst zurück. Neue Beiträge zur Goethe-Forschung, Tübingen 1997, S. 39-77.
- Kircher, Erwin (1903): Volkslied und Volkspoesie in der Sturm- und Drangzeit, in: Zeitschrift für Deutsche Wortforschung 4 (1903), S. 1-57.
- Klein, Armin (1985): Dialekt und Dialektik oder Heimat die sie meinen ..., in: Klein, Armin / Dingeldein, Heinrich J. / Herrgen, Joachim (Hgg.): Dichten im Dialekt. Marburger Literaturtag am 16.11.1985, Marburg 1985, S. 11-28.
- Kleinschmidt, Erich (1991): Entregelte Poetik. Zum dichtungstheoretischen Sprachaufbruch im 18. Jahrhundert, in: Dittmann, Jürgen / Kästner, Hannes / Schwitalla, Johannes (Hgg.): Erscheinungsformen der deutschen Sprache. Literatursprache, Alltagssprache, Gruppensprache, Fachsprache. Festschrift zum 60. Geburtstag von Hugo Steger, Berlin 1991, S. 77-91.
- Kluge, Friedrich (1902): Goethe und die deutsche Sprache, in: Wissenschaftliche Beihefte zur Zeitschrift des Allgemeinen Deutschen Sprachvereins 21 (1902), S. 33-49.
- Kluge, Friedrich (1908): Die alemannische Mundart und die deutsche Schriftsprache, in: Wissenschaftliche Beihefte zur Zeitschrift des Allgemeinen Deutschen Sprachvereins 30 (1908), S. 372-380.
- Klusen, Ernst (1973): Johann Peter Hebels Volksliedgutachten als Quelle der musikalischen Volkskunde, in: Hüschen, Heinrich (Hg.): Musicae scientiae collectanea. Festschrift Karl Gustav Fellerer zum siebzigsten Geburtstag am 7. Juli 1972, Köln 1973, S. 270-283.
- Knoop, Ulrich (1982): Das Interesse an den Mundarten und die Grundlegung der Dialektologie, in: Besch, Werner / Knoop, Ulrich / Putschke, Wolfgang / Wiegand, Herbert Ernst (Hgg.): Dialektologie. Ein Handbuch zur deutschen und allgemeinen Dialektforschung, 1. Halbband (= Handbücher zur Sprach- und Kommunikationswissenschaft, hg. v. G. Ungeheuer und H. E. Wiegand, Bd. 1.1), Berlin/New York 1982, S. 1-23.
- Knoop, Ulrich (1988): Zur Begrifflichkeit der Sprachgeschichtsschreibung: Der "Dialekt" als Sprache des "gemeinen mannes" und die Kodifikation der Sprache im 18. Jahrhundert, in: Munske, Horst Haider / Polenz, Peter von / Reichmann, Oskar / Hildebrandt, Reiner (Hgg.): Deutscher Wortschatz. Lexikologische Studien. Ludwig

Erich Schmitt zum 80. Geburtstag von seinen Marburger Schülern, Berlin/New York 1988, S. 336-350.
- Knopf, Jan (1989): Johann Peter Hebel als Volksaufklärer. Rede beim traditionellen "Schatzkästlein" des Hebelbundes Lörrach am 12. Mai 1989 in der Stadthalle, Lörrach 1989, S. 3-14.
- Kohl, Karl-Heinz (1983): Entzauberter Blick. Das Bild vom Guten Wilden und die Erfahrung der Zivilisation, Frankfurt a. M 1983.
- Kommerell, Max (1936): Das Volkslied und das deutsche Lied, Frankfurt a. M. 1936.
- Köstlin, Konrad (1990): Dialekt als Fachsprache, in: Bausinger, Hermann (Hg.): Redeweisen. Aspekte gesprochener Sprache. Festgabe für Arno Ruoff, Tübingen 1990, S. 156-165.
- Krohn, Rüdiger (1980): Literatur von gestern. Die Vermittlung von Werten im Rückgriff auf Geschichte, in: Großklaus, Götz / Oldemeyer, Ernst (Hgg.): Werte in kommunikativen Prozessen. Beiträge und Diskussionen der 8. Karlsruher Tage für experimentelle Kunst und Kunstwissenschaft, Stuttgart 1980, S. 199-224.
- Kühn, Joachim (1978): Zur Sprachauffassung Johann Peter Hebels, in: Zeitschrift für Deutsche Philologie 97 (1978), S. 126-135.
- Kully, Rolf Max (1969): Johann Peter Hebel, Stuttgart 1969.
- Kully, Rolf Max (1994): Hephata, thue dich auf! Ein Schlüssel zu Hebels alemannischer Dichtung, in: Braunbehrens, Adrian (Hg.): Unvergängliches aus dem Wiesental: Johann Peter Hebel (= Freiburger Universitätsblätter 33, Heft 124, 1994), Freiburg 1994, S. 79-99.
- Kully, Rolf Max (1996): Johann Peter Hebel als Theoretiker, in: Pietzcker, Carl / Schnitzler, Günter (Hgg.): Unvergängliches aus dem Wiesental, Freiburg i. Br. 1996, S. 143-193.
- Kunisch, Hermann (1949): Johann Andreas Schmellers geistesgeschichtliche Stellung, in: Historisches Jahrbuch 62-69 (1949), S. 431-463.
- Kurz, Gerhard (1980): <Volkspoesie>-Programme, in: Wuthenow, Ralph-Rainer (Hg.): Deutsche Literatur. Eine Sozialgeschichte, Bd. IV: Zwischen Absolutismus und Aufklärung: Rationalismus, Empfindsamkeit, Sturm und Drang (1740-1786), Reinbek bei Hamburg 1980, S. 254-260.
- Lerchner, Gotthard (1984): "... daß es die guten Schriftsteller sind, welche die wahre Schriftsprache eines Volkes bilden." Zur sprachgeschichtlichen Bedeutsamkeit der Auseinandersetzung zwischen Wieland und Adelung, in: Bahner, Werner (Hg.): Sprache und Kulturentwicklung im Blickfeld der deutschen Spätaufklärung. Der Beitrag Johann Christoph Adelungs (= Abhandlungen der sächsischen Akademie der Wissenschaften zu Leipzig, Philologisch-historische Klasse, Bd. 70, Heft 4), Berlin 1984, S. 109-211.
- Levy, Paul (1911): Geschichte des Begriffes Volkslied, Berlin 1911.
- Lichtenstein, Ernst (1928): Die Idee der Naturpoesie bei den Brüdern Grimm und ihr Verhältnis zu Herder, in: Deutsche Vierteljahrsschrift für Literaturwissenschaft und Geistesgeschichte 6 (1928), S. 513-547.

- Loeffler, Susi (1944): Johann Peter Hebel. Wesen und Wurzeln seiner dichterischen Welt, Frauenfeld 1944.
- Loeper, Gustav von (1890): Schweizerlied, in: Goethe-Jahrbuch 11 (1890), S. 171f.
- Lugowski, Clemens (1985): Der junge Herder und das Volkslied (1938), in: Wacker, Manfred (Hg.): Sturm und Drang (Wege der Forschung 559), Darmstadt 1985, S. 215-233.
- Lüttgens, Donald (1991): Der "Ursprung" bei Johann Gottfried Herder. Zur Bedeutung und Kontinuität eines Begriffs, Frankfurt a. M./Bern e.a. 1991.
- Lutz, Margarete (1964): Der Erzieher Johann Peter Hebel, Heidelberg 1964.
- Martin, Bernard (1954): Die hochdeutsche Mundartdichtung, in: Stammler, Wolfgang (Hg.): Deutsche Philologie im Aufriss, Bd. II, Berlin/Bielefeld 1954, Sp. 259-312.
- Martin, Ernst (1892): Zwei Briefe von J.G.D. Arnold an Goethe, in: Goethe-Jahrbuch 13 (1892), S. 80-87.
- Mattheier, Klaus J. (1988): Schmellers dialektologisches Erkenntnisinteresse und die heutige Dialektforschung, in: Eichinger, Ludwig M. / Naumann, Bernd (Hgg.): Johann Andreas Schmeller und der Beginn der Germanistik, München 1988, S. 57-63.
- Mattheier, Klaus J. (1993): "Mit der Seele Atem schöpfen". Über die Funktion von Dialektalität in der deutschsprachigen Literatur, in: Mattheier, Klaus J. / Wegera, Klaus-Peter u.a. (Hgg.): Vielfalt des Deutschen. Festschrift für Werner Besch, Frankfurt a. M./Berlin/Bern e.a. 1993, S. 633-652.
- Mattheier, Klaus J. (2000): Die Durchsetzung der deutschen Hochsprache im 19. und beginnenden 20. Jahrhundert: sprachgeographisch, sprachsoziologisch, in: Besch, Werner / Betten, Anne / Reichmann, Oskar / Sonderegger, Stefan (Hgg.): Sprachgeschichte. Ein Handbuch zur Geschichte der deutschen Sprache und ihrer Erforschung, 2. Teilband (= Handbücher zur Sprach- und Kommunikationswissenschaft, hg. v. A. Burckhardt, H. Steger, H. E. Wiegand, Bd. 2.2), Berlin/New York $2000^2$, S. 1951-1966.
- Matzen, Raymond (1971): Volkssprache und Volkspoesie im Elsass. Von der Abwertung der Mundart zur Aufwertung der Mundartdichtung, Waldkirch 1971.
- Maurer, Friedrich (1956): Schriftsprache und Mundarten, in: Der Deutschunterricht 8, 2 (1956), S. 5-14.
- Maurer, Friedrich (1964): Volkssprache, in: ders.: Volkssprache. Gesammelte Abhandlungen (=Beihefte zur Zeitschrift "Wirkendes Wort", 9), Düsseldorf 1964, S. 5-36.
- Maurer, Friedrich (1964a): Zur Sprache Goethes, in: ebd., S. 115-133.
- Mecklenburg, Norbert (1982): Erzählte Provinz: Regionalismus und Moderne im Roman, Königstein/Ts 1982.
- Mecklenburg, Norbert (1987): Die grünen Inseln. Zur Kritik des literarischen Heimatkomplexes, München 1987.

- Meier, Jürgen (1983): Erzählende Dichtung, in: Cordes, G. / Möhn, D. (Hgg.): Handbuch zur niederdeutschen Sprach- und Literaturwissenschaft, Berlin 1983, S. 436-465.
- Merkel, Bertha (1936): Die Sprache der Mutter Goethes. Ein Beitrag zur Geschichte der rheinischen Schriftsprache im 18. Jahrhundert, Heidelberg (Diss.) 1936.
- Michelsen, Peter (1987): Regeln für Genies. Zu Herders "Fragmenten" "Ueber die neuere Deutsche Litteratur", in: Sauder, Gerhard (Hg.): Johann Gottfried Herder (1744-1803), Hamburg 1987, S. 225-237.
- Minder, Robert (1966): Johann Peter Hebel und die französische Heimatliteratur, in: ders.: Dichter in der Gesellschaft. Erfahrungen mit deutscher und französischer Literatur, Frankfurt a. M. 1966, S. 108-139.
- Minder, Robert (1966a): Heidegger und Hebel oder die Sprache von Meßkirch, in: ebd., S. 210-264.
- Mittenzwei, Johannes (1957/58): Goethes Verhältnis zum Volkslied unter besonderer Berücksichtigung der Straßburger Liedersammlung, in: Wissenschaftliche Zeitschrift der Friedrich-Schiller-Universität Jena 7 (1957/58), Gesellschafts- und Sprachwissenschaftliche Reihe, Heft 1, S. 123-146.
- Moser, Hugo (1951): Die Entstehung der neuhochdeutschen Einheitssprache, in: Der Deutschunterricht 3, 1 (1951), S. 58-74.
- Moser, Hugo (1953): Volks- und Kunstdichtung in der Auffassung der Romantiker, in: Rheinisches Jahrbuch für Volkskunde 4 (1953), S. 69-89.
- Moser, Hugo (1956): Mundart und Hochsprache im neuzeitlichen Deutsch, in: Der Deutschunterricht 8, 2 (1956), S. 36-61.
- Müller, Curt (1937): Die geschichtlichen Voraussetzungen des Symbolbegriffs in Goethes Kunstanschauung, Leipzig 1937.
- Müller-Blattau, Joseph (1972): Goethe, Herder und das elsässische Volkslied, in: Goethe-Jahrbuch 89 (1972), S. 189-208.
- Neff, Magdalena (1981): "Die Seele des Maien". Hermann Burte ehrt Johann Peter Hebel, in: Geroldsecker Land. Jahrbuch einer Landschaft 23 (1981), S. 56-66.
- Nerius, Dieter (1967): Untersuchungen zur Herausbildung einer nationalen Norm der deutschen Literatursprache im 18. Jahrhundert, Halle (Saale) 1967.
- Nivelle, Armand (1971): Kunst- und Dichtungstheorien zwischen Aufklärung und Klassik, Berlin/New York 1971[2].
- Oeller, Norbert (1983): Johann Peter Hebel, in: Wiese, Benno von (Hg.): Deutsche Dichter der Romantik. Ihr Leben und Werk, Berlin 1983[2], S. 57-87.
- Pabisch, Peter (1987): Strukturen, Strategeme, Stringenzen: Bedeutungswandel der deutschen Mundartliteratur sei Johann Gottfried Herder, in: Jahrbuch für Internationale Germanistik XIX, 1 (1987), S. 8-46.
- Penzl, Herbert (1977): Gottsched und die Aussprache des Deutschen im 18. Jahrhundert, in: Sprachwissenschaft 2 (1977), S. 61-92.
- Petersen, Julius (1931): Goethe und die deutsche Sprache, in: Jahrbuch der Goethe-Gesellschaft 17 (1931), S. 1-26.

- Piirainen, Ilpo Tapani (1973): Deutsche Standardsprache des 17./18. Jahrhunderts, in: Althaus, Hans Peter / Henne, Helmut / Wiegand, Herbert Ernst (Hgg.): Lexikon der Germanistischen Linguistik, Tübingen 1973, S. 430-436.
- Polenz, Peter von (1964): Sprachnormierung und Sprachentwicklung im neueren Deutsch, in: Der Deutschunterricht 16, 4 (1964), S. 67-89.
- Polenz, Peter von (1994): Deutsche Sprachgeschichte vom Spätmittelalter bis zur Gegenwart, Bd. II: 17. und 18. Jahrhundert, Berlin/New York 1994.
- Püschel, Ulrich (1987): Friedrich Carl Fuldas "Idiotiken-Sammlung". Zur Rolle der Mundart-Lexikographie im 18. Jahrhundert, in: Knoop, Ulrich (Hg.): Studien zur Dialektologie I, Hildesheim/Zürich/New York 1987, S. 43-79.
- Rehm, Walther (1957): Goethe und Johann Peter Hebel. Eine Freiburger Goethe-Rede 1949, in: ders.: Begegnungen und Probleme. Studien zur deutschen Literaturgeschichte, Bern 1957, S. 7-39.
- Reiffenstein, Ingo (1981): Johann Andreas Schmeller und die heutige Dialektforschung, in: Zeitschrift für Dialektologie und Linguistik 48 (1981), S. 289-298.
- Reis, Hans (1915): Die deutsche Mundartdichtung, Berlin/Leipzig 1915.
- Richter, Ernst (1933): Wielands sprachliche Ansichten im "Teutschen Merkur", in: Zeitschrift für Deutsche Philologie 58 (1933), S. 266-293.
- Ris, Roland (1978): Sozialpsychologie der Dialekte und ihrer Sprecher, in: Ammon, Ulrich / Knoop, Ulrich / Radke, Ingulf (Hgg.): Grundlagen einer dialektorientierten Sprachdidaktik, Weinheim/Basel 1978, S. 93-115.
- Ritzel, Wolfgang (1991): Johann Peter Hebel, Waldkirch 1991.
- Rohner, Ludwig (1982): Hebel und seiner Leser. Rede beim traditionellen "Schatzkästlein" des Hebelbundes Lörrach am 15. Mai 1982 in der Stadthalle, Lörrach 1982, S. 7-23.
- Rohner, Pius Martin (1984): Die Entwicklung eines schweizerischen Sprachbewusstseins bei Johann Jacob Bodmer, Zürich (Diss.) 1984.
- Röhrich, Lutz (1972): Johann Peter Hebels Kalendergeschichten zwischen Volksdichtung und Literatur, Lörrach 1972, S. 7-20.
- Roth, Hans-Joachim (1993): "Heimat" und Mundart als Faktoren kultureller Identität, in: Schmitt, Eva-Maria / Thyssen, Achim (Hgg.): Einstellungen und Positionen zur Mundartliteratur. Internationales Mundartarchiv "Ludwig Soumagne" des Kreises Neuss 1992, Frankfurt a. M./Berlin/Bern/New York e.a. 1993, S. 75-95.
- Rühsen, Georg (1930): Untersuchungen zu Klaus Groths "Quickborn", Marburg (Diss.) 1930.
- Ruland, Karl (1900): Goethe und Castelli, in: Chronik des Wiener Goethe-Vereins 14 (1900), S. 26-29.
- Ruprecht, Erich (1949): Heideggers Bedeutung für die Literaturwissenschaft, in: Astrada, Carlos u.a. (Hg.): Martin Heideggers Einfluss auf die Wissenschaften, Bern 1949, S. 122-144.
- Sauder, Gerhard (1996): Herders Ursprungsdenken, in: Gilli, Marita (Hg.): Le Sturm und Drang: und rupture?, Paris 1996, S. 65-80.

- Schedl, Susanne (1996): Straßburg als Literaturstadt. Ein Grundriß in literarhistorischen Längsschnitten, München 1996.
- Schenker, Walter (1977): Dialekt und Literatur, in: Zeitschrift für Deutsche Philologie 96 (1977), S. 34-48.
- Scherer, Wilhelm (1974): Die deutsche Spracheinheit, in: ders.: Vorträge und Aufsätze zur Geschichte des geistigen Lebens in Deutschland und Österreich, Berlin 1874, S. 45-70.
- Schletter, Katrin (1985): Zu einigen sprachgeschichtlichen Normierungsprozessen des 17. und 18. Jahrhunderts im Urteil zeitgenössischer Poetiken. Ein Beitrag zur Untersuchung der Herausbildung der nationalsprachlichen Norm der deutschen Literatursprache, Berlin 1985.
- Schmid-Cadalbert, Christian (1997): Dialektliteratur, in: Weimar, Klaus (Hg.): Reallexikon der deutschen Literaturwissenschaft, Bd. I (A-G), Berlin/New York 1997³, S. 347-350.
- Schmidt, Heiner (1997): Quellenlexikon zur deutschen Literaturgeschichte, Bd.11 (Hau-Hei), Duisburg 1997.
- Schmidt-Henkel, Gerhard (1982): Niederdeutsche Mundartdichtung, in: Glaser, Horst Albert (Hg.): Deutsche Literatur. Eine Sozialgeschichte, Bd. 7: Vom Nachmärz zur Gründerzeit: Realismus 1848-1880, Reinbek b. Hamburg 1982, S. 216-231.
- Schmitt, Franz (1960): Hebel-Bibliographie, in: Zentner, Wilhelm (Hg.): Ausstellung: Johann Peter Hebel und seine Zeit. Zur 200. Wiederkehr seines Geburtstages am 10. Mai 1960, Karlsruhe 1960, S. 61-65.
- Scholz, Friedrich (1995): Herders Auffassung des Volkslieds und der Dichtung und die lettischen Volksliedsammlungen des 19. Jahrhunderts, in: Zeitschrift für Ostmitteleuropa-Forschung 44 (1995), S. 564-577.
- Schön, Friedrich (1920/21): Geschichte der Deutschen Mundartdichtung, 2 Bde, Freiburg i. Br. 1920/21.
- Schrimpf, Hans Joachim (1957): Hölderlin, Heidegger und die Literaturwissenschaft, in: Euphorion 51 (1957), S. 308-323.
- Schröder, Carl (1903/04): Die neu-niederdeutsche Dichtung in Mecklenburg, in: Niedersachsen 9 (1903/04), S. 320f.; S. 334-336; S. 355-357; S. 373-376; S. 389-392; S. 401-404.
- Schröder, Martin (1999): Ist eine strukturelle Theorie der Dialektliteratur möglich?, in: Wagener, Peter (Hg.): Sprachformen. Deutsch und Niederdeutsch in europäischen Bezügen. Festschrift für Dieter Stellmacher zum 60. Geburtstag, Stuttgart 1999, S. 281-288.
- Schupp, Volker (1960): Ein norddeutscher Nachfolger Johann Peter Hebels. Zu den "Allemannischen Liedern" Hoffmann von Fallersleben, in: Badische Heimat. Mein Heimatland, 39, Heft 1/2 (1960), S. 162-167.
- Schupp, Volker (1976): Literaturgeschichtliche Landeskunde?, in: Alemannisches Jahrbuch 1973/75 (= Festschrift für Bruno Boesch), Bühl (Baden) 1976, S. 272-298.

- Schwab, Heinrich W. (1965): Sangbarkeit, Popularität und Kunstlied. Studien zu Lied und Liedästhetik der mittleren Goethezeit (1770-1814), Regensburg 1965.
- Schwarz, Ernst (1950): Die deutschen Mundarten, Göttingen 1950.
- Semenjuk, Natalija (1963): Einige Probleme der sprachgeschichtlichen Untersuchung der deutschen periodischen Literatur des 18. Jahrhunderts, in: Forschungen und Fortschritte 37, 6 (1963), S. 178-182.
- Sengle, Friedrich (1963): Wunschbild Land und Schreckbild Stadt. Zu einem zentralen Thema der neueren deutschen Literatur, in: Studium Generale 16, Heft 10 (1963), S. 619-631.
- Sengle, Friedrich (1965): Formen des idyllischen Menschenbildes, in: ders.: Arbeiten zur deutschen Literatur 1750-1850, Stuttgart 1965, S. 212-231.
- Shichiji, Yoshimori (1987): Herders Sprachdenken und Goethes Bildlichkeit der Sprache, in: Sauder, Gerhard (Hg.): Johann Gottfried Herder (1744-1803), Hamburg 1987, S. 194-201.
- Siegert, Reinhart (1994): Johann Peter Hebel als Genie der Popularität, in: Braunbehrens, Adrian (Hg.): Unvergängliches aus dem Wiesental: Johann Peter Hebel (= Freiburger Universitätsblätter 33, Heft 124, 1994), Freiburg 1994, S. 19-39.
- Sigal, Nina A. (1960): Sprache und Stil des jungen Goethe, in: Zeitschrift für deutsche Literaturgeschichte 6, 2 (1960) (= Weimarer Beiträge: Kolloquium über Probleme der Goetheforschung. Vortrag und Diskussion, 31. Okt. - 4. Nov. 1960 in Weimar), S. 240-265.
- Simon, Josef (1990): Goethes Sprachansicht, in: Jahrbuch des Freien Deutschen Hochstifts 1990, S. 1-27.
- Skibitzki, Bernd (1995): Herder – ein aufklärerischer Sprachphilosoph, in: Watrak, Jan / Bräuer, Rolf (Hgg.): Herders Idee der Humanität. Grundkategorie menschlichen Denkens, Dichtens und Seins. Materialien des Internationalen Symposiums zum Thema Johann Gottfried Herder – Leben und Wirkung in Kolobrzeg/Szczecin (Kolberg/Stettin) 1994, Szczecin 1995, S. 247-259.
- Socin, Adolf (1970): Schriftsprache und Dialekte im Deutschen nach Zeugnissen alter und neuer Zeit. Beiträge zur Geschichte der deutschen Sprache (1888), Hildesheim/New York 1970 (Reprint).
- Sonderegger, Stefan (1968): Alemannische Mundartforschung, in: Schmitt, Ludwig, Erich (Hg.): Germanischen Dialektologie. Festschrift für Walther Mitzke zum 80. Geburtstag, Bd. I, Wiesbaden 1968, S. 1-29.
- Sonderegger, Stefan (1985): Johann Peter Hebel als Mundartdichter im Umkreis der Brüder Grimm. Rede beim traditionellen "Schatzkästlein" des Hebelbundes Lörrach am 11. Mai 1985 in der Stadthalle, Lörrach 1985, S. 6-26.
- Sonderegger, Stefan (1985a): Die Brüder Grimm – Philologie, historische Sprachwissenschaft und Literaturgeschichte, in: Hennig, Dieter / Lauer, Bernhard (Hgg.): Die Brüder Grimm. Dokumente ihres Lebens und Wirkens, Kassel 1985, S. 43-61.

- Sonderegger, Stefan (1989): Et in Arcadia ego. Grundsätzliche Überlegungen zur Entstehungsgeschichte der deutschen Dialektliteratur, in: Maas, Angelika / Heinser, Bernhard (Hgg.): Verlust und Ursprung. Festschrift für Werner Weber. Mit Beiträgen zum Thema "Et in Arcadia ego", Zürich 1989, S. 133-148.
- Sørensen, Bengt Algot (1962): Symbol und Symbolismus in den ästhetischen Theorien des 18. Jahrhunderts und der deutschen Romantik, Kopenhagen 1962.
- Sowinski, Bernard (1992): Dialektdichtung, in: Killy, Walter (Hg.): Literaturlexikon, Bd. 13: Begriffe, Realien, Methoden, hg. v. V. Meid, Gütersloh/München 1992, S. 168-171.
- Spanos, William V. (Hg.) (1976): Martin Heidegger and the question of literature. Toward a postmodern literary hermeneutics, Bloomington 1976.
- Staffhorst, Gertrud (1990): Johann Peter Hebel und die Antike. Spuren einer lebendigen Beziehung, Karlsruhe 1990.
- Stammler, Wolfgang (1918): Die niederdeutsche Literatur im 18. Jahrhundert, in: Jahrbuch des Vereins für niederdeutsche Sprachforschung 44 (1918), S. 57-72.
- Steger, Hugo (1978): Dialektforschung und Öffentlichkeit, in: Germanistische Linguistik 1 (1978), S: 29-57.
- Steiger, Emil (1919): Mundart und Schriftsprache in der 2. Hälfte des 18. Jahrhunderts nach gleichzeitigen Zeitschriften, Freiburg i. Br. (Diss.) 1919.
- Steiner, Jacob (1987): Johann Peter Hebel, in: Zeller, Bernhard / Scheffler, Walter (Hgg.): Literatur im deutschen Südwesten, Stuttgart 1987, S. 117-126.
- Stern, Alfred (1945): Volkslied und Heimat, in: Solothurner Heimatland. Dem Dichter und Erzieher Josef Reinhart zu seinem 70. Geburtstag, Aarau 1945, S. 110-132.
- Stickelberger, Heinrich (1918): Die Sprache Johann Peter Hebels in den "Erzählungen des Rheinländischen Hausfreunds", in: Jährliche Rundschau des deutschschweizerischen Sprachvereins 1918, S. 22-37.
- Straßner, Erich (1988): Dialekt in bayerischen Presseerzeugnissen zur Zeit Schmellers, in: Eichinger, Ludwig M / Naumann, Bernd (Hgg.): Johann Andreas Schmeller und der Beginn der Germanistik, München 1988, S. 171-181.
- Strohbach, Hermann (1980): Volk und Volkspoesie in der Geschichtsauffassung Herders, in: Dietze, Walter (Hg.): Herder-Kolloquium 1978. Referate und Disskussionsbeiträge, Weimar 1980, S. 289-293.
- Strohbach, Margrit (1984): Johann Christoph Adelung. Ein Beitrag zu seinem germanistischem Schaffen mit einer Bibliographie seines Gesamtwerkes, Berlin/New York 1984.
- Suppan, Wolfgang (1978): Volkslied. Seine Sammlung und Erforschung, Stuttgart $1978^2$.
- Suppan, Wolfgang (1982): Johann Gottfried Herders Beitrag zur Entstehung der Volkslied-Sammelbewegung in den slawischen Ländern, in: Görner, Rüdiger (Hg.): Logos musicae. Festschrift für Albert Palm, Wiesbaden 1982, S. 231-238.
- Suter, Rudolf (1961): Hebels lebendiges Erbe. Rede beim "Schatzkästlein" zum Hebeltag 1961, Lörrach 1961, S. 7-15.

- Tauber, Walter (1993): Mundart und Schriftsprache in Bayern (1450–1800). Untersuchungen zur Sprachnorm und Sprachnormierung im Frühneuhochdeutschen, Berlin/New York 1993.
- Tauchmann, Christine (1992): Hochsprache und Mundart in den grossen Wörterbüchern der Barock- und Aufklärungszeit, Tübingen 1992.
- Teske, Hans (1936): Klaus Groth als Lyriker, in: Germanisch-Romanische Monatsschrift 24 (1936), S. 182-194.
- Teuchert, Hermann (1925/26): Dialektliteratur, in: Merker, Paul / Stammler, Wolfgang (Hgg.): Reallexikon der deutschen Literaturgeschichte, Berlin 1925/26, S. 189-190.
- Theiß, Winfried (1989): Johann Peter Hebel, in: Grimm, Gunter E. / Max, Frank Rainer (Hgg.): Deutsche Dichter, Bd. IV: Sturm und Drang, Klassik, Stuttgart 1989, S. 313-329.
- Thoeben, Wolfgang (2001): Auswahlbibliographie Johann Peter Hebel, in: Text und Kritik 151 (Johann Peter Hebel) 2001, S. 100-107.
- Thürer, Georg (1985): Hebel als Dichter, in: Johann Peter Hebel. Eine Wiederbegegnung zu seinem 225. Geburtstag, Karlsruhe 1985, S. 101-118.
- Titzmann, Michael (1979): Allegorie und Symbol im Denksystem der Goethezeit, in: Haug, Walter (Hg.): Formen und Fuktionen der Allegorie. Symposion Wolfenbüttel 1978, Stuttgart 1979, S. 642-665.
- Traumann, Ernst (1923): Goethe, der Straßburger Student, Leipzig 1923[2].
- Trümpy, Hans (1952): Theokrits Bedeutung für die Mundartdichtung, in: Schweizerisches Archiv für Volkskunde 48, Heft 4 (1952), S. 55-63.
- Trümpy, Hans (1955): Schweizerdeutsche Sprache und Literatur im 17. und 18. Jahrhundert, Basel 1955.
- Trümpy, Hans (1969): Das Volktümliche bei Hebel. Rede beim "Schatzkästlein" zum Hebeltag 1969 gehalten in der Stadthalle Lörrach, Lörrach 1969, S. 7-15.
- Trümpy, Hans (1970): Volkstümliches und Literarisches bei J. P. Hebel, in: Wirkendes Wort 20 (1970), S. 1-19.
- Voigt, Eva-Maria (1943): Die Wahl der Mundart in Johann Heinrich Voss' Vierländer Idyllen, in: Die Antike (Berlin) 19 (1943), S. 77-80.
- Wagner, Kurt (1916): Schlesiens mundartliche Dichtung von Holtei bis auf die Gegenwart, Breslau (Diss.) 1916.
- Wagner, Kurt (1965): Mundartdichtung, in: Kohlschmidt, Werner / Mohr, Wolfgang (Hgg.): Reallexikon der deutschen Literaturgeschichte, Bd. II (L-O), Berlin 1965, S. 442-447.
- Wahl, Jean (1952): La pensée de Heidegger et la poésie de Holderlin, Paris 1952.
- Waldberg, Max Freiherr von (1889): Goethe und das Volkslied, Berlin 1889.
- Walser, Martin (1968): Heimatkunde. Aufsätze und Reden, Frankfurt a. M. 1968.
- Walser, Martin (1986): Heilige Brocken. Aufsätze, Prosa, Gedichte, Weingarten 1986.
- Wegera, Klaus-Peter (Hg.): Zur Entstehung der neuhochdeutschen Schriftsprache. Eine Dokumentation von Forschungsthesen, Tübingen 1986.

- Wehrli, Max (1936): Johann Jakob Bodmer und die Geschichte der Literatur, Frauenfeld 1936.
- Weisgerber, Leo (1956): Die Leistung der Mundart im Sprachganzen. Vortrag bei der Arbeitsbesprechung über die Pflege der Mundarten in Recklinghausen am 17. März 1956, Münster 1956.
- Wells, Christopher J. (1990): Deutsch. Eine Sprachgeschichte bis 1945, Tübingen 1990.
- Wertheim, Ursula (1990): Das Volkslied in Theorie und Praxis bei Herder und Goethe, in: Goethe-Studien, Berlin, Weimar 1990, S. 9-32.
- Wertheim, Ursula (1990a): Von der "herrlichen Musengabe" der "Naturpoeten" und "Naturprosaisten", in: dies.: Goethe-Studien, Berlin, Weimar 1990, S. 58-80.
- Wickham, Christopher (1988): Revising "Heimat" in German Dialect Poetry, in: Jahrbuch für Internationale Germanistik 20 (1988), S. 92-125.
- Wiesinger, Peter (2000): Die Diagliederung des Neuhochdeutschen bis zur Mitte des 20. Jahrhunderts, in: Besch, Werner / Betten, Anne / Reichmann, Oskar / Sonderegger, Stefan (Hgg.): Sprachgeschichte. Ein Handbuch zur Geschichte der deutschen Sprache und ihrer Erforschung, 2. Teilband (= Handbücher zur Sprach- und Kommunikationswissenschaft, hg. v. A. Burckhardt, H. Steger, H. E. Wiegand, Bd. 2.2), Berlin/New York $2000^2$, S. 1932-1951.
- Wilmanns, Wilhelm (1905): Mundart und Schriftsprache, in: Wissenschaftliche Beihefte zur Zeitschrift des Allgemeinen Deutschen Sprachvereins 27 (1905), S. 209-217.
- Wilpert, Gero von (2001): Dialektdichtung, in: ders.: Sachwörterbuch der Literatur, Stuttgart $2001^8$, S. 164f.
- Wilpert, Gero von (2001a): Volkslied, in: ders.: Sachwörterbuch der Literatur, Stuttgart $2001^8$, S. 888f.
- Windfuhr, Manfred (1980): Herders Konzept von Volksliteratur. Ein Beitrag zur literarischen Mentalitätsforschung, in: Jahrbuch Deutsch als Fremdsprache 6 (1980), S. 32-49.
- Wolf, Richard (1988): Schmellers "Bayerisches Wörterbuch" am Beginn der Germanistik, in: Eichinger, Ludwig M. / Naumann, Bernd (Hgg.): Johann Andreas Schmeller und der Beginn der Germanistik, München 1988, S. 35-42.
- Wolff, Ludwig (1931): Der persönliche Grundton im Dichten von Klaus Groth, in: Zeitschrift für Deutschkunde 45 (1931), S. 165-176.
- Zachau, Reinhard K. (1993): Klaus Groth, in: Hardin, James / Mews, Siegfried (Hgg.): Nineteen-Century German Writers, 1841–1900, Detroit 1993, S. 120-124.
- Zastrau, Alfred (1961): Diederich Georg Babst, in: ders. (Hg.): Goethe Handbuch, Bd. I, Stuttgart 1961, Sp. 517f.
- Zentner, Wilhelm (1965): Johann Peter Hebel, Karlsruhe 1965

## 5.2 Italien

### 5.2.1 Primärliteratur

- Basile, Giambattista (1846): Der Pentamerone oder: Das Märchen aller Märchen, aus dem Neapolitanischen übertragen v. F. Liebrecht, nebst einer Vorrede v. J. Grimm, Breslau 1846.
- Belli, Giuseppe Gioacchino (1886/89): I sonetti di Giuseppe Gioacchino Belli pubblicati dal nipote Giacomo, 6 Bde, a cura di L. Morandi, Città di Castello 1886–89.
- Belli, Giuseppe Gioacchino (1975): Belli italiano, 3 Bde, a cura di R. Vighi, Rom 1975.
- Belli, Giuseppe Gioachino (1962): Lettere, Giornali, Zibaldone, a cura di G. Orioli, intr. di C. Muscetta, Turin 1962.
- Belli, Giuseppe Gioachino (1966): Belli romanesco. L'introduzione, gli appunti, le prose, le poesie minori. Edizione integrale con commento e glossario a cura di R. Vighi, Rom 1966.
- Belli, Giuseppe Gioachino (1978): Sonetti, a cura di G. Vigolo, Mailand 1978.
- Belli, Giuseppe Gioachino (1978a): Die Wahrheit packt dich ... . Eine Auswahl seiner frechen und frommen Verse, vorgestellt und aus dem Italienischen übertragen von O.E. Rock, mit einem Essay v. G. R. Hocke, München 1978.
- Belli, Giuseppe Gioachino (1991): Sonetti, a cura di G. Spagnoletti, Mailand 1991.
- Belli, Giuseppe Gioachino (1998): Tutti i sonetti romaneschi, a cura di M. Teodonio, Rom 1998.
- Berchet, Giovanni (1951): Sul "Cacciatore feroce" e sulla "Eleonora" di Goffredo Bürger. Lettera semiseria di Grisostomo al suo figliuolo, in: Calcaterra, Carlo (Hg.): Manifesti romantici del 1816 e gli altri scritti principali del "Conciliatore" sul Romanticismo, Turin 1951, S. 261-331.
- Bocalosi, Girolamo (1964): Dell'educazione democratica da darsi al popolo italiano, in: Cantimori, Delio / De Felice, Renzo (Hgg.): Giacobini italiani, Bd. 2 (= Scrittori d'Italia 227), Bari 1964, S. 14-205.
- Borsieri, Pietro (1951): Avventure letterarie di un giorno o consigli di un galantuomo a vari scrittori, in: Calcaterra, Carlo (Hg.): Manifesti romantici del 1816 e gli altri scritti principali del "Conciliatore" sul Romanticismo, Turin 1951, S. 125-260.
- Cesarotti, Melchiorre (1969): Saggio sulla filosofia delle lingue, a cura di M. Puppo, Mailand 1969.
- Cesarotti, Melchiorre (1976): Poesie di Ossian, a cura di E. Bigi, Turin 1976.
- Croce, Benedetto (1921): Alessandro Manzoni e la questione della lingua, in: ders.: La letteratura della nuova Italia. Saggi critici, Bd. 1, Bari $1921^2$, S. 151-160.
- Croce, Benedetto (1921a): Cesare Pascarella, in: ders.: La letteratura della nuova Italia. Saggi critici, Bd. 2, Bari 1921, S. 301-314.

- Croce, Benedetto (1921b): Storia della storiografia italiana nel secolo decimonono, Bd. 2, Bari 1921.
- Croce, Benedetto (1922): Salvatore di Giacomo, in: ders.: La letteratura della nuova Italia. Saggi critici, Bd. 3, Bari 1922², S. 73-100.
- Croce, Benedetto (1922a): Renato Fucini – Giacinto Gallina, in: ebd., S. 139-153.
- Croce, Benedetto (1922b): La poesia di Dante, Bari 1922³.
- Croce, Benedetto (1923): Poesia e non poesia. Note sulla letteratura europea del secolo decimonono, Bari 1923.
- Croce, Benedetto (1924): Conversazioni critiche, Bd. 2, Bari 1924².
- Croce, Benedetto (1924a): Giambattista Basile e il "Cunto de li cunti", in: ders.: Saggi sulla letteratura italiana del Seicento, Bari 1924², S. 3-118.
- Croce, Benedetto (1927): La letteratura dialettale riflessa, la sua origine nel seicento e il suo ufficio storico, in: ders.: Uomini e cose della vecchia Italia, Bd. I, Bari 1927, S. 222-234.
- Croce, Benedetto (1933): Poesia dialettale, in: La critica 31 (1933), S. 156-158.
- Croce, Benedetto (1940): Scrittori in dialetto, in: ders.: La letteratura della nuova Italia. Saggi critici, Bd. 6, Bari 1940, S. 131-138.
- Croce, Benedetto (1945): Intorno alle parodie, in: ders.: Poeti e scrittori del pieno e del tardo rinascimento, Bd. 2, Bari 1945, S. 182-190.
- Croce, Benedetto (1946): La poesia. Introduzione alla critica e storia della poesia e della letteratura, Bari 1946⁴.
- Croce, Benedetto (1949): L'intuizione pura e il carattere lirico dell'arte, in: ders.: Problemi di estetica e contributi alla storia dell'estetica italiana, Bari 1949⁴, S. 1-30.
- Croce, Benedetto (1958): Estetica come scienza dell'espressione e linguistica generale. Teoria e storia, Bari 1958¹⁰.
- Croce, Benedetto (1991): Breviario di estetica, in: ders.: Nuovi saggi di estetica (= Ed. naz. delle opere de Benedetto Croce, Bd. 5), Neapel 1991, S. 11-86
- Croce, Benedetto (1991a): Poesia popolare e poesia d'arte, in: ders.: Poesia popolare e poesia d'arte. Studi sulla poesia italiana dal tre al cinquecento (=Ed. naz. delle opere di Benedetto Croce, Bd. 20), Neapel 1991, S. 15-66.
- Ferrari, Giuseppe (1839): De la littérature populaire en Italie. I: Venise, in: Revue des deux mondes 18, 4 (1839), S. 690-720.
- Ferrari, Giuseppe (1840): De la littérature populaire en Italie. II: Naples – Milan – Bologne, in: Revue des deux mondes 21, 4 (1840), S. 505-531.
- Gadda, Carlo Emilio (1968): Lingua letteraria e lingua dell'uso, in: ders.: I viaggi la morte, Mailand 1958, S. 93-99.
- Gadda, Carlo Emilio (1968a): Fatto personale... o quasi, in: ebd., S. 101-107.
- Giordani, Pietro (1961): Scritti, a cura di G. Chiarini, nuova presentazione di S. Timpanaro, Florenz 1961.
- Leopardi, Giacomo (1998): Epistolario, a cura di F. Brioschi e P. Landi, 2 Bde, Turin 1998.
- Maggi, Carlo Maria (1985): Le rime milanesi, a cura di D. Isella, Pistoia 1985.

- Maier, Bruno (Hg.) (1959): Lirici del Settecento (= La letteratura italiana. Storia e testi, hg. v. R. Mattioli, P. Pancrazi, A. Schiaffini, Bd. 49), Mailand 1959.
- Manzoni, Alessandro (2000): <Sulla polemica fra Branda e Parini>, in: ders.: Scritti linguistici inediti. Premessa di G. Nencioni, a cura di A. Stella e M. Vitale (= Ed. naz. ed europea delle opere di Alessandro Manzoni, hg. v. G. Vigorelli, Bd. 17), Mailand 2000, S. 5-8.
- Parini, Giuseppe (1913): Prose, a cura di E. Bellorini, Bd. I. (= Scrittori d'Italia 55), Bari 1913.
- Parini, Giuseppe (1951): Poesie e Prose. Con appendice di poeti satirici e didascalici del Settecento, a cura di L. Caretti (= La letteratura italiana. Storia e testi, hg. v. R. Mattioli, P. Pancrazi, A. Schiaffini, Bd. 48), Mailand 1951.
- Parini, Giuseppe (1968): Tutte le poesie di Giuseppe Parini, a cura di E. Mazzali, Mailand 1968.
- Porta, Carlo (1955/56): Le poesie, 2 Bde, ed. crit. a cura di D. Isella, Florenz 1955/56.
- Porta, Carlo (1960): El lava piatt del Meneghin ch'è mort, a cura di D. Isella, Mailand 1960.
- Porta, Carlo (1967): Le lettere di Carlo Porta e degli amici della cameretta, a cura di D. Isella, Mailand 1967.
- Porta, Carlo (1976): Le poesie, con intr. di G. Barbarisi e a cura di C. Guarisco, Mailand 1976[5].
- Porta, Carlo (1997): I poemetti, a cura di G. Bezzola, Venedig 1997.
- Porta, Carlo (2000): Poesie, a cura di D. Isella, nuova edizione rivista e accresciuta, Mailand 2000.

5.2.2 Studien

- Abeni, Damiano / Bertazzoli, Raffaela u.a. (Hgg.) (1983): Belli oltre frontiera. La fortuna di G. G. Belli nei saggi e nelle versioni di autori stranieri, Rom 1983.
- Albano Leoni, Federico (1985): I sonetti come fonte per lo studio del romanesco, in: Merolla, Riccardo (Hg.): G. G. Belli. Romano, italiano ed europeo, Rom 1985, S. 273-279.
- Alinei, Mario (1984): "Dialetto": un concetto rinascimentale fiorentino, in: ders.: Lingua e dialetti: struttura, storia e geografia, Bologna 1984, S. 169-199.
- Ascoli, Graziado Isaia (1901): Del romanesco ancora, in: Archivio glottologico italiano 15 (1901), S. 323-325.
- Asor Rosa, Alberto (1959): Lingua e dialetto, in: Fiera letteraria 14, Nr. 25 (dom., 21 giugno 1959), S. 3.
- Astengo, Domenico (Hg.) (1976): La poesia dialettale. Testi e commento, Turin 1976.

- Bahner, Werner (1977): Basiles "Pentameron", in: ders.: Formen, Ideen, Prozesse in den Literaturen der romanischen Völker, Bd. I: Von Dante bis Cervantes, Berlin (Ost) 1977, S. 177-198.
- Baldini, David (1997): Tra epos e moralismo: Croce e Pascarella, in: Biancini, Laura: Croce e la letteratura dialettale, Rom 1997, S. 173-181.
- Bandini, Fernando (1979): Storia, valore e limiti linguistici della letteratura dialettale, in: Cortelazzo, Manlio (Hg.): Guida ai dialetti veneti, Padua 1979, S. 155-185.
- Bàrberi Squarotti, Giorgio (1961): Not With a Bang But a Whimper, in: ders.: Poesia e narrativa del Secondo Novecento, Mailand 1961, S. 160-166.
- Bàrberi Squarotti, Giorgio (1961a): Lingua comune ed espressionismo dialettale, in: ebd., S. 166-176.
- Bartoccini, Fiorella (1985): Roma nell'Ottocento, Bologna 1985.
- Bassani, Giorgio (1998): Manzoni e Porta, in: ders.: Opere, a cura e con un saggio di R. Cotroneo, Mailand 1998, S. 999-1003.
- Battaglia, Salvatore: Grande dizionario della lingua italiana, Bd. II (Balc-Cerr), Turin 1962.
- Beccaria, Gian Luigi (Hg.) (1975): Letteratura e dialetto, Bologna 1975.
- Bellosi, Giuseppe / Savini, Marcello (1980): L'altra lingua. Letteratura dialettale e folklore orale in Italia con profilo di storia linguistica, Ravenna 1980.
- Bellosi, Giuseppe / Savini, Marcello (Hgg.) (1980): L'altra lingua. Letteratura dialettale e folklore orale in Italia con profilo di storia linguistica, Ravenna 1980.
- Bernhard, Gerald (1998): Das Romanesco des ausgehenden 20. Jahrhunderts, Tübingen 1998.
- Bertazzoli, Raffaella (1985): Ancora sulle traduzioni tedesche del romanesco belliano, in: Merolla, Riccardo (Hg.): G. G. Belli. Romano, italiano ed europeo, Rom 1985, S. 219-222.
- Bezzola, Guido (1972), Le charmant Carline. Biografia critica di Carlo Porta, Mailand 1972.
- Bezzola, Guido (1991): La vita quotidiana a Milano ai tempi di Stendhal, Mailand 1991.
- Biancini, Laura (1997): Croce e la letteratura dialettale. Giornata di studi (Roma, Biblioteca Nazionale Centrale, 11 dicembre 1996), Rom 1997.
- Biermann, Karlheinrich (1994): Vom Ende der großen Revolution zur Kommune: Romantik und Realismus, in: Grimm, Jürgen (Hg.): Französische Literaturgeschichte, Stuttgart $1994^3$, S. 230-272.
- Binni, Walter (1959): La sintesi pariniana, in: ders.: Preromanticismo italiano, Neapel $1959^2$, S. 17-49.
- Binni, Walter (1959a): M. Cesarotti e la mediazione dell'Ossian, in: ebd., S. 161-219.
- Binni, Walter / Sapegno, Natalino (Hgg.) (1968): Storia letteraria delle regioni d'Italia, Florenz 1968.

- Bonora, Ettore (1970): Poesia letteraria e poesia dialettale, in: ders.: Retorica e invenzione. Studi sulla letteratura italiana del Rinascimento, Mailand 1970, S. 255-299.
- Bonora, Ettore (1973): Giuseppe Parini, in: Branca, Vittore (Hg.): Dizionario critico della letteratura italiana, Bd. 2 (Do-PA), Turin 1973, S. 761-772.
- Bonora, Ettore (1981): Il dibattito sulla letteratura dialettale dall'età veristica a oggi, in: Giornale storico della letteratura italiana 158 (1981), S. 481-517.
- Bosco, Umberto (1949): Preromanticismo e romanticismo, in: Bosco, U. / Calcaterra, C. / Chiari, A. e.a (Hgg.): Questioni e correnti di storia letteraria, Mailand 1949, S. 597-657.
- Brednich, Rolf W. (2001): Grundriß der Volkskunde. Einführung in die Forschungsfelder der Europäischen Ethnologie, Berlin 2001[3].
- Brevini, Franco (1995): I dialetti letterari, in: Brioschi, Franco / Di Girolamo, Costanzo (Hgg.): Manuale di letteratura italiana. Storia per generi e problemi, Bd. 3: Dalla metà del Settecento all'Unità d'Italia, Turin 1995, S. 158-195.
- Brevini, Franco (Hg.) (1999): La poesia in dialetto. Storia e testi dalle origini al Novecento, 3 Bde, Mailand (Mondadori) 1999.
- Bronzini, Giovanni B. (1985): Belli e la cultura popolare, in: Merolla, Riccardo (Hg.): G. G. Belli. Romano, italiano ed europeo, Rom 1985, S. 131-158.
- Bronzini, Giovanni Battista (1994): La letteratura popolare italiana dell'Otto-Novecento, Florenz 1994.
- Bronzini, Giovanni Battista (1997): Croce e le nuove prospettive per le letterature dialettali/popolari, in: Biancini, Laura (1997), S. 41-64.
- Bruni, Francesco (Hg.) (1992): L'italiano nelle regioni. Lingua nazionale e identità regionali, Turin 1992.
- Buck, August (1952): Benedetto Croces Literaturkritik, in: Romanisches Jahrbuch 5 (1952), S. 322-335.
- Cagli, Bruno (1981): La conversione al dialetto, in: Letture belliane 1: I sonetti degli anni 1828–1830, Rom 1981, S. 11-28.
- Caprettini, Gian Paolo (1978): Dialetto, in: Enciclopedia, Bd. 4 (Costituzione-Divinazione), Turin (Einaudi), S. 690-702.
- Carducci, Giosuè (1942): L'accademia dei Trasformati e Giuseppe Parini, in: ders.: Studi su Giuseppe Parini. Il Parini minore (= Ed. naz. delle opere di Giosuè Carducci, Bd. 16), Bologna 1942, S. 53-124.
- Chiesa, Mario / Tesio, Giovanni (Hgg.) (1978): Il dialetto da lingua della realtà a lingua della poesia. Da Porta e Belli a Pasolini, Turin 1978.
- Clemente, Vittorio (1965): Originalità del sonetto belliano, in: Studi belliani nel centenario di Giuseppe Gioachino Belli, Rom 1965, S. 255-268.
- Coccia, Michele (1985): Il Belli e il latino, in: Merolla, Riccardo (Hg.): G. G. Belli. Romano, italiano ed europeo, Rom 1985, S. 169-178.
- Coletti, Vittorio (1977): Rassegna (parziale) di un cinquantennio di studi su letteratura nazionale e letterature dialettali, in: Lettere italiane 29 (1977), S. 368-378.
- Coletti, Vittorio (1993): Storia dell'italiano letterario, Turin 1993.

- Conrieri, Davide (1983), Deformazione linguistica ed equivoco, in: Letture belliane 4: I sonetti del 1833, Rom 1983, S. 103-129.
- Contini, Gianfranco (1954): Dialetto e poesia in Italia, in: Approdo 3, 2 (1954), S. 10-13.
- Contini, Gianfranco (1970): Pretesto novecentesco sull'Ottocentista Giovanni Faldella, in: ders.: Varianti e altra linguistica. Una raccolta di saggi (1938–1968), Turin 1970, S. 567-586.
- Contini, Gianfranco (1970a): Introduzione alla "Cognizione del dolore", in: ebd., S. 601-619.
- Contini, Gianfranco (1986): Alla limite della poesia dialettale, in: Pagine ticinesi di Gianfranco Contini, a cura di R. Broggini, Bellinzona $1986^2$, S. 116-121.
- Contini, Gianfranco (1988): La poesia rusticale come caso di bilinguismo, in: ders.: Ultimi esercizî ed elzeviri (1968–1987), Turin 1988, S. 5-21.
- Contini, Gianfranco (1988a): Espressionismo letterario, in: ebd., S. 41-105.
- Contini, Gianfranco (1988b): Gadda milanese, in: ebd., S. 155-160.
- Contini, Gianfranco (1988c): Novità de più antico poeta milanese, in: ebd., S. 211-216.
- Cortelazzo, Manlio (1980): I dialetti e la dialettologia in Italia (fino al 1800), Tübingen 1980.
- Cortelazzo, Manlio (1983): Lingua e dialetto, in: ders. (Hg.): Pirandello dialettale, Palermo 1983, S. 11-18.
- Corti, Maria (1969): Dialetto in appello, in: dies.: Metodi e fantasmi, Mailand 1969, S. 111-117.
- Corti, Maria (1969a): Il problema della lingua nel romanticismo italiano, in: dies.: Metodi e fantasmi, Mailand 1969, S. 163-191.
- Cusatelli, Giorgio (1985): Belli tra i tedeschi, Belli per i tedeschi, in: Merolla, Riccardo (Hg.): G. G. Belli. Romano, italiano ed europeo, Rom 1985, S. 197-199.
- D'Amico, Silvio (1952): Un poeta della razza di Dante, in: Orazio 4, 6-9 (Diario di Roma. Numero dedicato a G. G. Belli) (1952), S. 48.
- Dell'Arco, Mario / Pasolini, Pier Paolo (Hgg.) (1995): Poesia dialettale del Novecento, Turin (Einaudi) 1995.
- DellaMonica, Walter (1981): I dialetti e l'Italia. Inchiesta fra scrittori, poeti, sociologi, specialisti, Mailand 1981.
- DeMauro, Tullio (1970): Storia linguistica dell'Italia unita, Roma 1970.
- DeMauro, Tullio (1987): L'anonimo romano e la nuova poesia dialettale italiana, in: ders.: L'Italia delle Italie, Rom 1987, S. 123-152
- DeMauro, Tullio (1989): Per una storia linguistica della città di Roma, in: DeMauro, Tullio (Hg.): Il romanesco ieri e oggi. Atti del Convegno del Centro Romanesco Trilussa e del Dipartimento de Scienze del linguaggio dell'Università di Roma "La Sapienza", Rom 1989, S. XIII-XXXVII.
- DeMauro, Tullio / Lorenzetti, Luca (1991): Dialetti e lingue nel Lazio, in: Caracciolo, Alberto: Storia d'Italia. Le regioni dall'Unità a oggi: Il Lazio, Turin (Einaudi) 1991, S. 307-364.

- DeMichelis, Eurialo (1969): Il "romanesco", in: ders.: Approcci al Belli, Rom 1969, S. 9-18.
- DeMichelis, Eurialo (1969a): Il Belli e il Manzoni, in: ebd., S. 97-122.
- DeMichelis, Eurialo (1969b): Su lingua e dialetto, in: ebd., S. 157-173.
- DeStefanis Ciccone, Stefania (1971): La questione della lingua nei periodici letterari del primo '800, Florenz 1971.
- Devoto, Giacomo (1956): La lingua letteraria italiana e la sua (im)popolarità, in: Nuova antologia 467 (1956), S. 145-156.
- Devoto, Giacomo (1980): Il linguaggio d'Italia. Storia e strutture linguistiche italiane dalla preistoria ai nostri giorni, Mailand $1980^2$.
- Dionisotti, Carlo (1967): Geografia e storia della letteratura italiana, in: ders.: Geografia e storia della letteratura italiana, Turin 1967, S. 23-45.
- Dionisotti, Carlo (1970): Culture regionale e letteratura nazionale in Italia, in: Culture regionali e letteratura nazionale. Atti del VII Congresso dell'Associazione Internazionale per gli Studi di Lingua e Letteratura Italiana (Bari, 31 marzo – 4 aprile 1970), Bari 1970, S. 13-29.
- Dondi, Giovanni (1968): Girolamo Bocalosi, in: Ghisalberti, Alberto (Hg.): Dizionario biografico degli Italiani, Bd. 10, Rom 1968, S. 816-819.
- Durante, Marcello (1981): Dal latino all'italiano moderno. Saggio di storia linguistica e culturale, Bologna 1981.
- Elwert, Theodor W. (1967): Die mundartliche Kunstdichtung Italiens und ihr Verhältnis zur Literatur in der Hochsprache, in: ders.: Aufsätze zur italienischen Lyrik (= ders.: Studien zu den romanischen Sprachen und Literaturen, Bd. I), Wiesbaden 1967, S. 156-191.
- Elwert, Theodor W. (1970): G. G. Belli come osservatore di fenomeni linguistici. Indagine sulle fonti dell'umorismo belliano, in: ders.: Saggi di letteratura italiana (= ders.: Studien zu den romanischen Sprachen und Literaturen, Bd. III), Wiesbaden 1970, S. 205-229.
- Elwert, Theodor W. (1975): Letterature nazionali e letterature dialettali nell'Europa occidentale, in: ders.: Italienische Dichtung und europäische Literatur, Teil 2 (= ders: Studien zu den romanischen Sprachen und Literaturen, Bd. VII), Wiesbaden 1975, S. 39-62.
- Elwert, Theodor W. (1984): Italienische Metrik, Wiesbaden $1984^2$.
- Elwert, Theodor W. (1986): Il Belli visto sullo sfondo della poesia dialettale in Europa, in: ders.: Europäische Wechselbeziehungen (= ders.: Studien zu den romanischen Sprachen und Literaturen, Bd. IX), Wiesbaden 1986, S. 133-136.
- Felcini, Furio (1965): Note sulla poetica del Belli, in: Studi belliani nel centenario di Giuseppe Gioachino Belli, Rom 1965, S. 311-327.
- Felici, Lucio (1965): Gli appunti in dialetto romanesco di G. G. Belli, in: La rassegna della letteratura italiana 69, 2 (1965), S. 354-368.
- Folena, Gianfranco (1983): L'italiano in Europa, Turin 1983.
- Formigari, Lia (1989): Geschichtsphilosophie, Sprachpolitik und Sprachursprungstheorien in Italien im 18. Jahrhundert, in: Gessinger, Joachim /

- Rahden, Wolfgang von (Hgg.): Theorien vom Ursprung der Sprache, Bd. I, Berlin/New York 1989, S. 359-389.
- Frabotta, Biancamaria (1971): Dialetto e popolo nella concezione critica di Giuseppe Ferrari, in: La rassegna della letteratura italiana 75 (1971), S. 460-479.
- Friedrich, Hugo (1964): Epochen der italienischen Lyrik, Frankfurt a. M. 1964.
- Fubini, Mario (1953): Critica e poesia del Berchet, in: ders.: Romanticismo italiano. Saggi di storia della critica e della letteratura, Bari 1953, S. 99-105.
- Fulco, Giorgio (1997): La letteratura dialettale napoletana: Giulio Cesare Cortese e Giovan Battista Basile. Pompeo Sarnelli, in: Malato, Enrico (Hg.): Storia della letteratura italiana, Vol. V: La fine del Cinquecento e il Seicento, Rom 1997, S. 813-867.
- Giachery, Emerico (1985): Parlato, dialogo, "concertato", in: Letture belliane: I sonetti del 1835, Rom 1985, S. 7-39.
- Gibellini, Pietro (1973): Carlo Porta, in: Branca, Vittore (Hg.): Dizionario critico della letteratura italiana, Bd. 3 (PE-Z), Turin 1973, S. 101-111.
- Gibellini, Pietro (1979): Stile e ideologia nell'elaborazione dei sonetti, in: ders.: Il coltello e la corona. La poesia del Belli tra filologia e criticia, Rom 1979, S. 63-90.
- Gibellini, Pietro (1979a): Belli e Porta, in: ebd., S. 93-149.
- Gibellini, Pietro (1979b): D'Annunzio e Belli, in: ebd., S. 150-163.
- Gibellini, Pietro (1979c): Gadda e Belli, in: ebd, S. 164-181.
- Gibellini, Pietro (1979d): Una rassegna belliana, in: ebd., S. 185-207.
- Gibellini, Pietro (1989): Lingua e stile nell'elaborazione dei "Sonetti" del Belli, in: DeMauro, Tullio (Hg.): Il romanesco ieri e oggi, Rom 1989, S. 139-148.
- Gnoli, Domenico (1942): Il poeta romanesco G. G. Belli, in: Giuseppe Gioachino Belli, Rom 1942, S. 13-30.
- Grasse, Alexander (2000): Italiens langer Weg in den Regionalstaat. Die Entstehung einer Staatsform im Spannungsfeld von Zentralismus und Föderalismus, Opladen 2000.
- Grassi, Corrado (1995): Teoria del dialetto, in: Romanello, Maria Teresa / Tempesta, Immacolata (Hgg.): Dialetti e lingue nazionali. Atti del XXVII Congresso della società di linguistica italiana (Lecce, 28 – 30 ottobre 1993), Rom 1995, S. 9-28.
- Grassi, Corrado / Sobrero, Alberto A. / Telmon, Tullio (Hgg.) (1998): Fondamenti di dialettologia italiana, Roma/Bari 1998[2].
- Greco, Aulo (1965): La cultura classica nella poesia del Belli, in: Studi belliani nel centenario di Giuseppe Gioachino Belli, Rom 1965, S. 351-361.
- Haller, Hermann W. (1996): Sull'uso letterario del dialetto nel romanzo recento, in: Lingua e dialetto nella tradizione letteraria italiana. Atti del Convegno di Salerno 5–6 novembre 1993, Roma 1996, S. 601-610.
- Haller, Hermann W. (1999): The other Italy. The literary canon in dialect, Toronto 1999.
- Heyse, Paul (1878): Giuseppe Gioacchino Belli, ein römischer Dialektdichter, in: Deutsche Rundschau 17 (1878), S. 136-160.

- Heyse, Paul (1893): Giuseppe Gioachino Belli noch einmal, in: Deutsche Rundschau 76 (1893), S. 348-366.
- Isella, Dante (1970): La cultura lombarda e la letteratura italiana, in: Lettere italiane 22 (1970), S. 144-160.
- Isella, Dante (1984): La cultura letteraria lombarda, in: ders.: I lombardi in rivolta. Da Carlo Maria Maggi a Carlo Emilio Gadda, Turin 1984[2], S. 3-24.
- Isella, Dante (1984a): Il teatro milanese del Maggi o la verità del teatro, in: ebd., S. 25-47.
- Isella, Dante (1984b): Tecnica portiana, in: ebd., S. 147-165.
- Isella, Dante (1984c): Porta e Manzoni, Porta in Manzoni, in: ebd., S. 179-230.
- Isella, Dante (1985): La linea espressionistica lombarda, in: Convegno sul tema: L'espressivismo linguistico nella letteratura italiana (Roma, 16–18 gennaio 1984) (= Atti dei convegni lincei 71), Rom 1985, S. 161-180.
- Isella, Dante (1988): Carlo Porta, in: Cecchi, Emilio / Sapegno, Natalino (Hgg.): Storia della Letteratura Italiana, Bd. 7: L'Ottocento, Mailand (Garzanti) 1988, S. 553-602.
- Jones, Verina R. (1990): Dialect literature and popular literature, in: Italian Studies 45 (1990), S. 103-117.
- Lanza, Maria Teresa (1975): Giuseppe Gioachino Belli, in: Muscetta, Carlo (Hg.): La letteratura italiana. Storia e testi, Bd. VII, 2: Il primo Ottocento (hg. v. A. Marinari), Roma (Laterza) 1975, S. 71-153.
- Lanza, Maria Teresa (1976): Porta e Belli, Bari 1976.
- Lattarulo, Leonardo (1997): Croce critico del "giacobinismo linguistico", in: Biancini, Laura (Hg): Croce e la letteratura dialettale, Rom 1997, S. 65-71.
- Lepschy, Anna Laura / Lepschy, Giulio (1981): La lingua italiana, Mailand 1981.
- Marazzini, Claudio (1999): Da Dante alla lingua selvaggia. Sette secoli di dibattiti sull'italiano, Rom 1999.
- Marucci, Valerio / Stella, Angela (1998): Le letterature dialettali. Carlo Porta e Giuseppe Gioachino Belli, in: Malato, Enrico (Hg.): Storia della letteratura italiana, Vol. VII: Il primo Ottocento, Rom (Salerno) 1998, S. 951-1027.
- Matarrese, Tina (1993): Il Settecento, Bologna 1993.
- Matarrese, Tina (1995): La lingua, in: Brioschi, Franco / Di Girolamo, Costanzo (Hgg.): Manuale di letteratura italiana. Storia per generi e problemi, Bd. 3: Dalla metà del Settecento all'Unità d'Italia, Turin 1995, S. 136-157.
- Mauri, Paolo (1981): Il carnevale della storia. Porta e Belli, in: Letture belliane 2: I sonetti del 1831, Rom 1981, S. 83-99.
- Mauri, Paolo (1988): La Lombardia, in: Asor Rosa, Alberto (Hg.): Letteratura italiana, Bd. 2,1: Storia e geografia: L'età moderna, Turin (Einaudi) 1988, S. 875-933.
- Mazzali, Ettore (1965): La comunicabilità del linguaggio poetico-dialettale e la poesia del Belli, in: Studi belliani nel centenario di Giuseppe Gioachino Belli, Rom 1965, S. 459-464.

- Mazzocchi Alemanni, Muzio (1942): Unità dei "Sonetti", in: Giuseppe Gioachino Belli, Rom 1942, S. 145-154.
- Mazzocchi Alemanni, Muzio (1965): Il "test" belliano in un secolo di storia letteraria, in: Studi belliani nel centenario di G. G. Belli, Rom 1965, S. 76-783.
- Mazzocchi Alemanni, Muzio (1997): Croce e Giuseppe Ferrari: la polemica sulla letteratura dialettale, in: Biancini, Laura (Hg.): Croce e la letteratura dialettale, Rom 1997, S. 51-64.
- Merolla, Riccardo (1981): L'"Introduzione" e i sonetti del 1831. L'ottica del monumento, in: Letture belliane 2: I sonetti del 1831, Rom 1981, S. 101-167.
- Merolla, Riccardo (Hg.) (1985): G. G. Belli. Romano, italiano ed europeo: Atti del II convegno internazionale di studi belliani (Roma, 12-15 novembre 1984), Rom 1985
- Mezzanzanica, Massimo (1990): Invito alla lettura di Giuseppe Parini, Mailand 1990.
- Migliorini, Bruno (1960): Storia della lingua italiana, Florenz 1960.
- Moestrup, Jörn (1965): Stile e struttura del sonetto belliano, in: Studi belliani nel centenario di Giuseppe Gioachino Belli, Rom 1965, S. 289-278.
- Momigliano, Attilio (1964): L'arte di Carlo Porta, in: ders.: Introduzione ai poeti, Florenz 1964, S. 201-214.
- Momigliano, Attilio (1964a): La poesia del Belli, in: ebd., S. 255-263.
- Montale, Eugenio (1976): La musa dialettale, in: ders.: Sulla poesia, a cura di G. Zampa, Mailand 1976, S. 175-180.
- Montale, Eugenio (1976a): Le poesie di Carlo Porta, in: ebd., S. 289-293.
- Muscetta, Carlo (1973): Giuseppe Gioachino Belli, in: Branca, Vittore (Hg.): Dizionario critico della letteratura italiana, Bd. 1 (A-DI), Turin 1973, S. 250-255.
- Muscetta, Carlo (1981): Cultura e poesia di G. G. Belli, Rom 1981 (erstmals: Mailand 1961).
- Muscetta, Carlo (1985): Venti anni de critica belliana: contributi, problemi, prospettive, in: Merolla, Riccardo (Hg.): G. G. Belli. Romano, italiano ed europeo, Rom 1985, S. 33-40.
- Muscetta, Carlo (1988): Giuseppe Gioachino Belli, in: Cecchi, Emilio / Sapegno, Natalino (Hgg.): Storia della Letteratura Italiana, Bd. 7: L'Ottocento, Mailand (Garzanti) 1988, S. 603-661.
- Mutterle, Anco Marzio (Hg.) (1975): Discussioni e polemiche sul romanticismo (1826-1826), Rom/Bari 1975 (Reprint).
- Nilsson-Ehle, Hans (1970): Dialetto e lingua letteraria, in: Culture regionali e letteratura nazionale, Bari 1970, S. 183-185.
- Novacco, Domenico (1950): Appunti su Benedetto Croce studioso delle traduzone popolari napoletane, in: Belfagor 5, 2 (1950), S. 563-673.
- Orioli, Giovanni (1959): Belli dialettologo, in: Studi sulla letteratura dell'Ottocento in onore di Pietro Paolo Trompeo, Neapel 1959, S. 271-282.
- Paccagnella, Ivano (1983): Plurilinguismo letterario: lingue, dialetti, linguaggi, in: Asor Rosa, Alberto (Hg.): Letteratura italiana, Bd. 2: Produzione e consumo, Turin (Einaudi) 1983, S. 103-167.

- Paccagnella, Ivano (1994): Uso letterario dei dialetti, in: Serianni, Luca / Trifone, Pietro (Hgg.): Storia della lingua italiana, Bd. 3: Le altre lingue, Turin 1994, S. 495-539.
- Paccagnella, Ivano (1994a): Il plurilinguismo e i dialetti in funzione letteraria, in: Brioschi, Franco / Di Girolamo, Costanzo (Hgg.): Manuale di letteratura italiana. Storia per generi e problemi, Bd. 2: Dal Cinquecento alla metà del Settecento, Turin 1994, S. 134-145.
- Pagliari, Antonio (1970): Dialettalità e letteratura, in: Culture regionali e letteratura nazionale, Bari 1970, S. 131-150.
- Pasolini, Pier Paolo (1952): Roma e i Belli, in: Orazio 4, 6-9 (Diario di Roma., numero dedicato a G. G. Belli) (1952), S. 62-64.
- Pasolini, Pier Paolo (Hg.) (1992): Canzoniere italiano. Antologia della poesia popolare, 2 Bde, Mailand 1992.
- Petrocchi, Giorgio (1981): Il romanesco come divertimento, in: Letture belliane 2: I sonetti del 1831, Rom 1981, S. 7-20.
- Petronio, Giuseppe (1987): Parini e l'illuminismo lombardo, Bari 1987.
- Piromalli, Antonio (1965): Romanticismo e realismo nel Belli, in: Studi belliani nel centenario di Giuseppe Gioachino Belli, Rom 1965, S. 363-386.
- Piromalli, Antonio (1983): Letteratura e cultura popolare, Florenz 1983.
- Portinari, Folco (1970): Strumenti del realismo portiano, in: Da Dante al Novecento. Studi critici offerti dagli scolari a Giovanni Getto nel suo ventesimo anno di insegnamento universitario, Mailand 1970, S. 401-435.
- Pozzi, Mario (1977): Storia della lingua e storia della letteratura italiana, in: Bonora, Ettore (Hg.): Dizionario della letteratura italiana, Bd. I (A-M), Mailand 1977, S. XXIII-XXVI.
- Puppo, Mario (1957): L'illuminismo e le polemiche sulla lingua italiana, in: Fubini, Mario (Hg.): La cultura illuministica in Italia, Turin 1957, S. 222-232.
- Puppo, Mario (1957a): Riflessi culturali delle polemiche linguistiche settecentesche, in: Nuova antologia 470 (1957), S. 213-222.
- Puppo, Mario (1973): Le poetiche del romanticismo dal Foscolo al De Sanctis, in: ders.: Poetica e critica del romanticismo, Mailand 1973, S. 9-109.
- Puppo, Mario (1973a): Melchiorre Cesarotti, in: Branca, Vittore (Hg.): Dizionario critico della letteratura italiana, Bd. 1 (A-DI), Turin 1973, S. 576-579.
- Puppo, Mario (1975): Critica e linguistica del Settecento, Verona 1975.
- Puppo, Mario (1975a): Il romanticismo, Rom 1975[6].
- Rak, Michele (1984): Educazione popolare e uso del dialetto nei periodici napoletani del 1799, in: Formigari, Lia (Hg.): Teorie e pratiche linguistiche nell'Italia del Settecento, Bologna 1984, S. 281-302.
- Russo, Luigi (1960): La letteratura seicentesca e i dialetti, in: Belfagor 15 (1960), S. 1-8.
- Salinari, Giambattista (1975): Polemiche linguistiche di P. O. Branda, in: ders.: Dante e altri saggi, a cura di A. Tartaro, Rom 1975, S. 203-234.
- Salinari, Giambattista (1975a): Definizione di Carlo Porta, in: ebd., S. 243-247.

- Sansone, Mario (1941): Storia della letteratura italiana, Mailand 1941³.
- Sansone, Mario (1948): Relazione fra la letteratura italiana e le letterature dialettali, in: Viscardi, Antonio u.a. (Hgg.): Letterature comparate, Mailand 1948, S. 261-327.
- Sansone, Mario (1975): Dante nelle culture regionali d'Italia, in: ders.: Letture e studi danteschi, Bari 1975, S. 261-285.
- Santoli, Vittorio (1950): Letteratura popolare, in: Antoni, Carlo / Mattioli, Raffaele (Hgg.): Cinquant'anni di vita intellettuale (1896–1946). Scritti in onore di Benedetto Croce per il suo ottantesimo anniversario, Bd. II, Neapel 1950, S. 115-134.
- Sapegno, Natalino (1968a): Osservazioni sulla poesia del Belli, in: ders.: Ritratto di Manzoni e altri saggi, Bari 1968², S. 150-154.
- Schiaffini, Alfredo (1950): Aspetti della crisi linguistica italiana del Settecento, in: ders.: Momenti di storia della lingua italiana, Bari 1950, S. 71-115.
- Schiattone, Mario (1996): Alle origini del federalismo italiano. Giuseppe Ferrari, Bari 1950
- Schlütter, Hans Jürgen (1979): Sonett, Stuttgart 1979.
- Schuchardt, Hugo (1886): G. G. Belli und die römische Satire, in: ders.: Romanisches und Keltisches, Berlin 1886, S. 150-179.
- Schürr, Friedrich (1968): Poesia dialettale e letteratura nazionale, in: ders.: Erlebnis, Sinnbild, Mythos. Wege der Sinndeutung romanischer Dichtung, Bern/München 1968, S. 145-160.
- Secchi, Claudio Cesare (1965): Belli e Porta, in: Studi belliani nel centenario di Giuseppe Gioachino Belli, Rom 1965, S. 537-580.
- Segre, Cesare (1974): Polemica linguistica ed espressionismo dialettale nella letteratura italiana, in: ders.: Lingua, stile e società. Studi sulla storia della prosa italiana, Mailand 1974, S. 397-426.
- Segre, Cesare (1979): La tradizione macaronica da Folengo a Gadda (e oltre), in: Bonora, Ettore (Hg.): Cultura letteraria e tradizione popolare in Teofilo Folengo. Atti del convegno di studi promosso dall'Accad. Virgiliana e dal Comitato Mantova-Padania 77 (Mantova 15–16–17 ottobre 1977), Mailand 1979, S. 62-74.
- Segre, Cesare (1985): Punto di vista, polifonia ed espressivismo nel romanzo italiano (1940–1970), in: Convegno sul tema: L'espressivismo linguistico nella letteratura italiana (Roma, 16–18 gennaio 1984) (= Atti dei convegni lincei 71), S. 181-194.
- Serianni, Luca (1985): Fonologia dei Sonetti e fonologia romanesca coeva, in: Merolla, Riccardo (Hg.): G. G. Belli. Romano, italiano ed europeo, Rom 1985, S. 265-271
- Serianni, Luca (1989): Il primo Ottocento: dall'età giacobina all'Unità, Bologna 1989.
- Serianni, Luca (1989a): Per un profilo fonologico del romanesco belliano, in: ders.: Saggi di storia linguistica italiana, Neapel 1989, S. 297-343.
- Serianni, Luca (1989b): Riflessioni sul romanesco dell'Ottocento, in: DeMauro, Tullio (Hg.): Il romanesco ieri e oggi, Rom 1989, S. 115-138.

- Serianni, Luca (1990): Il secondo Ottocento: dall'Unità alla prima guerra mondiale, Bologna 1990.
- Serianni, Luca (1996): La letteratura dialettale e romanesca, in: Lingua e dialetto nella tradizione letteraria italiana. Atti del Convegno di Salerno 5–6 novembre 1993, Roma 1996, S. 233-253.
- Simone, Raffaele (1997): Geopolitica delle lingue tra Cesarotti e Leopardi, in: Stammerjohann, Harro (Hg.): Italiano. Lingua di cultura europea. Atti del simposio internazionale in memoria di Gianfranco Folena, Weimar 11–13 aprile 1996, Tübingen 1997, S. 37-48.
- Sozzi, Bortolo Tommaso (1983): Milano e il rinnovamento della prosa italiana tra Settecento e Ottocento, in: Studi di lingua e letteratura lombarda offerti a Maurizio Vitale, Bd. II, Pisa 1983, S. 530-569.
- Spagnoletti, Natalino / Vivaldi, Cesare (Hgg.) (1991): Poesia dialettale dal Rinascimento a oggi, 2 Bde, Mailand (Garzanti) 1991.
- Stella, Vittorio (1997): Letteratura e filosofia, in: Biancini, Laura (Hg.): Croce e la letteratura dialettale, Rom 1997, S. 21-39.
- Studi belliani nel centenario di Giuseppe Gioachino Belli. Atti del primo convegno di Studi belliani e contributi vari pubblicati con la collaborazione dell'Istituto di Studi romani a cura del Comune di Roma 1963, Rom 1965.
- Stussi, Alfredo (1972): Lingua, dialetto e letteratura, in: Romano, Ruggieri / Vivanti, Corrado (Hgg.): Storia d'Italia, Bd. I: I caratteri originali, Turin (Einaudi) 1972, S. 677-728.
- Stussi, Alfredo (1982): Letteratura italiana e culture regionali, in: ders.: Studi e documenti di storia della lingua e dei dialetti italiani, Bologna 1982, S. 11-27.
- Stussi, Alfredo (1982a): Lingua e regioni, in: ebd., S. 47-60.
- Stussi, Alfredo (1982b): Fortuna dialettale della Commedia, in: ebd., S. 73-84.
- Stussi, Alfredo (1996): Lingua e dialetto nella tradizione letteraria italiana: teoria e storia, in: Lingua e dialetto nella tradizione letteraria italiana. Atti del Convegno di Salerno 5–6 novembre 1993, Roma 1996, S. 3-28.
- Stussi, Alfredo (Hg.) (1979): Letteratura italiana e culture regionali, Bologna 1979.
  - Syndikus, Hans Peter (1984): Catull. Eine Interpretation, Teil I, Darmstadt 1984.
- Tancini, Francesca (1983): Note sugli scritti critici di Giuseppe Ferrari (primo periodo: 1837–1840), in: Studi di lingua e letteratura lombarda offerti a Maurizio Vitale, Bd. II, Pisa 1983, S. 802-840.
- Tellenbach, Fritz (1909): Der römische Dialekt nach den Sonetten von G. G. Belli, Zürich (Diss.) 1909.
- Teodonio, Marcello (1992): Introduzione a Belli, Bari 1992.
- Teodonio, Marcello (1993): Vita di Belli, Bari 1993.
- Terracini, Benvenuto (1976): Italia dialettale di ieri e oggi, in: ders.: I segni la storia, Neapel 1976, S. 291-303.
- Timpanaro, Sebastiano (1969): Le idee di Pietro Giordani, in: ders.: Classicismo e illuminismo nell'Ottocento italiano, Pisa 1969, S. 41-117.

- Tortorici, Michele (1997): Fu vero barocco? Croce e Basile, in: Biancini, Laura (Hg.): Croce e la letteratura dialettale, Rom 1997, S. 77-88.
- Toschi, Paolo (1942): L'"Introduzione" ai sonetti, in: Giuseppe Gioachino Belli, Rom 1942, S. 296-306.
- Toschi, Paolo (1958): Nuovi orientamenti nello studio della poesia popolare, in: ders.: "Rappresaglia" di Studi di letteratura popolare, Florenz 1958, S. 3-43.
- Trifone, Pietro (1992): Roma e il Lazio, Turin 1992.
- Trompeo, Pietro Paolo (1952): Perpetua a Roma, in: Orazio 4, 6-9 (Diario di Roma. Numero dedicato a G. G. Belli) (1952), S. 42-45.
- Tuccillo, Fulvio (1997): I percorsi della memoria e le parole dell'oblio: l'opera di Salvatore Di Giacomo nell'interpretazione di Benedetto Croce, in: Biancini, Laura (Hg.): Croce e la letteratura dialettale, Rom 1997, S. 153-172.
- Veo, Ettore (1931): Evoluzione della poesia romanesca, in: Rivista italiana di Letteratura dialettale 3, 3 (1931), Heft IX, S. 237f.
- Veo, Ettore (1942): Il creatore di un linguaggio, in: Giuseppe Gioachino Belli, Rom 1942, S. 307-310.
- Vignuzzi, Ugo / Bertini Malgarini, Patrizia (1997): L'alternativa regionale e dialettale, in: Malato, Enrico (Hg.): Storia della letteratura italiana, Vol. V: La fine del Cinquecento e il Seicento, Rom (Salerno) 1997, S. 771-812.
- Vigolo, Giorgio (1942): Il sentimento morale e religioso nei "Sonetti romaneschi", in: Giuseppe Gioachino Belli, Rom 1942, S. 172-182.
- Vitale, Maurizio (1969): La questione della lingua, Palermo 1960.
- Vitale, Maurizio (1988): Proposizioni teoriche e indicazioni pratiche nelle discussioni linguistiche del Settecento, in: ders.: La veneranda favella. Studi di storia della lingua italiana, Neapel 1988, S. 353-387.
- Vitale, Maurizio (1988a): Il Foscolo e la questione linguistica del primo Ottocento, in: ebd., S. 389-441.
- Vossler, Karl (1898): Giuseppe Gioachino Belli und die römische Dialektdichtung, in: Neue Heidelberger Jahrbücher 8 (1898), S. 160-180.

www.ingramcontent.com/pod-product-compliance
Lightning Source LLC
Chambersburg PA
CBHW020118010526
44115CB00008B/881